21世纪高等教育经管类经典书系

全国优秀畅销书·全国优秀图书参评作品

省级优秀畅销书·省级优秀图书

管理心理学

（第七版）

MANAGEMENT
PSYCHOLOGY

俞文钊 苏永华 编著

东北财经大学出版社·大连

Dongbei University of Finance & Economics Press

图书在版编目（CIP）数据

管理心理学 / 俞文钊，苏永华编著. —7版. —大连：东北财经大学出版社，2021.10（2023.11重印）

（21世纪高等教育经管类经典书系）

ISBN 978-7-5654-4338-1

Ⅰ.管…　Ⅱ.①俞…　②苏…　Ⅲ.管理心理学-高等学校-教材

Ⅳ.C93-05

中国版本图书馆CIP数据核字（2021）第184095号

东北财经大学出版社出版

（大连市黑石礁尖山街217号　邮政编码　116025）

网　　址：http://www.dufep.cn

读者信箱：dufep@dufe.edu.cn

大连图腾彩色印刷有限公司印刷　东北财经大学出版社发行

幅面尺寸：185mm×260mm　字数：392千字　印张：19.25　插页：1

2021年10月第7版　　　　　　　2023年11月第5次印刷

责任编辑：郭　洁　吴　奂　　　　　责任校对：喜　多

封面设计：张智波　　　　　　　　　版式设计：钟福建

定价：45.00元

教学支持　售后服务　　联系电话：（0411）84710309

版权所有　侵权必究　　举报电话：（0411）84710523

如有印装质量问题，请联系营销部：（0411）84710711

第七版前言

党的二十大开启了实现第二个百年奋斗目标的新征程。要高举中国特色社会主义伟大旗帜，全面贯彻习近平新时代中国特色社会主义思想，弘扬伟大建党精神，自信自强、守正创新，踔厉奋发、勇毅前行，团结带领全国各族人民全面建成社会主义现代化强国，以中国式现代化全面推进中华民族伟大复兴。

管理心理学作为一门研究人在管理活动中规律的学科，是一门实践性、应用性很强的学科，必须时刻关注环境变化对企业管理活动的影响，同时也要关注在外部环境变化的情况下，企业管理的变化和发展趋势。中国式现代化概念的提出及其发展与推进，对管理心理学的研究和理论框架提出了新的要求和挑战，我们需要主动探索。中国式现代化既有各国现代化的共同特征，更有基于我国国情的特色，其中最根本的是坚持中国共产党的领导，坚定"四个自信"。结合中国实际，立足于现实的管理实践，面向未来的管理需求，是我们进行管理心理学研究应该遵循的基本准则。

通过对人力资源管理理论和实践发展情况的分析，我们认为，关于人在管理心理活动中的一般规律还是稳定的，没有对这本《管理心理学》（第六版）所阐释的基本原理和规律性认识形成根本性突破，故无须对本书的主体容结构做大规模修订。但是，处于百年未有之大变局的背景下，世界政治经济格局的快速调整变化、数字化等科学技术脚步的加快，加上疫情的冲击，对人力资源管理的未来走向将产生了巨大影响，所以，我们着重探讨了数字化、中国化、市场化三大发展趋势对人力资源管理将产生的重要影响，特别是中国化对人力资源管理实践以及理论的影响。另外，我们特别注意了各章节中与思政教育相关的内容并适当有所增加，以确保正确的导向性。

苏永华

2021 年 9 月于上海

2023 年 5 月修改

第六版前言

2016年暑期，俞文钊老师把我叫到家里，郑重地告诉我，要我担负起《管理心理学》一书新的修订工作。我深感惶恐，因为俞老师是中国管理心理学的开创者，他主编的《管理心理学》是中国第一本管理心理学教材，在中国的影响很广很深远，很多人，包括学生、干部、教师和企业的管理者，都是读着俞老师的著作长大的。我深感自己的能力尚不足以承担如此重大的责任，但想到俞老师毕其一生为管理心理学在中国的发展而努力，年过八旬还在奋斗，我觉得我没有任何理由推辞，唯一要做的就是竭尽全力把工作做好。

两年来，我反复研读了本书的前几个版本，也一直关注管理心理学领域的新进展，开始全面研究和深入思考如何在第五版的基础上进行修订，并确定了第六版的修订原则。

第一，保持理论体系的完整性和内容的连续性。本书经过前四次修订至第五版时，其理论体系结构已经趋于完善，而近几年管理心理学领域尚无大的突破性进展。因此，本次修订仍将保持原来的框架结构，内容上不作大的更改以保持它的连续性。

第二，体现问题导向，反映现实需求，拓展读者视野。管理的实践永远都是问题导向，管理理论的发展也来自对现实问题的有效解决。随着中国社会的快速发展，企业在管理实践中遇到了很多新问题，引发了人们对这些问题的思考。本次修订在每一章的后面增加了"延伸阅读"栏目，力图从管理者、企业家、学者和媒体等不同视角来反映管理领域的一些现实热点问题。

第三，体现时代性。反映时代精神是一个学者的神圣职责。十九大报告明确提出中国进入了新时代，要以"创新、协同、绿色、开放、共享"的发展观去实现宏伟的发展目标，当前我国的经济发展正在由过去的速度规模型向质量效益型转型，"质量第一，效益优先"成为新的经济发展原则。这一重大历史转型给管理心理学提出了许多新的要求，特别是对人力资源管理提出了一系列新挑战。首先，高质量的发展需要高质量的人才，而我国高质量人才的供给侧结构性矛盾十分突出，企业发展所需的高质量人才十分匮乏。其次，中国人力资源进入新常态，"人力资源多样性""人才高流动性""潜力成为人才最重要的资本"是新时代人力资源的重要特征，而现实的管理模式、管理方法还是基于人才来源的单一性、低流动性和人才的表层经验价值而设计的，其有效性越来越低。再次，中国社会的主要矛盾已经发生了变化，人们的基本需求已经由"温饱型"向"美好生活型"转化,这种变化,使得原有人力资源管理理论的前提假设发生了根本性的改变,因此,人力资源管理的理论基础和实践体系大厦需要重构,人力资源管理将进入大变革时代。为了反映这个时代巨变的趋势,本书增加了第13章——"新时代人力资源管理的变革之路",阐述我们对本次人力资源管理大变革的方向认识和一些实践探索的成果。

人类管理活动固然有其共同的规律,毋庸置疑,中国的管理也具有自己的特色,而中国特色社会主义就是其最深的底色。四十年的改革开放,中国不仅学习和借鉴运用了西方的管理思想、工具和方法,而且在许多管理领域已经开始了创新和创造。进入新时代,更大范围、更深层次的改革开放将为中国管理的发展和创新提供广阔的舞台和源源不断的实践源泉,我们需要坚定"四个自信",深入到管理实践中去,对其进行观察、试验、探索和提炼,总结出管理心理学的一般性规律,为充实、丰富和发展管理心理学的思想体系贡献出中国智慧。

苏永华

2018年5月·上海

其他各版次前言

目 录

第1章

管理心理学的对象任务

学习目标

1. 解释管理心理学四个层次的研究内容
2. 阐明管理心理学的应用性任务
3. 了解管理心理学中常用的几种研究方法

1.1 管理心理学发展概况

管理心理学在西方称为"组织心理学"或"工业与组织心理学",它的研究历史可以追溯到20世纪20年代的美国。管理心理学在当时被称为"工业社会心理学",是作为对泰勒制及其研究的机械主义观点的反动而产生的。

工业社会心理学在第二次世界大战以后开始以极快的速度发展起来,并在这一时期完成了从个别局部的经验研究向更广方面研究的过渡,出版了许多综述和概括性质的小册子、教材和著作。

"管理心理学"的名称在20世纪50年代出现于美国,从时间来看远先于"组织行为学"这一名称。现在较为流行的名称是"组织心理学"或"工业与组织心理学"。该学科早期的研究人员以心理学家为主体,后来社会学家和人类学家甚至政治学家、语言学家和数学家也参与到研究行列中来了。

而在俄罗斯,早在"十月革命"前的"沙俄"时代,工业社会心理学的研究就已经开始,但在"十月革命"以后就停止了,直至20世纪60年代,当时的苏联才又恢复了对工业社会心理学的研究,并从20世纪70年代开始改用"管理心理学"这一名称。1971年，苏联国家科委国民经济管理研究所首先设立了管理社会学和管理心理学教研室；1974年，苏联内务部也成立了管理心理学教研室和管理心理学实验室；1976年，奥尔忠尼启则管理研究所成立了管理社会学和管理心理学教研室。此外，那个时期的苏联科学院心理研究所也从事管理心理学的研究。

迄今，管理心理学成为心理学的一个分支已经半个多世纪了。在国际心理学会议上，往往将管理心理学放在应用心理学中。历次的国际应用心理学大会，都会收到大量管理心理学方面的论文和报告。

美国、西欧国家管理心理学的理论体系及其主要内容在以下几部著作中得到了全面反映：列维特（H.J.Leavitt）所著的《管理心理学》，罗桑（F.Luthans）所著的《组织行为》，雪恩（E.H.Schein）所著的《组织心理学》，考尔勃普主编的《组织心理学论文集》（由诺贝尔奖获得者西蒙负责编辑的"企业行为科学丛书"之一）。

我国台湾学者汤淑贞著述了《管理心理学》一书，其内容基本上反映了西方管理心理学的理论体系。

上述所有著作的内容体系大体上都是按照个体心理、群体心理和组织心理三个层次进行编排的，所讨论的问题也大多涉及人性假设、激励、需要、挫折、知觉、学习、价值观、态度、群体动力学、群体决策、冲突、权利、信息沟通、组织结构、组织发展与变革等方面。

有关管理心理学各领域的发展情况，都将在本书的各章节中得到反映。

1.2　管理心理学的对象与内容

1.2.1　管理心理学的研究对象

管理心理学是心理学的一个分支，已经有了一定的研究历史，积累了不少经验成果，其理论体系和方法论基础以及具体的实验方法也日臻完善。

管理心理学是研究组织中人的心理活动规律，并运用这些规律改进管理工作，充分调动人的积极性的一门科学。其研究重点是组织管理中具体的社会、心理现象，以及个体、群体、领导、组织中具体心理活动的规律性。管理心理学的研究成果对企业管理、科技管理、学校管理，以及其他各行各业的管理工作都具有重要的参考价值。

1.2.2　管理心理学的研究内容

在本书中，我们对管理心理学的研究内容从四个层次进行分析：个体、群体、领导、组织。

第一，个体心理的研究。这主要包括个体心理过程、个性与管理两方面。前者探讨社会知觉、社会知觉偏差、角色知觉与管理的关系。个性与管理方面主要分析气质、性格、能力与管理的相关。在个体激励方面，书中系统介绍了当今有关的激励理论及其在管理中的应用。

第二，群体心理的研究。群体研究还包括团队的内容，其中有群体类型、群体结构动力学以及其他群体现象的分析。此外，对团队的性质、类型和团队建设，书中也有介绍。

第三，领导心理的研究。这一领域的内容很多，主要包括：有效领导的概念、权力与影响力，以及有效领导的三种理论——品质、行为、权变理论。此外，在有关领导类型方面，着重介绍了魅力型、变革型、交易型与道德型四种类型领导的概念与特征。在有关领导艺术与技巧方面，着重分析了领导者的授权、决策与人际关系。

第四，组织心理方面的研究。在这方面，主要介绍了古典与现代的组织理论、组织发展与变革的概念，以及克服组织变革阻力的方法。同时，针对员工的组织行为问题，着重介绍了正面组织行为——组织承诺、组织忠诚及组织公民行为。此外，相应介绍了负面员工的组织行为（反生产工作行为）及对其的干预措施。

1.3　管理心理学的任务

1.3.1　管理心理学的应用性任务

管理心理学是一门应用性与实践性极强的应用心理学科。因此，管理心理学的首要任务就是为当今社会服务。由于我国社会与经济形势发生了根本性的变化，管理心理学的目标任务也要做相应的调整。所谓的变化表现为两个方面：

（1）随着经济发展、社会进步和人民生活水平的极大提高，人们已从对物质的追求向对人的自身发展的追求转变。从人性理论上看，就是人们正在实现从经济人向自我实现人的跨越式转变。

（2）在发展导向方面，原来经济建设以坚持GDP总量发展为中心，现已转向以人民的幸福感和社会和谐为导向的公共服务为中心。

为此，管理心理学为当今社会服务的首要任务，就在于用先进的人本管理的理念与方法指导现实的人性化管理。

管理心理学的另一项应用性任务，是探索如何应用管理心理学的理念、方法去处理社会管理中遇到的人际矛盾与冲突，实现人际和谐，加强精神文明建设，提高人民的道德素质。

另外，公平与正义是最大的激励因素，管理心理学就是要指导领导者采取最佳的激励方法、领导方式和决策方法来提高其领导效能，实现有效的、最佳的领导。

由于社会处于转型期，社会矛盾与冲突凸显，在分配、房价、就业、腐败问题等方面，人们心存很大的不公正、不公平感，可以说这与管理心理学学科中的各领域都相关。为此，管理心理学的社会应用是一项迫切的任务。

1.3.2　管理心理学面临着完善理论体系的迫切任务

管理心理学作为一门应用理论科学，除了要解决迫切的实际任务外，当前还迫切需要完善我们自己的理论体系和方法论基础。西方各国都在努力完善和建立自己的管理心理学理论体系，同样，如何建立适合我国国情的具有中国特色的管理心理学体系，也是一项刻不容缓的任务。

　　管理心理学的研究成果将会促进心理学理论的发展。管理心理学的理论渊源之一是普通心理学，而管理心理学的研究成果则必将大大地丰富和促进普通心理学理论的发展。我国管理心理学工作者必须遵循"实践—理论—实践"的指导方针，既要完成当前为现代社会服务的任务，又要努力促使具有高度科学水平和中国特色的管理心理学的理论体系早日建成。

　　本书在管理心理学的理论创新方面，提出了"同步激励论""激励与去激励连续带模式理论""公平差别理论模式""跨文化管理的整合、同化理论"等，这些理论观点已经得到了国内外学术界的认同。

1.4　管理心理学的研究方法

　　管理心理学的研究方法包括两大部分——个案研究和实证研究。实证研究中又可分为现场调查研究、实验室实验和现场实验。图1-1显示了管理心理学研究中的一个可能的研究方法序列。

个案研究 ⟶ 现场调查研究 ⟶ 实验室实验 ⟶ 现场实验

图1-1　研究方法序列

1.4.1　个案研究

　　个案研究（案例研究）是对情境和情境中人们行为的集中考察。为了理解和解释一些复杂行为或事件，在缺少经验和理论指导的情况下，个案研究就应运而生。与其他研究方法相比，个案研究给研究者提供了一个更开阔的视角。它也能用以建立效度和信度指标，或作为构思故事和叙事描述的工具。

　　个案研究的三个显著特点使它成为激发新见解的重要工具。

　　首先，研究者能让被研究的因素随着自身的发展引导研究，并且不局限于检验已形成的假设。

　　然后，个案研究中的研究者会试图获取充分的信息来对研究情境进行定性和解释。

　　再者，个案研究检验一个研究者综合多元化信息并在此基础上做出综合解释的能力。

　　如果研究者对这三个特征了然于心，那么个案研究就能成为分析组织行为的有效方法。它适用于很多组织，能够揭示组织中人际关系的影响力，这种人际关系非常不同于组织结构图中的关系。比如，一个研究者可以通过查看组织会议材料、访谈、发放问卷以及亲自观察员工间的人际往来的方式，解释组织中的人际关系的真正影响力。

个案研究的目的是提供对一个部门、一个公司或一个具体组织单位的详尽分析。其研究采用多来源资料，其中包括研究人员对组织的观察，在访谈中和问卷调查中由组织成员所提供的情报，以及组织工作的客观指标（生产的数量和质量）等。一般认为，个案就好像照相机一样，拍摄了一个组织在短期内的"镜头"。

个案研究中还可应用以下具体研究方法，即观察法、访谈法、活动产品分析法。

1.观察法

观察法，是在未受控制的日常生活中，了解和分析人的言行、表情等，借此来判断被观察者心理活动的一种研究方法。

观察法的优点是，被观察者的心理在未受条件控制的情况下，能表现出很大的自然性。在现代化的社会中，我们可以利用各种录像、录音设备等进行观察、记录。有时为使被观察者的活动正常进行，同时又不使被观察者受观察者的影响，可以在隐蔽处，通过纱幕、单向玻璃或闭路电视等进行观察。以观察法研究人的行为也有一些弊病，如观察者处于被动地位，消极地等待有关被观察者的行为的产生，观察到的结果往往难以做定量分析等。

管理者观察他人的行为，并在观察的基础上推断他人的动机、情感和意图，其主要优势在于确实看见了行为个体的行为而不是依赖于那些可能不精确或有偏好的口头或书面描述。

自我观察法是观察法的一种。这种方法又称内省法，是一种自己观察审视自己内心活动（自我心理活动）的方法。领导者可以用内省的方法来获得关于自己的信息，人们也可以采用访问、座谈、填表等方式获得管理者的内省报告。自我观察法的短处在于难以进行客观验证，所以它只是一种辅助性的方法。

2.访谈法

访谈法，是按照事先拟定的问题，通过访谈，了解管理者的心理过程与个性心理的某些特征，如思维、记忆、首创精神、权力与威望等的方法。在访谈时，要预先通知访谈的对象——管理者。访谈法的效果取决于研究者的组织与引导能力。在访谈中一定要创造良好的心理气氛，同时要注意不同管理者的气质与性格类型。

3.活动产品分析法

活动产品分析法，是通过管理者的活动结果（产品、成果）来考察管理者的一种方法。管理者的活动结果，就是能以数量与质量形式表现出来的工作成果，包括在管理者领导下的工作群体的工作效率等。对管理者的活动产品——报告、记录、决议以及其他资料的考察，可以判断一位管理者的能力、知识水平以及工作态度。通过对这些活动产品的综合分析，可以看出管理者的各种心理活动的表现形式。然而，管理者的活动产品同其心理特点之间的关系是复杂的，需要研究者长期、多方面地加以了解和分析。

1.4.2 实证研究方法

实证研究方法又可细分为以下三种：

1.现场调查研究

现场调查研究是在现有组织的环境范围之内进行的研究。现场研究所用的资料可以是观察者记载的其所观察到的组织成员的行为，也可以是在调研中要求组织成员提供的填表答问信息或以其他方式提供的信息。书面文件连同有关产量和质量的客观计量数据都是现场研究资料的一部分。

现场调查包括从有代表性的样本群体中通过访谈和问卷收集数据。使用样本可节省人力和时间，因为不用接触研究对象群体中的每个人。现场调查的一个最著名的实践者是美国的盖洛普（Gallup）组织。从1935年开始，盖洛普组织通过电话和上门访谈已收集到大量的数据，涵盖了从经济到对双语教育的观点等各个方面，并且公布了关于公众在这些主题上的观点的报告。

现场调查的目的是收集信息——发现人们是如何感觉和认识——不去改变和影响被调查者。为了从被试者①的各类反应中获得有效的结论，现场调查需要大样本。在调查中，很多被试者的反应是无效的或者没有做出反应。问卷调查的有效回收率一般在20%~30%之间。研究者将反应制成图表，分析并得出结论，陈述结果。

美国的金伯利·克拉克（Kimberly Clark）外出调查所想知道将来办公室人员最希望消失的问题是什么。管理层聘请了"国际观点"调查公司对全球范围内的全职或兼职的白领办公室人员进行了一次调查。结果表明，办公室人员最希望其消失的三大问题是：流言、苛刻的老板和不整洁的休息室。

现场调查中对某种类型的数据进行收集并不是最好的方法，它的使用局限于被试者能清楚地意识到并做出反应的事或对象。假如潜在的动机是重要的，那么深入的亲自访谈将更有效合理。现场调查也会产生因果关系推论的问题，比如在一个关于工作满意感、组织承诺和绩效之间关系的分析中，工作满意感是否会引致高绩效和产生高水平的组织承诺？或者由组织承诺结合工作满意感是否就会带来高绩效？因为在现场调查中存在大量未测变量，因此对这三个变量间的因果关系很难做出回答。

2.实验室实验

同个案研究和现场调查相比，实验室实验增强了研究者建立变量间因果关系的能力。实验室环境允许研究者在可控情况下完成实验。

实验室实验的实质是操纵一个或几个自变量并观察他们对因变量的作用。例如，研究者告诉一个群体的参与者，他们在先前完成一项困难的管理任务时表现不好，而

---

① 业界经常简称为"被试"，本书亦然。

告诉另一组他们出色地完成了同样的任务，但事实是两组的行为表现根本没有被评估。然后，研究者要求两组再同时完成另一项任务并预测他们真实的行为表现。自变量是积极或消极的反馈，因变量是第二次完成任务的表现。

当检验假设的环境状况并不现实或假设已经在自然情境中被检验并在实验室环境下可以再现这一情境时，实验室的方法是最有用的。例如，美国的查理餐厅建立了一个富有挑战性的项目来显示团队工作如何提高管理效能。这个挑战性项目包括15个单项的基层工作，其中有调换成员在离地6英尺①的水平电话杆上的位置，或从60英尺高的塔里爬下。通过改变群体面临的挑战类型，有一个叫卫德·芭比（Wade Bibbee）的人（美国某公司项目主管）观察到了团队效能、合作和承诺感以及得出了有关餐厅如何改善团队工作方式的结论。

同样，实验室实验也有不足之处。由于现实的原因，大学生是实验室实验最常见的被试群体，然而，很难说大学生能反映出雇员在工作中的实际行为，因为他们毕竟不同于雇员，很多学生是年轻的、临时参与的，也没有处在需负责任的位置，而且他们的生活也不取决于是否在实验中成功地完成任务。因此，事实上实验室的结论在更宽泛的意义上是不合理的，因为实验仅局限于过分狭隘的群体的过分狭隘定义的行为。

此外，在实验室中模拟组织结构和过程的许多特征是极其困难的。例如，很多组织中的行为，如离职和低绩效，不可能在实验室环境中单独再现和考察。反过来，实验室从事的很多工作是处理那些无法应用于现实生活或无法在现实生活中再现的问题。例如，一个组织不可能为了符合一个理想模型而很容易就重新设计其组织结构，虽然他可能拥有优秀的员工队伍，但人员更换将有可能影响士气和绩效。所以，研究者只能更倾向于关注那些能在实验室里演示的问题，这些实验应派生于对现实生活的研究，结果将不断地被检验。

3.现场实验

现场实验又被称为自然实验研究法、自然实验法。

现场实验，是在日常生活的情境中，适当地控制条件，并结合经常性的业务工作，从而研究心理现象的规律性。我们可以结合领导者的经常性业务，在适当控制的条件下进行有目的的实验研究。自然实验法实验的优点，在于被试处于自然状态中，因而反映的心理活动比较真实。但是，这一方法也有缺点，其主要缺点就是条件不容易控制。

领导者的心理活动是一种社会心理现象，这种现象受到许多外界和内部因素的影响。如果我们将这些影响因素称为变量的话，那么社会心理现象受到了多变量的影响。我们采用实验方法的目的就是控制多变量，尽量使变量单一化。只有明确某种单

---

① 　1英尺=0.3048米，6英尺约1.83米。

一变量的影响，才能说清楚是什么因素影响了领导者的心理活动。例如，阻碍领导者工作积极性的内部和外界的因素非常之多，只有采用单一变量的实验方法，排除多变量因素的干扰，最后才可以得出比较正确的结论。

现场实验是将实验室的方法运用于正在发生的现实情境之中，允许控制一个或更多自变量。研究者能考察因变量的变化并且有一定信心推论因果关系。

现场实验的参与者一般知道自己正在被观察，因此研究者必须采取措施尽量减少被试者由于知道自己被观察而改变行为的可能性。与实验室实验相比，现场实验的研究者对实验的控制要弱些。

1.4.3　宏观和微观环境条件分析法

管理心理学中有一个特殊的分析方法，即宏观和微观环境条件分析法。这是由管理心理学的对象的特异性所决定的。

我们知道，任何人都生活在一个微观和宏观相结合的环境中。所谓宏观环境，是指整个的社会、社会制度、社会准则、科学和文化、意识形态等。微观环境，则是指人所直接生活在其中的环境，如企业、学校、街道、家庭等。宏观环境对人仅起间接的影响作用，而微观环境则对人起直接的影响作用。宏观环境是通过微观环境反映出来的；微观环境好比一面镜子，通过这面镜子人可以直接接触到、认识到、体验到宏观环境的间接影响作用。虽然宏观环境的作用是间接的，但是它却决定了在个人身上形成的一切准则、观点、目标。比如，一个人是通过微观环境（企业、父母、教师、朋友）中介形成道德观念和标准的，而个人的道德观念与标准的个体意识却是对宏观环境的主观反映。

在企业管理中，对人的道德标准、思想、行为的理解既要放在宏观环境中，也要放在微观环境中才能得到全面的解释。当前，我国企业中的青年职工相对较多，青工的思想很活跃也很复杂，并具有时代的特点。为了采取正确的思想教育措施，就要从宏观环境和微观环境两方面来正确分析青年工人的思想和行为状态。比如一个青工行为不端，那我们就要分析该青工是在怎样的微观环境中形成不良行为习惯的，这些行为习惯又是社会上的哪种不良风气的间接反映。企业是一个微观环境，有责任将正确的社会准则、道德标准传递给青年职工，并协同其他微观环境（父母、朋友等）一起来做这件事。

当前，在人们的思想与生活领域中，个人主义、享乐主义、拜金主义、物质主义泛滥，而这种思想的产生是与整个社会的宏观环境条件有联系的。由于社会环境中出现了贫富差距拉大、分配不公、腐败现象蔓延等情况，再加上物价上涨、教育失衡、就业难、看病难以及因房价高企而引起的住房难等问题，使得人们的价值观发生了某些异化，而这些异化的价值观的规正必须从两方面着手，即既要注意微观环境的变化，更要注意整个宏观社会环境条件的变化，促使人们的价值观向"富强、民主、文明、和谐，自由、平等、公平、法治，爱国、敬业、诚信、友善"的社会主义核心价值观转变。

【延伸阅读】 管理是一门学科[①]

德鲁克认为，战后[②]的25年，一股管理热潮席卷了全球，这是20世纪最重要的一个事件。这个事件意味着"管理"正成为现代组织机构不可或缺的"功能"，成为现代社会的主流意识而伴随我们左右；"组织和管理"已经成为我们时代最核心的命题。依靠管理的功能，维系组织机体的存在，维系社会的正常运行，这是历史"赋予"管理的一项任务，赋予"管理学"的一项使命。也只有管理，以及管理学科的理论和方法，才有可能处理复杂的组织过程，确保现代社会的正常运行。

在人们的观念中，本应该由"经济学"来承担这项使命和任务。所谓"经济学"，顾名思义，就是一门"经世济民"的学问。现代经济学发端于亚当·斯密（Adam Smith，1723—1790），他的《国富论》（1776年）奠定了经济学科的基础。亚当·斯密的伟大，在于他能够贴近社会实践，能够从总体上把握社会发展的图景以及图景中的关键命题，即揭示了财富的本质是可供人们消费的物质或商品，而不是重商主义认定的"贵金属货币"。物质财富是靠劳动创造出来的，而不是通过单纯的商业贸易或交换获得的。扩大国民财富的关键是，在商品交换基础上，深化劳动分工、提高生产效率，这就是古典经济学著名的"分工理论"的由来。

亚当·斯密的理论，让世人备感震惊，同时也给了人启迪。西方世界在"分工理论"的指导下，展开大规模的社会实践，包括专业化分工，继而动力、机器和技术的应用，以及资本的集聚和集中，加速了工业化进程，加速了财富的创造，推动了企业之间"社会分工体系"的不断深化，同时，推动了企业内部"劳动分工体系"的不断深化，开启了现代社会的大门，带来大企业或大组织机构的产生，促使今天"机构型社会"和"员工型社会"的形成。由于种种原因，古典经济学的"分工理论"没有向企业组织的研究方向发展，而是向着"资源配置"的研究方向发展。因此，研究"组织和人"的任务，就历史性地落在了管理学的肩上。

与西方微观经济学强调"分工、专业化、规模经济或资源配置方式"相对应，管理学家强调"分工理论"中更为本质的命题，强调"组织的功能"，强调"企业组织及其管理"在培养人才、传授知识和技能、深化分工协作体系、协调人际关系和系统创新等方面对物质财富创造的作用。钱德勒（Alfred D.Chandler，生于1918年）的研究表明，企业的效率、财富的创造，来源于专业化分工基础上的协同，来源于管理的有效性，而不是单纯来源于资源配置的方式。"协同"涉及人的主观意愿、自由意志和情感诉求，这是企业组织的本质，也是"管理"的核心命题。依靠管理实现有效协同，是组织的力量源泉，是财富创造的内在秘密。为此，钱德勒把自己的理论冠名

---

① 资料来源 德鲁克. 管理：使命、责任、实务［M］. 王永贵，译. 北京：机械工业出版社，2009：中文版序.
② 指第二次世界大战。全书同。

为"看得见的手"，对应于古典经济学"看不见的手"，以强调管理功能的重要性，强调建立管理学科去指导社会实践的必要性。

从年轻的时候起，德鲁克就关注着人类社会的前途和命运。他强调自己不是一个经济学家，自己也成不了一个经济学家。言下之意，他要创立一门新的理论。他著有《经济人的终结》（1939年）和《工业人的未来》（1942年），以表达自己的"非经济学"主张。也就是在这个时候，德鲁克开始意识到"组织理论"的缺失，意识到这个部分"画面"的缺失，使我们无法在思维中形成一幅"和谐社会"的完整图像。他决心从企业组织内部展开研究，这个企业组织就是美国通用汽车公司。德鲁克在那里进行了18个月的研究，写成了《公司的概念》（1946年），形成了自己的"现代组织理论"，为建立"管理学科"奠定了理论基础。

现代组织理论的概念并非德鲁克的自创。在他着手研究"企业组织"之前，巴纳德（C.I.Barnard，1886—1961）已经发表了《经理人员的职能》（1938年），这是一本传世之作，已经形成具有"哲学特征"的现代组织理论。巴纳德认为，组织是人们寻求合作的一个自然结果；人们为了突破个人在"资源和能力"上的限制，追求更好或更高的目标，会自然而然地选择合作的途径，建立协同关系。当这种协同关系有了"共同的目标"和"社会性协调规则"时，协同关系就逐渐稳定下来，转变为稳定的协同体系，这就是"正式组织"。

巴纳德把"组织"定义为"人的协同行为关系"。他认为，个人如果能够依靠自己的力量，实现自己的目标，满足个人的欲望或动机，就不需要借助于组织的力量，协同就不会发生，组织就不会产生。由于个人的能力和资源是有限的，而欲望是无限的、是有生命的，因此，寻求与他人合作的事情就会经常发生，协同机会和组织行为就成为常态。一个组织要想存在下去，需要建立相应的条件，包括共同的目标、贡献的意愿和信息的沟通，并依靠"社会性规范"去协调或维持组织成员之间的协同。如果协同不存在了，组织也就瓦解了。建立社会性规范、协调组织成员的行为，是管理的任务，是经理人的职能。

西蒙看到了巴纳德理论的价值，运用经济学的学术规范，对巴纳德的"组织理论"进行了改造，确立了具有"经济学特征"的组织理论，出版了《管理行为》（H. A. Simon，1948），并于1978年获得诺贝尔经济学奖，表明经济学界也意识到要弥补组织理论的空白。西蒙的著作有一个副标题——"组织中决策过程的研究"，表明他对"组织和管理"的基本理解，即企业组织是一个"功能实体"，不是一个抽象的"生产者或厂商"；组织的力量，即一个组织区别于另一个组织的力量，来源于管理行为，来源于组织成员对共同目标所做出的真心实意的承诺。

西蒙认为，生命的法则是"均衡"，是保持生命体的内在平衡。维持一个组织的生命，关键是保持"价值和贡献"的均衡，包括：组织向员工提供"价值"，提供地位、权利、资源、信息、机会、名誉和报酬收入；员工为组织做出"贡献"，贡献出绩效、知识、经验、技术、方法、热情、信念、智慧和思想观念。"价值"来源于组织目标的实现;"贡献"来源于员工目标的实现,来源于员工的利益动机和情感动机的满足。保持"价值和贡献"的均衡,就能维持组织的存在。后来人们把这一思想概括为"价值创造、价值评价和价值分配",并认为这是企业组织中的核心命题。

保持组织均衡的关键是确立并实现共同的目标,这是不言而喻的。现在的问题是,如何确立和实现组织的共同目标?这是一件很困难的事情。因为我们无法基于"事实",只能基于"价值",对有关"企业前途和命运的整体目标"做出选择;而组织中的每一个成员都有着各自的"价值立场"。共同的目标需要共同的决策前提,需要共同决策的"价值前提"。换言之,组织成员只能依据共同的"价值前提",做出共同的目标选择,并愿意为共同目标做出承诺和做出贡献。离开了共同的价值前提,组织成员无法达成共识,无法真心实意做出承诺并为共同目标做出贡献,组织随之失去力量,表现为管理的脆弱。建立"价值前提"需要时间和过程,需要管理者的介入,需要管理行为的介入。只有经过管理阶层的持续努力,才能逐渐培养出共同决策的"价值前提",才能使一个组织形成真正的内在力量。后来人们把"价值前提"转变为"核心价值观"和"企业文化"的概念。

德鲁克本质上是一个关注"社会实践问题"的理论家,具有像亚当·斯密揭示"财富本质"那样的思维能力。他有能力并有兴趣从纷杂的现象中发现关键命题,形成核心概念,这就是通过揭示"组织和管理"的本质,为现代社会的发展指明方向。他发现,现代社会的运行是在"组织实体"之间进行的,而不是在"生产者"之间进行的,所谓"组织是社会的一个器官"。现代社会是由各类组织机构组成的,即所谓"机构型社会"。组织机构是由全体成员共同构成的,而不是由"各种生产资源要素"构成的;组织就是社会中的"一个社区",组织成员就是社会公民,即所谓"员工型社会"。他的这一发现已经成为不争的事实。

德鲁克基于这个发现,对巴纳德等人的"组织理论"进行了"社会学"意义上的改造,主张"组织"不仅要服务于人,建立和维护内部的协同关系,"组织"还必须服务于社会,维持一个社会的正常运行。因此,如同一个组织的"共同目标"不是组织成员个人目标的简单加总一样,社会共同的目标也不是各类组织机构目标的简单加总。如同一个组织共同目标的确立一样,社会共同目标的确立也不是基于事实,而是基于价值。一个组织在确立共同目标的时候,必须合乎社会的正义,满足社会的需求,就像个人服从组织一样。用我们现在的话来说,一个百年企业,往往是一个道义集团,而不是一个单纯的利益集团。

至少每一个组织机构都必须面对:要使一个社会得以正常运行,应该做些什么,应该有怎样的表现,应该做出何种贡献?这就是德鲁克所讲的"使命"、"社会责任"和"企业的定义"。否则,组织就没有存在下去的价值和理由。这种来自社会及相关组织机构的责任,是先于任何一个组织而客观存在的,组织可以对此做出选择,而不可以忽略。从这个意义上说，代表社会机体存在的工商企业，是先验的，应社会的需要而生；企业组织不能只关心利润，不能把经济绩效理解为利润；利润是企业组织发挥社会功能、履行社会责任的一个必然结果。不能把企业目的定义为"利润最大化"，把公司的性质或概念理解为"生产者"或"经营者"，而应该将其理解为社会经济和人文活动的组织者，理解为社会组织或社区的管理者。

一个组织能否把社会责任落到实处，转变为组织的行为，发挥组织的社会功能，关键在于是否把组织中的人或工作者当作组织的一个成员，当作一个职工，而不是劳动力或雇工，并按照一个社会的需要，以及基本信仰和道德准则，把组织成员组织起来，使组织成员能够依托各自服务的组织机构，获得社会的身份和地位，履行社会的义务和责任，发挥个人的天赋和才干，提升自己的价值和成就。只有通过这个过程，一个组织才能为社会的正常运行和人们的生活品质提升做出贡献，使社会责任落到实处。以往大规模生产的"组织和管理"实践告诉我们，忽略组织的这个基本性质，忽略工作者的存在，以及他们做人的尊严、归属感、成就感、社会身份、社会地位或公民的权利，是企业组织和产业社会内大规模冲突的根本原因。

德鲁克确信自己的"组织理论"是有价值的，为了把组织理论和价值主张落到组织形态上去，转化为组织的管理实践，他进行了长达30年的努力，写成《管理》①一书。《管理》的问世，表明德鲁克已经完成了对社会问题的系统思考，从这个意义上说，德鲁克的《管理》是构建在社会发展的蓝图之上的，至少可以说，是建立在对现实社会的理解之上的。《管理》的问世，也表明德鲁克已经把"组织理论"融合到系统的"管理学科"之中，使管理学领域获得了"统一性"，使管理的方法、手段和技术，以及实践经验和商务知识融合在一起了。换言之，离开了"组织理论"的指引，管理领域的景象会显得杂乱无章；进入管理学领域，犹如进入丛林冒险，能否学会，全凭运气。就此而论，德鲁克所奠基的管理学科及其知识范畴，应该是更加接近管理世界的真相，更加合乎现代组织的发展趋势，更加具有指导社会实践的现实价值和未来意义。

德鲁克很清楚，管理作为一门学科还很年轻，只能算一门"新兴学科"，还有许多未知的领域正等着人们去探索。然而，有人认为管理算不上一门学科，许多知识并未得到科学的验证，只是实践经验的总结和提炼，也许是出于这个原因，人们习惯上把德鲁克归入"经验管理学派"，这是令德鲁克担心的事情，他一再强调，《管理》中所囊括的全部内容都来源于实践，是管理实践中最核心的东西；《管理》中的系统知识、方法和技术是有效的，都已经得到了实践的证明和管理专业人士的肯定。

西方社会经历自然科学的伟大成就之后，科学研究已经成为基本"信仰"，主张依靠"科学理性的方法"获取新知识，否认依据"个性权威"获取知识，这对任何一

---

① 即德鲁克1973年出版的著作——Management: Tasks, Responsibilities, Practices （《管理：使命、责任、实务》）一书。

门新兴学科的诞生，都是严峻的挑战，但这是一件好事。然而，在西方人的观点中，真理或正确的知识，源于"方法"的科学性或严谨性，以至于有人把科学定义为一种理解客观事物真相或成因的方法。把科学理解为一种"方法"而不是科学的内容或"确切的知识"和"经过检验的知识"并非正确，也并非好事。伟大的哲学家罗素（Bertrand Russell）就有不同的观点，认为一切确切的知识都属于科学的范畴，而心灵思辨所感兴趣的一切，几乎都是科学所不能回答的问题。

　　管理世界并不是一个独立于人们心灵之外的物理世界；管理世界的真实图像，是由人们共同的自由意志创造的。管理作为一门学科，本质上是一套有关"社会、组织与人"的公理体系，其中包含着三种"理性"成分，即"科学理性"、"道德理性"和"制度理性"。管理学科的真理性，依赖管理实践的有效性。管理实践的有效性，在很大程度上取决于管理阶层的品质、才干和使命感，以及组织全体成员在道德信仰和行为规范上的一致性程度。从这个意义上说，管理是一种实践，它似乎永远达不到"自然科学"那种境界，但这丝毫不会影响管理成为一门学科，管理学科的确立始于彼得·德鲁克，始于他的著述。

本章小结

　　1.管理心理学在西方的称谓是"组织心理学""组织行为学""工业与组织心理学"。其实其内容大同小异，尽管角度不同，但研究的对象与内容、专业术语都是一致的。

　　2.管理心理学的研究内容大致可分为四个层次：第一层次是个体心理研究，主要是研究社会知觉、个性与管理以及有关个体激励的理论；第二层次为群体心理与团队建设；第三层次为领导心理的理论与应用；第四层次为组织心理与员工正面与负面组织行为。

　　3.管理心理学的首要任务就是加强应用管理心理学的理论、原理、原则、方法的研究以为当前社会服务，贯彻人本管理的理念，实现真正的人性化管理，指导领导者实施最佳的领导方式、决策方式，使激励方法更加现实有效等。

　　4.管理心理学研究方法分为两大类：一类为个案研究方法，其中包括观察法、访谈法、活动产品分析法；另一类为实证研究方法，其中包括现场调查研究、实验室实验、现场实验。

复习思考

　　1.试述管理心理学四个层次的研究内容。

　　2.解释管理心理学为当前社会服务的应用性任务。

　　3.举例说明管理心理学的两大类研究方法。

管理心理学的理论基础

学习目标

1. 解释霍桑试验与人际关系学派的主要观点
2. 分析人性假设的 X 理论与 Y 理论的论点及其对管理思想的影响
3. 比较经济人、社会人、自我实现人、复杂人人性假设的差别及相应的管理策略
4. 讲解人本管理的理论与实施

2.1　管理心理学的产生与发展

2.1.1　工业心理学的兴起

管理心理学的早期发展是同西方工业心理学的兴起分不开的。为了获得更高的生产效率，心理学家、生理学家们早就已经开始注意到如何将重点放在有效地利用人的某些心理、生理资源上的问题了。

尽管心理学在泰勒制出现之前就已经是一门独立的学科，但是把它直接应用到工业生产领域，研究如何适应和转变工人的心理、激发工人的干劲，以提高生产效率，这仅是 20 世纪初期才开始探索的，其创始人是芒斯特伯格（Hugo Munsterberg，1863—1916），他被称为工业心理学之父。芒斯特伯格出生于德国，后来移居美国，在受聘于哈佛大学之后，他在哈佛建立起心理学实验室作为工业心理学研究的基地。1912年，他出版了他的名著《心理学与工业效率》，其论点很受当时美国工商界的支持和赞赏，并由此成立了一个政府机构，专门从事将心理学应用于解决和指导工业管理问题的研究。

在当时的美国，人们对于科学管理的兴趣由于泰勒制的实施已经高涨起来。芒斯特伯格希望能对工业生产中人的行为做进一步的研究。他认为，在工业生产中，人们最大的注意力是放在材料和设备问题上；也有人注意到了工人的心理状态，如有关疲劳、工作单调、兴趣、工作报酬以及其他工作情绪等问题。但对于这一类问题，都是由一些"门外汉"来处理的，他们对此很少有科学的理解。

芒斯特伯格的研究要点就是了解人们的心理素质，在此基础上把他们安置在最适合他们的工作岗位上。同时，还要研究在什么心理条件下，能够从每个员工处得到最大的、最令人满意的产出。此外，还要考虑如何使人们的情绪产生最大的有利于工作的影响。

芒斯特伯格的《心理学与工业效率》一书包括三个方面的内容：一是尽可能有的最好工人；二是尽可能有的最好工作；三是尽可能有的最好效果。

这方面的研究成果被广泛地应用于职业的选择、劳动合理化以及改进工作方法、创造最佳工作条件等方面。创造适合工人体力、心理特征的工作条件，在当时不仅是生产力增长的重要因素，也是减少工人同企业主矛盾冲突的重要因素。

芒斯特伯格的研究方向和路线以及所采取的方法，是与管理心理学的发展方向一致的，但是，他所考虑的面比较狭窄，还缺乏社会心理学与人类学的观点和论据，所以，他的工业心理学未能引起更广泛的关注。后来的"霍桑试验"却为工业心理学增加了深度和广度，并开创了管理心理学的新局面。

2.1.2 霍桑试验与人际关系学派

乔治·埃尔顿·梅奥（George Elton Mayo，1880—1949），澳大利亚人，1899年于阿德雷德大学取得逻辑学和哲学硕士学位，之后，曾在澳大利亚的昆士兰大学讲授逻辑学和哲学，不久，又到苏格兰的爱丁堡研究医学，并任精神病理学方面的副研究员。1922年，梅奥得到洛克菲勒基金的资助移居美国，并在宾夕法尼亚大学沃顿商学院从事教学工作。1926年，梅奥作为一名工业研究副教授参加了哈佛大学的教学工作，并在哈佛大学度过了他大部分的工作生涯，最终成为企业管理学院产业研究教授。临去世前，梅奥还担任着英国政府的工业问题顾问。

梅奥的主要著作有：《工业文明中的人性问题》（1933）、《工业文明中的社会问题》（1949）。他的主要论文有：《工业心理学基础》（1924）、《人们行为中的非理性因素：工业中不明确的思想》（1923）等。

梅奥在哈佛大学任职期间，发起并领导了一系列科研项目，其中最著名的就是对芝加哥的西方电气公司霍桑工厂进行的为期5年的调研（被称为"霍桑试验"）。梅奥常被人们称为人际关系论和工业社会学的创始人。梅奥借助研究小组在1927—1932年间的研究，提取了大量的材料，并对这些试验及访问交谈的结果进行了总结，在1933年出版了《工业文明中的人性问题》一书，并提出了人际关系学说。

1. 对群氓假设的否定

经济学家大卫·李嘉图是"群氓假设"的倡导者，这一假设认为：

（1）自然的社会由一群无组织的个人所组成。

（2）每一个人，都按照能达到自我生存和实现自我利益的方式来行事。

（3）每一个人都尽力按逻辑进行思考，为达到一定的目标而努力。

梅奥反对并驳斥了这种群氓假设，提出：

（1）重要的是同其他人协作，而不是一群无组织的乌合之众互相进行竞争。

（2）所有的人都为保卫自己在团体中的地位，而不是为自己的个人利益而行动。

（3）思维受感情的指导较受逻辑指导更多。

按群氓假设，社会是由一群无组织的个人所组成的，他们在思想上和行动上力求符合个人利益，追求最大限度的经济收入。照此假设，管理部门的联系对象仅仅是单个的职工，于是，工人被安排去从事固定的、无聊的和过分简单的工作，成了"活的机器"。可是，实验研究表明，工人不是机械的、被动的动物，而是复杂的社会统计的成员，他们受到各方面因素的刺激，而绝不只是工资。

2. 人际关系学说的主要观点

梅奥认为，影响组织生产力的最重要的因素，是在工作中发展起来的人际关系，而不只是待遇和工作环境。这说明，劳动生产率不仅受物理的和生理的因素的影响，也受到社会的和心理的因素的影响，这就是"人群关系理论"的主要论点。

与传统的科学管理理论相比，梅奥经霍桑试验得出的"人群关系论"提出了以下的新观点：

（1）传统管理理论把人作为"经济人"看待，认为金钱是刺激人积极性的唯一动力。企业家以"经济人"的身份追求最大的利润，工人则以"经济人"的身份追求最高的工资。

霍桑试验则表明，人是"社会人"，影响人的生产积极性的，除了物质利益等物质的因素之外，还有社会的和心理的因素。因而，人群关系理论主张把工人作为"社会人"加以尊重，而不是把人视为"机器"。

（2）传统管理理论认为，生产效率单纯地受工作方法和工作条件的制约，因而在管理上，它只强调实行工作方法的科学化、劳动组织的专业化、作业程序的标准化。总之，传统的管理是以"事"为中心的。

而霍桑试验却得出了这样的结论，即生产效率的上升或下降，主要取决于职工的工作情绪，即职工的士气。而士气又取决于两个要素：职工在家庭生活和社会生活中所形成的态度以及企业内部的人群关系。

（3）传统管理理论只注意诸如组织机构、职权划分、规章制度等"正式组织"的作用。而霍桑试验发现并证实了"非正式组织"的存在。由于存在着非正式组织，这就对企业领导人提出了新的要求：要注意倾听和了解职工的意见，要使正式组织的经济目标同非正式组织的社会需要取得平衡。企业领导人在了解人们合乎逻辑的行为的同时，还需了解其不合乎逻辑而出于感情的行为。传统管理只注意人们合乎逻辑的行为，而不注意人们的不合乎逻辑的行为，如情绪性的行为等。

以上观点和理论，构成了早期人际关系学说的主要内涵。

3. 人际关系学说的评价

人际关系学说为管理学和管理工作指出了新的方向，它突出了生产中人的因素，这是管理心理学的一个新起点。这一学说号召人们掌握一种综合的管理技能，其中包括了解人群情况的诊断技能。在管理过程中必须清楚：职工有需要加以满足的物质利益方面的诉求，更重要的是，他们还有社会、心理方面的需求；与此同时，则要掌握对工人进行咨询、激励、引导和信息交流的人际关系技能。

梅奥的人际关系学说同泰勒的传统科学管理理论既有区别，也有相同之点。其相同点表现为：目标一致，两者都追求高生产率；两者都认为工人与管理者冲突的责任应归于管理者；两者都追求管理者同工人之间的和谐或利益相关。二者的不同点表现为如表2-1所示的内容。

表2-1　　　　　　　　　　　　　　**泰勒理论与梅奥学说之区别**

泰勒理论	梅奥学说
1. 由管理当局研究并组织实施消除提高工作成绩障碍的措施	1. 监工提高社会技能
2. 关注中心为个别工人	2. 关注中心为团体成员中的工人
3. 不注意人际关系	3. 注意人际关系
4. 物质与工作环境是影响生产率提高的一个主要因素	4. 社会环境是主要的
5. 只要有机会人们会追求最大的经济报酬	5. 强调团体成员的地位，金钱放在次要地位

梅奥学说与泰勒理论之所以有许多差别，应该归因于时代背景、个人的文化素养与训练等。泰勒的科学管理理论符合当时经济、政治与社会环境的需求；梅奥处于经济不景气、战争和社会不安定时期，这一时期需要新的管理思想与方法。泰勒是工程师，追求效率；梅奥受哲学、逻辑学训练，又对精神病病理感兴趣，自然从这一角度考察企业与社会。

4. 人际关系学派的局限性

人际关系学派缺乏对人的心理因素的全面、深入的考察，比较片面地强调把提高职工的满意感作为增加生产效率的主要途径。这一学说过多强调非正式群体的作用，而未能看到群体动力学中的其他影响因素。这一学说还缺乏因人、因事、因地制宜的权变观点。在一个企业中，究竟采用这一学说还是采用传统的科学管理方法，要依具体情形而定。

2.2 人性假设的理论与人力资源管理的模式

2.2.1 人性假设的含义

美国管理心理学家道格拉斯·麦格雷戈（Douglas M.McGregor，1906—1964）于1935年在哈佛大学获得博士学位，之后在哈佛大学讲授社会心理学，还曾任安第奥克学院院长，去世前一直是麻省理工学院教授。1960年，麦格雷戈出版了他的著名著作——《管理理论X或Y的抉择——企业的人性面》。

麦格雷戈认为，在每一个管理决策或每一项管理措施的背后，都必有某些关于人性本质及人性行为的假设。这说明，有关人的性质和人的行为的假设，对于决定管理人员的工作方式、管理措施等是极为重要的。

管理人员以他们对人性的假设为依据，采用不同的方式来组织、领导、控制、激励人们。接受一种人性假设的管理人员会用一种方式来管理，而接受另一种人性假设的管理人员则会趋向于用另一种方式来管理。

例如，一位管理人员强烈地深信，人不会自觉地去努力工作，那么，他必然会在组织内部建立严密的控制手段，以保证职工按时来上班，并受到密切的监控。另一位管理人员却深信，人会自觉地去努力工作，因为他们对工作本身和工作的结果有极大的兴趣与责任感，那么，带着这种想法的管理者必然十分重视在组织内部贯彻民主与参与型的管理制度，鼓励职工自我约束、自我管理，而不是对他们实行严密的监控。

麦格雷戈认为，"真正的问题在于管理者的宇宙观和价值观的改变，这个问题解决了，其他如何推行的问题便成为细枝末节了"。管理人员对人性所持的假定，实际上就是管理人员世界观的一部分，即他们要对人为什么要工作，以及应该如何去激励他们和管理他们等，有一个明确的观念。

麦格雷戈有关人性假定的论述，概括起来有以下三点：

（1）管理的理论与管理者的观念是第一位的，而管理的政策与具体措施是第二位的，不能本末倒置，也不能简单混同、不加区别。

麦格雷戈在书中写道："在我看来，非常显然的，经理人的塑成，其由于管理当局对管理发展的正规作业而获得者，成分实属甚低，而主要乃是由于管理当局的观念所促成，包括对其所担负任务本质的观念，及其为实行该观念而制定的各项政策与实践的性质。"

（2）强调在管理中要着重开发人力资源，发掘人的"潜在力量"。

麦格雷戈认为："须知一个企业的管理方式，往往决定管理阶层对所属人员的'潜在力量'的认知，及对如何开发这份'潜在力量'的认知。倘使我们对管理发展的研究，系自各项管理发展计划的形式上的制度着手，我们便将走错路。"

（3）管理人员采取哪种理论假定要看具体情况，但是所持理论的观点要旗帜鲜明。

麦格雷戈认为，《管理理论X或Y的抉择——企业的人性面》一书的主旨，在于阐明管理者对控制人力资源所持的各项理论假定，实为企业的整体特性的决定因素，而且还是今后若干代管理人的素质的决定因素。他的目的并不在于劝说管理人选择"理论X"或选择"理论Y"，而只是阐明理论的重要性，促使管理界检讨他们所持的假定，将他们的假定明确化。他认为，唯其如此，才能开启走向未来的大门。

2.2.2 人性假设的X理论与Y理论

麦格雷戈在总结了若干脍炙人口的人性假定之后，建议将这一套基本假定命名为"理论X"或"理论Y"。所以，这两种人性假设的理论，是一定历史时期管理政策、管理实务的高度概括。

1.人性假设的X理论

（1）X理论的基本观点

X理论是指领导和控制的传统观点。

麦格雷戈称之为"理论X"的人性假设是指：

① 一般人均对工作具有天生的厌恶，故只要可能，便会规避工作。

麦格雷戈认为，这一假定实已根深蒂固，其最早表现记载在《圣经》当中，亚当和夏娃由于偷吃了智慧树上的果子，受到了逐出伊甸园的惩罚，来到了一个他们必须工作才能生存的世界。所以，在管理方面反映出一种基本信念——管理必须压制人类规避工作的本性。

②由于人类具有不喜欢工作的本性，故对大多数人必须予以强制、控制、督导，加之以惩罚的威胁，才能促使他们为了达成组织的目标而努力。

麦格雷戈认为，这一假定说明，人类对工作的厌恶极其强烈，单单只有奖励无法促使他们去努力，唯有给予惩罚的威胁才能有效。

③一般人大都宁愿受人监督，性喜规避责任，志向不大，但求生活的安全。

（2）X理论的证据及管理思想

麦格雷戈认为，"理论X"事实上的确是一种理论，在美国产业界，这项理论已经深切地影响了各种管理策略。进一步说，许多管理论著中讨论的各项组织的原则，可以说都是以"理论X"的假定为基础而推演出来的。

麦格雷戈又认为："事实上，X理论的确多少有其道理，可以解释产业界中的部分人性行为。老实说，如果一点实际证据也没有的话，这项理论早就不存在了。"

根据X理论，必然会导致下述的管理思想与措施：

①任何一个组织绩效之低落都是由于人的本性所致。

②人必须在强迫与控制之下才肯工作，因而在管理上要求由分权化管理回复到集权化管理。

③由 X 理论推论出的一项组织的基本原则被称为"阶梯原则"（the Scalar Principle），即透过权威的运用以执行督导与控制。

④从 X 理论出发，强调"组织要求"重于"个人需要"。

应该客观地指出，麦格雷戈对自己所提出的这项人性假定，既有肯定的一面，同时也有相当的保留态度。麦格雷戈认为，"这是一种平凡大众的基本假定"，说得如此坦白露骨。事实上，所谓人类价值的观念，仅是口头的歌颂。所谓"父严主义"，虽是一句不合潮流的语言，但究其实，绝不是一项已经衰亡的管理哲学。另一方面，麦格雷戈又认为，"我们在产业界和在其他许多地方，却能看到更多显然可见的现象，与这项人性本质的看法不符"。

2.人性假设的 Y 理论

（1）Y 理论的基本观点

Y 理论是指将个人目标与组织目标融合起来的观点。

麦格雷戈称之为"理论 Y"的人性假定是指：

①人在工作中消耗体力与智力，乃是极其自然的事，就像游戏和休息一样的自然。一般人并非天生厌恶工作。

②促使人朝向组织的目标努力，外力的控制及惩罚的威胁并非唯一的方法。人为了达成其本身已经承诺的目标，自然会"自我督导"和"自我控制"。

③人对于目标的承诺，是根源于达成目标后产生的一种报酬。所谓报酬，项目甚多，其中最具有意义者为自我需要及自我实现的需要的满足。这种报酬可以驱使人朝向组织的目标努力。

④只要情况适当，一般人不但能学会承担责任，且能学会争取责任。常见的规避责任、缺乏志向，以及单单重视保障等现象，乃是后天习得的结果，并非先天的本性。

⑤以高度的想象力、智力和创造力来解决组织上各项问题的能力，乃是大多数人均拥有的能力，而非少数人所独具的能力。

⑥在现代产业生活的情况下，常人的智慧潜能仅有一部分被利用。

由此可见，上述这些假设都是动态的，这些假设指出了人有成长和发展的可能。此外，这些假设的构成，并非以一般工作标准为着眼点，而是着眼于一项深入开发人力资源潜力的设想。

（2）Y 理论的管理原则与措施

麦格雷戈认为，Y 理论中的各项人性假设是对我们已经根深蒂固的管理思想与行为习惯的挑战。根据 Y 理论，必然会导致下述的管理思想、原则与措施：

①任何一个组织的低绩效都应归因于管理。例如，职工表现懒散、态度冷漠、不愿承担责任、缺乏创造性、不肯合作，都是管理阶层所用的组织方法和控制方法不当所导致的。因为，按照 Y 理论，在组织的舞台上，人与人之间的协调合作倘若有所限

制的话，绝非人类本性所致，而是因为管理阶层的能力不足，未能了解如何充分利用人力资源的潜力。

②人是依靠自己的主动性、天资禀赋与自我督导去工作的，因而在管理上要求由集权化管理回复到参与式管理。

③由 Y 理论推导出一项组织的基本原则——"融合原则"（the Principle of Integration），即创造一种环境，以使组织中的成员在该环境下，既能达成各成员本身的个人目标，又要努力促成组织的成功。

④由 Y 理论出发，强调要同时兼顾组织的需要与个人的需要。

显然，职工要按照管理阶层的看法来调节他们本身，适应组织的需要，而不是脱离组织目标，单纯地追求个人目标。另外，职工努力的结果，使企业获得了成功，从而可以分享这份成功。

总之，应用 Y 理论的目的就是创造出一种环境，使组织中的每个成员都能深切地了解，只有职工努力促成企业的成功，才是他们达成本身个人目标的最佳途径。根据 Y 理论，在管理策略上应采取诸如目标管理、参与管理、绩效考核、薪资与升迁管理等措施，有关这方面的内容将在本书相应的章节中详述。

可以这样认为，根据 X 理论，管理者在管理实践中强调的是各项控制的技巧、步骤与方法；而根据 Y 理论，管理人员在管理实践中要营造一种环境，这种环境将鼓励职工对组织目标的承诺，同时也提供一种机会，使职工得以发挥自己全部的聪明才智，达到自我实现的目标。同时，应该客观地指出，麦格雷戈对自己所提出的这项人性假设的评价也是较全面的。他一方面指出，与 X 理论的假设比较起来，Y 理论的假设与社会科学上既有的各项知识更能一致，因而这是一种具有挑战性的新思想。另一方面，麦格雷戈也认为，Y 理论的各项假设是否一定正确毕竟尚未完全证实，这些假设仍然尚待进一步的实证，还需再做精研、再做探究、再做修正。麦格雷戈同样懂得并认为，初看起来，这些假设似乎不难接受，但是，要将这些假设用于实务，却也不是一件容易的事。

2.2.3　超 Y 理论

1.超 Y 理论的基本特点

超 Y 理论是由莫尔斯（J.J.Morse）和洛希（J.W.Lorsch）提出来的。超 Y 理论以权变论的观点指出，X 理论并非一无是处，Y 理论也不是普遍适用，应该针对不同情况，对任务、组织、人员做最佳的搭配，以激励工作人员取得有效的工作成绩。

这一新的假设强调，组织的适当模式要依将要做的工作性质而定，并以人员的特殊需要为考量标准。假如现在有两个工作单位：甲单位有比较确定的任务，即在高速的自动生产线上制造标准化的容器；乙单位的工作任务较不稳定，即研究和发展通信技术。为此，两个工作单位的组织管理方法不能简单一致，而是应该采取最适合本单位已知的任务性质与人员的不同方法，这样，才能取得高效率的工作成果。

表2-2显示，对任务性质不同的工作单位采用不同的组织形式，可以取得相同的高效率的工作成果。

表2-2   针对不同任务采用不同组织形式达到同等的高效率

特点	工作单位甲	工作单位乙
1.正式关系和职责的模式，如组织表和工作手册所示	结构严谨 规定明确	结构松散 规定含糊
2.正式规章、程序、控制和衡量系统的模式	遍布各处、具体、一致、全面	极少、松懈、有伸缩性
3.赋予工作制度的时间范围	短期	长期
4.赋予工作制度的目标范围	制造	科研

从表中可见，对于工作单位甲，建立更多的控制环节和更为正规化的组织是合乎需要的。但即使是这样的组织也不一定是强迫性的或惩罚性的。如果其中的人员从他们的需要和工作上看，认为这种组织形式是有道理的，他们也会发现工作是值得做的，因此同样具有激励作用。

但是，对于从事科研工作的单位乙，人员的需要是实行更为广泛的自治，随着社会和技术的变化，更多地采取参与式管理的方法最为适合。

2.超Y理论对人性的假设

（1）人们带着各式各样的需要和动机来到工作单位中，但主要的需要是取得胜任感。胜任感是指一个工作组织的成员，成功地掌控了周围的环境，其中包括由所面对的任务积累起来的满意感。

（2）取得胜任感的动机尽管人人都有，但不同的人可以用不同的方式来实现，这取决于这种需要同一个人的其他需要，诸如权力、独立、自由、成就和交往等的相互作用。

（3）如果任务和组织相适合，胜任感的动机极可能得到实现。

（4）即使胜任感达到了目标，它仍可继续起激励作用；一旦达到一个目标后，一个新的更高的目标就树立起来了。所有的人都需要感到能胜任，但由于人的个体差异，因而取得胜任感的方式是不同的。

由此可见，超Y理论的权变观中的一个重要含义，就是我们不仅要使组织适合任务，也要使任务适合工作人员，以及使工作人员适合组织。作为管理人员，可能采取的最佳的组织管理方法，就是整顿组织使之适合任务性质与人员。如果实现了这种搭配，工作单位的有效工作表现和人员的较大胜任感的动力皆可由此而生。

2.3　人性假设的另一种分类——经济人、社会人、自我实现人、复杂人

　　管理心理学家雪恩对人性的假设提出了另一种分类，即存在着经济人、社会人、自我实现人、复杂人假设。雪恩（也有译为"沙因"的）是当代著名的管理心理学家，1952年从哈佛大学获心理学博士学位，后一直在麻省理工学院斯隆管理学院任职，曾任组织研究学会主席，是该院管理与组织心理学教授。他还兼任美国专业考试委员会组织心理学学历资格审查组主席，美国心理学会、社会学会理事，美国应用行为学研究所与国家培训实验室的研究员。

　　雪恩在其名著《组织心理学》（Organizational Psychology）一书中阐述了上面的四种人性假设。此书于1965年出版，1970年印行第二版，1980年面世第三版。雪恩所提出的四种人性假设有一定的代表性与实际意义，下面加以分述：

2.3.1　经济人假设

1.经济人假设的基本观点

　　经济人又被称为"唯利人"（Rational-Economic Man），这种假设起源于享乐主义哲学和亚当·斯密关于劳动交换的经济理论，认为人的行为动机源于经济诱因，在于追求自身的最大利益，为此，需要用金钱与权力、组织机构加以操纵和控制，使员工服从并维持效率。

　　雪恩在此基础上进一步提出，经济人假设包括以下几点：

　　（1）职工们基本上都是受经济性刺激物的激励的，不管是什么事，只要能向他们提供最大的经济收益，他们就会去做。

　　（2）因为经济性刺激物是在组织的控制之下，所以职工们的本质是一种被动因素，要受组织的左右、驱使和控制。

　　（3）感情这种东西，按其定义来说，是非理性的，因此必须加以防范，以免其干扰人们对自己利害的理性的权衡。

　　（4）组织能够而且必须按照能中和并控制住人们感情的方式来设计，也就是要控制住人们的那些无法预计的品质。

　　雪恩进一步认为，有关X理论中的人性假设是以上说明之外的附加的假设，这说明X理论中的人性假设与上述经济人假设是一致的，互为补充和说明。

2.经济人假设与管理策略

　　金钱及个人奖酬都已被证明是使人们努力工作的激励因素之一。但是，问题还有另一个方面，如果人们指望从组织那里能得到的唯一东西就是薪酬，那么他们总是愈要愈多、欲壑难填。此外，在此情况下，人们的感情需要则将得不到满足。

　　根据经济人假设而制定的管理策略有下列几种：

（1）组织是用经济性奖酬来获取职工们的劳务与服从。

（2）管理的重点主要放在高效率的工作上，而对人们的感情和士气方面应负的责任被看成是次要的。

（3）如果人们工作效率低、情绪低落，解决的办法就是重新审查组织的奖酬刺激方案，并加以调整改进。

雪恩也已经看到，依据经济人假设而制定的管理策略，会造成消极影响，产生负面作用。这些消极影响和负面作用具体表现为：

（1）管理者不能指望人们所做的工作会超过奖酬与控制制度所鼓励并允许他们所做的工作的范围。这说明，管理者奖酬什么，人们就做什么，更多的奖酬之外的工作是不会有人去做的。

（2）管理者认为，人们只靠金钱刺激才能动一动，由此而采取的管理策略，客观上把人们训练成了仅以此方式工作的人，其后果就是形成多给钱多干、少给钱少干、不给钱不干的"一切向'钱'看"的消极被动局面。

2.3.2　社会人假设

1.社会人假设的基本观点

社会人（Social Man）假设是指人的最大动机是社会需求，只有满足人的社会需求，才能对人有最大的激励作用。社会人假设认为，人在组织中的社交动机，如想被自己的同事所接受和喜爱的需要，远比对经济性刺激物的需求更为强烈。

社会人假设可以概述为以下几点：

（1）社会需要是人类行为的基本激励因素，而人际关系则是形成人们身份感的基本因素。

（2）从工业革命中延续过来的机械化，其结果是使工作丧失了许多内在的意义，这些丧失的意义现在必须从工作中的社交关系里寻找回来。

（3）与对管理部门所采用的奖酬和控制的反应比起来，职工们会更易于对同级同事们所组成的群体的社交因素做出反应。

（4）职工们对管理部门的反应能达到什么程度，应视主管者对下级的归属需要、被人接受的需要，以及身份感的需要能满足到什么程度而定。

2.社会人假设与管理策略

从社会人假设出发，就要采取不同于经济人假设的管理策略与措施，主要有以下几点：

（1）管理者不要把自己的注意力局限在完成任务上，而应更多地注意为完成任务而工作的那些人的需要。

（2）管理者不仅要注意对下属的指导和监控，更应关心他们心理上的健康、归属感与地位感。

（3）管理者要重视班组的存在，因此，在奖励时，不仅要考虑个人奖酬，更应考虑集体奖酬。

（4）管理者的作用，不仅要抓计划、组织与控制，更要成为下级职工与更上层领导者之间的联络人，将下情（下级的需要与感情）上达。管理者不是简单的任务下达者，而是给职工创造条件、提供方便、富有同情心的支持者。

根据社会人假设，西方管理心理学提出了"参与管理"的新型管理方式。有关"民主与参与管理"的详细内容，我们将在以后详述。

2.3.3　自我实现人假设

1.自我实现人假设的基本观点

自我实现人（Self-Actualizing Man）假设是指，人们力求最大限度地将自己的潜能发挥出来，只有在工作中将自己的才能充分表现出来，才会得到最大的满足感。

人的能力大小不同，即使能力低的人，在他们的其他需求或多或少已获满足之后，也会在自己的工作中寻求意义和任务完成的满足感。

雪恩在总结了马斯洛、阿吉里斯、麦格雷戈等人的理论后，提出了以下的自我实现人假设，并认为这种假设与麦格雷戈称之为Y理论的假设是一致的。

自我实现人假设可以概述为以下几点：

（1）当人们的最基本需要（食物、饮水、住所）得到满足后，他们就会转而致力于较高层次需要的满足，即自我实现。这种自我实现的需要是指，人所具有的力求最大限度地利用自己的才能与资源的需要。

（2）个人总是追求在工作中变得成熟起来，他们通过行使一定的自主权，采用长远的观点来看问题，培养自己的专长和能力，并以较大的灵活性去适应环境等体现出自己的逐渐成熟，并使自己能真正成熟起来。

（3）人主要还是由自己来激励和控制自己的，外部施加的刺激物与控制很可能对人变成一种威胁，并使人退回到较不成熟的状态。

（4）自我实现和使组织绩效更富成果，这两方面并没有什么矛盾。如果能给予适当的机会，职工们是会自愿地把他们的个人目标与组织的目标结合为一体的。

2.自我实现人假设与管理策略

自我实现人强调的是，要求自主、挑战、个人成长以及充分发挥自己的潜能与才智等的较高层次的需要。在现实生活中，科技专业人员、教师、管理干部等，他们有着强烈的参与工作的倾向，他们的核心价值观是追求挑战性的和有意义的工作。当然，并不是每个人都期望他们的工作环境能向他们提出挑战和具有意义，他们的核心价值观并不把工作作为生活的主要乐趣，而是"凭良心干一天活，公正地得一天钱"就行了。形成这种局面的原因是多方面的，其中之一就是这些人觉得自己的生活仍受威胁，不安全、不稳定，工资给得太少，这就是低层次的需求尚未满足，因而不得不去应付这些因素。另一方面，管理者对职工监控得太凶、太严，并不要求他们期望工作会有什么挑战与意义，因而职工的期望被现实压低了，于是，也习惯了不抱过高的期望。

根据自我实现人假设，应该采取如下的管理策略与措施：

（1）管理重点的改变。管理者要较多地考虑怎样才能使工作本身变得具有内在意义和更高的挑战性。问题不在于使职工的社交需要得到满足，而在于职工们能否在工作中找到意义，那才能给他们一种自豪感与自尊感。

（2）管理职能的改变。管理者与其说是一位激励者、指导者或控制者，不如说是一位起催化作用的媒介者，是创造与提供方便的人。管理者要为发挥人的聪明才智创造适宜的条件，减少和消除职工自我实现过程中所遇到的障碍。

（3）奖励方式的改变。奖励方式分外在的奖励与内在的奖励两种。

外在的奖励包括工资、晋升、良好的人际关系等。

根据自我实现人的假设，应该强调内在的奖励。内在奖励是指人们在工作中获得知识、增长才干，因完成了任务与发挥了个人的潜能而得到了最大的满足感。只有内在奖励才能满足人的自尊和自我实现的需要，从而极大地调动职工的积极性。

（4）管理方式的改变。从自我实现人假设来看，管理制度与方式也要做相应的改变。总的来说，管理制度与方式应能保证职工充分地表露自己的才能，达到自己所希望的成就。这就要求管理者实行民主与参与式管理，给职工以一定的自主权，使他们参与组织决策的实施。

2.3.4 复杂人假设

1.复杂人假设的基本观点

复杂人假设是认为人是很复杂的，人们的需要与潜在的欲望多种多样，而且这些需要的模式也是随着年龄与发展阶段的变迁，随着自身所扮演的角色的变化，随着所处境遇及人际关系的演变而不断变化的。

雪恩在20世纪60年代末70年代初的研究结果表明，无论是经济人、社会人还是自我实现人，都各有其合理性的一面，并不适用于一切人。一个人在不同年龄、不同时间和不同地点会有不同的表现。人的需要是随着年龄增长、知识增加、地位改变，以及人与人之间关系的变化而发生变化的。

复杂人假设可以概述为以下几点：

（1）人类的需要可以分成许多类，并且会随着人的发展阶段和整个生活处境而变化。人的需要的等级层次会因人、情境、时间而异。

（2）由于需要与动机彼此作用，并组合成复杂的动机模式、价值观与目标，所以人们必须决定自己要在什么样的层次上去理解人的激励。例如，金钱是能满足许多不同的需要的，即便是某些人的自我实现需要，也要由金钱来满足；但另一方面，社交动机或自我实现需要又可以用多种方式来满足，以及在不同的发展阶段用不同的方式来满足。

（3）职工可以通过他们在组织中的经历产生新的动机。这说明，一个人在某一特定的职业生涯中或生活阶段上的总的动机模式和目标，乃是他的原始需要与他的组织经历之间的一连串复杂交往作用的结果。

（4）每个人在不同的组织中或是同一组织的不同部门中，可能会表现出不同的需要来。一个在正式组织中受到冷遇的人，可能在工会或非正式群体中得到自己的社交需要与自我实现需要的满足。

（5）人们可以在许多不同类型的动机的基础上，成为组织中生产率很高的一员，全心全意地参与到组织中去。对个人而言，能否获得根本的满足，对组织来说，能否实现最大的效益，这仅部分地取决于这种激励的性质。

（6）职工能够对多种互不相同的管理策略做出反应，这取决于他们自己的动机和能力，也决定于工作任务的性质。

2. 复杂人假设的管理策略

根据复杂人的假设，应该采取如下的管理策略与措施：

（1）管理者要有权变论的观点，即以现实的情境为基础做出可变的或灵活的行为反应。为此，管理者必须学会在某一给定的情境中正确的组织、管理或领导方式，要根据实际情况而定。

（2）既然人的需要与动机是各不相同的，那么管理者就要根据具体的人的不同情况，灵活地采取不同的管理措施，就是说，要因人而异、因事而异，不能千篇一律。

（3）管理者的管理策略与措施不能过于简单化和过于一般化，而是要具体问题具体分析，根据情况采取灵活多变的管理方法。例如，在企业的任务不明确、工作混乱的情况下，需采取严格的管理措施，才能使生产秩序走上正轨。反之，如果企业的任务清楚、分工明确，则可以更多地采取授权形式，使下级充分发挥自己的能动性。

2.4 人本管理的理论与实施

2.4.1 人本管理的实质与内涵

人本管理的实质可概括为确立"人本位"与尊重"人本性"的管理理念。前者是指确立人在组织中及管理过程中的主导地位；后者强调人是组织中的主要资源与活力源泉。通过人本管理，牢固树立尊重人、依靠人、服务人、发展人的管理理念。

尊重"人本性"是指要认同人的共性与人的个性，既要关心人的共性，又要关注人的个性特征及特殊的利益诉求。尊重"人本性"就是要关注人的尊严感，理解与尊重人；要着重开发人的潜能；让员工主动、积极地参与组织的活动。以此，使人自身的能力得到全面的开发与发展，最终目标是点亮人性的光辉，回归生命的价值。

由上可见，人本管理是一种确立人的本位，尊重人的本性，实现人的自由、全面发展的一种管理模式。

2.4.2　人本管理的目标

人本管理的终极目标是对人的人性化管理与个性化管理。通过人性化管理，使人的需要得到满足，从而发挥人的积极性、主动性、创造性。通过个性化管理，使人的潜质现实化，从而达到自我实现的目的。人本管理的目标不是让员工消极地被管理，而是主动地进行自我管理。人本管理在人的假设中相信，人是追求自我实现的人，人是追求自我管理的人。

人本管理的理想境界是使人获得全面而自由的发展。人本管理中要为这种境界创设能够使人全面、自由发展的场所，在人本管理中所创设的组织文化环境皆有利于人们个性化的发展，有利于推动人的自我实现与自主管理。

2.4.3　人本管理的意义

"以人为本"与"人本管理"已成为现代社会、政治、经济中的共识性的重要理念。早在党的十八大上就已明确指出，中国共产党的执政理念是以人为本，党的科学发展观的核心就是以人为本。党对民生的关注，同样体现出了人本精神。

"人本管理"是一个理想与超现实的命题。人本管理的终极目标是人的自由而全面的发展。人本管理中对人的发展也有阶段性：首先是"重视人""关心人""以人为中心的管理"，以后发展为重视"人力资源的开发与管理及人力资源的重视和应用"。开始阶段，人本管理中重视人的功利性需要，即生存需要，之后重视人的创造性需要，即培育人的知识、能力、心理等素质的全面发展。

总之，我们对人本管理的认识与实践在不断深化与提高，需要尽量减少认识上的偏差。

2.4.4　人本管理思想的演变

1.人本管理思想是管理的回归

人本管理不是管理的新学派、新流派。人本管理并没有提出新的管理理论与观点。从管理思想的演变角度看，人本管理只是管理的回归，回归到管理的本来面目上。管理的实质，其本来面目就是人本管理，就是确立在管理中的"人本位"思想，确立尊重"人本性"的思想。

其实，在管理思想的演变过程中，在管理史的发展过程中，从泰勒的科学管理时代直至当今的各种管理流派，管理思想中都已经包含了人本管理的各种思想。

2.泰勒科学管理中的人本主义思想

泰勒的科学管理思想中并没有忽视人的因素，而是将管理描述为一个把组织的物质资源或技术力量同人力资源结合起来，以便实现组织的目标的过程。

泰勒将科学管理中要重视人的因素这一人本主义思想称为心理革命。科学管理的实质是劳资双方心理态度的转变，是合作而不是对抗。他们双方都会认识到，当他们以友好合作而不是对抗的态度面对彼此时，利润就会大增，工人的工资也会增加，这就是心理革命，这是实现科学管理的第一步，其最终目的是使雇主财富最大限度地增加，与此同时工人的利益也能极大地增长。

泰勒科学管理中的人本主义思想还体现在以下三个方面：激励、管理环境优化以及重视文化管理的作用。

总之，泰勒的科学管理不仅强调监督与控制，更强调"完全的心理革命"，其内涵为员工与雇主双方经历企业文化、价值观的转变，看到了精神激励的重要价值，看到了人的心理需要，以及尊重、平等待人等精神激励因素在刚性制度管理中的作用。

3.人际关系-行为科学阶段中的人本管理思想

人际关系-行为科学的代表人物是梅奥等人。梅奥通过霍桑试验得出三项结论：

（1）工人是社会人，是复杂的社会系统的成员，工人不是单纯追求金钱，而是有社会的、心理的需求。

（2）存在着"非正式组织"。

（3）激励的主要目标是提高员工的满意度、士气。

行为科学阶段集中要解决的问题是：

（1）有关人的需要：动机和激励问题。

（2）有关"人性"问题。

（3）非正式的组织与人际关系问题。

（4）领导方式问题。

行为科学的研究中已经提出了许多宝贵的理论与解决方法，如需要层次论、双因素理论、期望理论，涉及人性问题的有X理论、Y理论，涉及非正式组织、人际关系、领导方式问题的有团体力学理论、敏感性训练、领导方式连续统一体理论、支持-关系理论等模式。

综上可见，在人际关系-行为科学阶段已为人本管理的理论建设与实践打下了基础，现在我们重提人本管理，这是一种管理思想的传承与回归，当然，在新时代对人本管理中的问题理应提出新的理论模式与解决途径。

4.中国传统文化中的人本管理思想

我国最早明确提出"以人为本"观念的是春秋时期的齐国名相管仲。在《管子》中有这么一段话："夫霸王之所始也，以人为本。本理则国固，本乱则国危。"管仲所说的"以人为本"，就是以人民为本。可见，人本管理作为一种管理理念在我国古代就已有之，并且代表着管理科学发展的趋势。

中国传统文化中的人本主义思想主张尊人、爱人与施仁政，强调"以民为本""以人为本"，认为"人为五行之秀气"，推崇"国以人为本""政以收民心为本"，为此，主张实行"尊人、爱人、不伤民、富民、利民，无欲有欲各得以足"的仁政之道。

传统文化中强调，人本管理的实施要"义以生利"，相信"得人者得天下""得人者兴，失人者亡"，要获得成事的人才，在实践中要"识人才，选拔人才""博爱""任贤"，选好人、用好人，使人本管理得以实现。总之，中国传统文化主张对人的态度要尊重、爱，对人的管理则要施仁政。

2.4.5　人本主义心理学是人本管理的理论基础

人本主义心理学要探讨的主题是人性、价值、意义、自我实现，这反映了物质生产高度发展后的社会需要。

现代社会，一方面是物质生活高度发达，另一方面则是严重的社会问题相继出现，如失业、暴力、吸毒、精神疾病等日益增多，犯罪率上升，这些都使得社会充满不安与动荡。人本主义心理学正是在这种时代背景下产生的。

人本主义心理学的主题就是人性、价值、意义、自我实现等。现代人本管理的理论基础也就是探索现代社会中人性、动机、潜能、价值观、自主、自我选择、自我实现等问题。由此可见，人本主义心理学实际上就是人本管理的理论基础。

人本主义心理学的核心内容是人的自我实现，而人本管理的重大目标就是通过人本管理达到人的自我实现。人本管理的另一个重要目标就是人的潜能现实化。潜能（Potentiality）是指个人未来可能发展的能力，潜能不仅仅是"将要是""可能是"，而是现在就存在着。人具有生物潜能与心理潜能，这是人类的一种高级需要或冲动，如友爱、合作、求和、审美、公正、创造的需要。人的自然潜能都有自发实现的倾向，理想的社会就是通过实施人本管理创设条件，使人的潜能现实化。

由此可见，人本管理的两大目标——促使人的自我实现与人的潜能现实化，其理论基础就是人本主义心理学。

1.人本管理中有关人及人性的假设

人本管理中的人力资源观与物本管理中的人力资源观存在着明显的差别。这种差别可以用一个简单的表格（见表2-3）列示出来。

表2-3　　　　　　　　人本管理与物本管理中人力资源观的区别

人本管理	物本管理
人是动力与资源	人是工具与手段
人处于中心地位	人处于从属地位

由表2-3可见，物本管理中对待人力资源的出发点与着眼点是将人作为工具与手段，于是，对待人力资源的态度就是将人作为资源加以利用与控制、操纵，也于是，人在管理中始终处于从属地位。如果在对待人力资源的态度上只停留在"利用""操纵"层面，那么，开发人力资源也就仅会停留在挖掘管理的技巧（诀窍）方面。人本管理中的人力资源观强调的不是依靠管理技巧来发挥员工的被动的积极性，而是把人的因素作为管理中的首要因素和本质因素，通过发挥与开发人性的潜能，实现人力资源的主动开发，涌现出主动发挥的积极性。

2.人本管理中的有关人的基本假设

经典著作及心理学的研究成果表明：

（1）人是有自我意识、自我需要、自我利益考虑的生物体。

（2）人是可以管理的。人的心理、行为、动机、能力是可以塑造的，也是可以影响及改变的。

（3）企业文化、社会环境、社会文化可以改变企业的价值观，影响人的心理与行为方式。

（4）通过人本管理可以实现人的自由而全面的发展，为人们更好地完成社会角色提供选择的自由。

3.人本管理中的人性观

人本主义的人性观反对将人性生物学化、动物化，而是强调人的内在本质是独特的本体论存在状态。人本主义的人性观中强调人性的基本性质为"似本能"，反对人性由本能决定的本能论观点。

综观人本管理中的人性假设观点，可分为以下内容：

（1）人有潜在善性。

（2）人性是成长、发展的。

（3）通过社会、教育、人格完成，会使人性得到发展。

人本管理中人性的主导性理论模式为性善论，认为人具有积极性、乐观性、善良性、道德性、建设性、向上性、可信赖性等价值定向，因而人的未来发展的潜在倾向是积极的，没有邪恶行为的似本能倾向。

人本管理中的人性假设认为，人性非静止不变的，而是成长与发展的。人本管理的根本目的就是促使人性的成长与发展。人本管理理论持人有潜在善性的观点，坚持通过理想社会、教育、健全健康人格等，将使人的善性得到发展和发挥。

4.人本管理中实施人性化、个性化与自我管理的方式

人本管理在管理方式上有以下三个特点：实施人性化管理、实施个性化管理、推进实现自我管理。

（1）人性化管理。这是人本管理的本质特征所要求的。作为组织，首先考虑的并不是组织的功利目标，而是员工潜质的发挥。为此，组织在员工的岗位安排、环境、文化氛围、资源配置等过程中均以是否有利于当事人的本意，有利于他的潜质特性的发挥为首要目的。在功利化与人性化目标面前，组织要兼顾、融合而不能偏废。

（2）个性化管理。人本管理中要尊重人的个性差异，要根据不同员工的个体差异实施差异化管理，也就是实施"一把钥匙开一把锁"的深入细致的管理方式。尊重个性差异就要实现差异化领导。作为领导者，其领导理念与领导方式也要因人而异，实现权变领导。差异管理与权变领导是实现个性化管理的重要管理方式。

（3）实施自我管理。管理的最高境界是不用管束和管理，完全依靠员工对自己的思想与行为进行自我管理。自我管理是一种有效地体现人本管理宗旨的管理方式。自我管理是要发挥人自身的作用,激发自己的潜能。

人本管理中的自我管理是一种引导性的管理准则,其本质是组织成员的自我管理,是不需要权威和命令的管理,以引导代替权威和命令,以协调成员行为。自我管理是促使员工个性化发展的条件与结果。

总之,自我管理实现了人本管理的宗旨,通过自我管理使员工参与到人本管理的一切工作中。自我意识、自我反省、自我锻炼等皆为实施人本管理的重要方面。

2.4.6 人本管理的实施

人本管理不是为各项管理职能贴上"人本管理"的标签和口号,而是实实在在地融入各项管理职能中,如激励、团队建设、组织构建、员工薪酬与用工制度、员工培训等。下面选择几项重要的管理职能加以说明:

1.人本管理在员工激励职能中的实施

人本管理中,领导的职责是把职工的动机有效地引向组织目标,将职工作为人力资源加以开发,通过激励了解动机、留住员工、激发创造性。

在人本管理中,要善于应用当今世界的三大激励模式——物质激励模式、精神激励模式与情感激励模式。

显然,今天社会的物质文明已有大幅度提高,为此,尽管金钱仍是满足多种需要的主体,但已不再是人们唯一的追求目标。当前,要强调精神激励,其中的主要形式为提倡企业精神与企业文化,以此鼓励员工工作。在实施以人为本的管理理念中要推行人性化的管理,其要点是尊重人、关心人,这就要求加强、加深领导与员工之间的感情联系,为此,以情感为纽带的情感激励模式会产生有效的激励作用。在人本管理中实施感情激励其性质是一种软性管理,是一种带有人情味的管理。

在人本管理中,我们既要克服"平均主义"大锅饭的分配方式,也要克服两极分化、差距悬殊的不公平的社会分配方式。作为领导者,在人本管理的实践中要正确区分哪些是真正的激励因素,哪些是消极的去激励因素。领导者的职责是通过努力,使去激励因素向激励因素转化。

2.人本管理在组织构建中的实施

人本管理的组织设计中,将组织结构、制度规范的变革与组织成员行为的改变有机地结合起来,置人于组织的管理、运行过程的中心地位,以实现调动组织成员主动性、积极性、创造性,促进人的全面发展的组织目标。

人本管理中的组织设计应遵循一些原理,这些原理包括以下内容:

(1)统一有效。

(2)幅度合理。

(3)职权和知识、直线主管与幕僚相结合。

(4)扁平化集权和分权的平衡和适宜。

人本管理组织的基本形式是学习型组织。

通过创建学习型组织，使全体成员全身心投入，使员工能体验到工作中的生命意义，创造自我、积聚能量。通过学习型组织，成员间保持亲密合作的人际关系，提升能力，最终达到使组织与环境相结合、人与组织共同发展的目的。

人本管理中要诊断低效率与病态组织，并使之优化。

要在人本管理的实施过程中不断诊断是否出现低效率与病态的组织状况，通过诊治，完善组织的权力结构、角色结构、沟通结构，这是使成员潜能得到激发、组织得以发展的动力过程。

低效率与病态组织的低效率和病态是由组织因素、主管因素与成员因素造成的，可归结为结构与政策因素。要将低效率、病态组织改造成为人本管理的组织，必须进行权力、沟通、角色结构的重塑。

重塑权力结构。在人本管理组织中强调协商、分权结构、组织扁平化，使集权与分权平衡，适宜成为理想的权力结构。

重塑沟通结构。要创造成员间沟通的机会。要从决策民主化与协商的制度化、规范化做起，实现组织和团队的全员决策，打破沟通对象与范围的限制，向成员间自由沟通和交往的沟通结构发展，以激发成员的工作热情和智力发展。

完善角色结构。这是在强调组织成员的个性化和特殊的角色行为对组织结构和运行的影响。完善角色结构有利于加强成员及组织间的沟通，使组织内冲突减少，协调合作增加，关系融洽，组织地位与作用也会加强。

利导管理法。也称利导式差异管理法，是一种"疏通"和"引导"相结合的差异管理方法。利导管理法要取得预期效果，关键在于使团队成员之间有透彻的开诚布公的意见沟通，这样，既保障了成员发表见解的权利，又发挥了成员的专长与智力因素，有利于团队人心的凝聚。

团队的差异管理是从团队层面将一切工作趋向人本管理的一种尝试。

3.人本管理在员工薪酬与职业生涯管理中的实施

实实在在地关注员工的薪酬与职业生涯的前途与规划，是"以人为本""人本关怀"的核心。人本管理中制定薪酬制度对一个组织来说是最重要的问题，也是矛盾最多、难度最大的一项工作。

（1）薪酬具有补偿、激励、调节与效益职能

人本管理中关心员工的薪酬、工资、福利，其实质就是关心民生，最具体的体现是以人为本和人本关怀。在薪酬设计中要遵守以下原则：

适度性原则。这是指薪酬既要有"上限"也要有"下限"。只有高于规定工资下限、低于规定工资上限的薪酬才是适度的。

公平性原则。薪酬不在于多少，而在于与条件相等的人比较时感觉公平与公正，这样员工的积极性才会提高。

接受性原则。不被员工认可的薪酬制度起不到激励作用，只有被员工广泛接受的薪酬制度才会有成效。

刺激性原则。高额奖金、国外培训等刺激性措施能起到强化员工劳动行为的作用，并使其行为达到更高目标。

多元化原则。薪酬制度多元化，才能满足员工的多元化需求。

（2）员工的职业生涯规划与劳动用工制度的实施

人本管理中的职业生涯管理，具体体现为组织为员工设计制定职业发展规划，并将其付诸实施。

根据人本管理的思想，劳动用工制度中应遵循以下原则：用人所长、用人所能，使目标、利益协调一致，劳动与所长、所能一致。

要达到人、岗匹配的理想目的，实现人遂所愿、人适其事、事得其人。

通过动态的调整，使人与岗趋于匹配，员工使用与人才培养相结合。

4. 人本管理中员工培训的实施

只有有计划的员工培训才是促使员工自我实现与潜能现实化的主要方式与手段。

人员培训与工作成效有密切的关系。员工的工作成效和工作积极性在很大程度上取决于他们所得到的培训和所掌握的知识与能力。

我们将培训分为职前训练与在职训练两种：

通过职前训练，可以建立起新进人员与企业之间的情感与友谊，培养新进人员上岗所需的特定技能，让他们了解工作方法与内容，并努力掌握新技能，从而胜任当前的工作。

进行在职训练，则是基于社会发展、技术进步与科技创新的需要，督促从业人员不断学习，增长新知识、新技能以适应不断变化的环境。

开发人力资源，其重要性超乎资金、时间、设备，而切实符合企业所需的人才，必须由企业本身采取措施加以培训、培养，并使这种培训与企业目标管理方向相一致。

培训的方法包括讲授法、示范法、情境教学法和案例研究法。

培训作为一种教育活动有别于普通教育，其特点表现为培训的战略性、培训的针对性和培训的多样性。

培训活动的目标可划分为五个层次：知识培训、技能培训、思维培训、观念培训与心理培训。

5. 人本管理在团队建设中的实施

（1）人本管理中团队建设的方向和目标

人本管理中团队建设的方向和目标应该与人本管理的总目标与方向一致，那就是通过团队建设使团队中的个体与群体都得到自由而全面的发展。为达此目标，在团队建设中要实施人本管理应注意以下几点：

①关注团队构成的队员角色、地位、影响力、沟通与交互作用，还必须充分考虑并切实保障成员相互沟通的无障碍性，交互作用的有效性和果断、足够的授权。

②要倡导团队精神与愿景，这是因为团队精神与愿景是一种凝聚团队成员的亲和力，对成员的集体共同意识有强化作用，是团队对其成员的一种文化确认与影响力确认。

③通过人本管理中的团队建设，将团队再造成为一个自主性的管理团队。此外，通过差异化的团队管理与人性化管理，使人的自由而全面的发展得以实现。

（2）人本管理中团队的差异化管理方法

团队成员之间的差异可以看做是团队运行的"推力"，也可看做是团队运行的"耗损黑洞"。为此，在团队成员的差异化管理中，既要发挥差异的结构和滚动效应，同时也要避免差异这一"耗损黑洞"对团队各方面形成的侵蚀和瓦解。对团队成员差异问题的不同看法，决定了团队在差异化管理中是发挥了"差异资产"的正面效应，还是扩张了差异耗损黑洞的负面效应。显然，不同的抉择会带来不同的结果。

团队的差异化管理在具体实施时又可分为以下三种方法：两人关系体管理法、差异抑制管理法、利导管理法（前文已经介绍过，此处略）。

①两人关系体管理法。这是一种分而治之的差异化管理法的具体形式。是指将团队成员分割成众多的"两人关系体"，从而将成员的个体差异效应大大地禁锢在两人关系中，从而使差异引起的冲突和不满不会在团队的层面上反映出来。

②差异抑制管理法。对差异也可以采取抑制的方法，具体有以下几种方法：

方法之一是，对个人差异视而不见，无视其存在，对任何事物的处理都是一刀切。

方法之二是，强调事物发展和处理事物的"理性"，要求成员克服因个人差异而引发的在客观事物面前的"内心痛苦"。

方法之三是，劝导成员放弃个人对问题的不同看法。

方法之四是，成员可以宣泄个人的不同见解和意见，但问题的解决仍由领导说了算。

【延伸阅读】　　　　　　**人才管理才是真正的生产力**[①]

在经济转型的现实压力之下，人才的重要性开始引起中国企业管理者的关注，重视人才、尊重人才，在中国开始蔚然成风，"人才是第一资源"已经取得了共识。但是，大多数管理者对人才管理重要性的认识还远远不够，仅停留在人才个体的数量和质量上。

要将人才资源转化为生产力，必须实施有效的人才管理。首要的、最根本的前提是企业管理者要转变他们的三观，即"发展观""人才观"和"人才管理观"。

---

①　作者苏永华，载于诺姆四达公司《央企国企人才管理》2016年7月刊。以下未标出处者均出于此刊。

首先，要真正树立"人才优先"的发展观。

过去中国经济高速发展，主要推动力是生产要素的投入，即土地、自然资源、资本和廉价的劳动力。除了极少数像华为这样的企业重视人才建设外，绝大多数企业仅仅把"人才"看做是"劳动力""生产工具"，对人才的重视程度排在自然资源、资本，甚至社会关系之后。当时的背景是，中国经济刚刚开始发展，各行各业都处于较低的发展水平，对劳动者的要求以体力为主，以基础文化知识为辅，至于人才的综合素质和潜力发挥的作用则不大。这一时期，中国的基础劳动力供应充足，成就了中国企业早期的发展和成功。

在当前中国经济转型期，以创新驱动为主要发展动力的背景下，人才的价值开始凸显。企业经营者不得不开始重视人才，但多数管理者还没有真正树立"人才优先"的价值观。在他们的心目中还是把人才当成一种与土地、资源相同的生产要素，希望以较低的成本获得人才，占尽成本上的优势。他们没有认识到，人类社会几千年的发展历史，其本质是人的进步，企业是人类生活和发展的一种方式，如果脱离了对人本身发展的关注，就会本末倒置。所以，当下，企业的经营管理者要树立的第一个观念就是"人才优先"的发展观，把人才的发展作为企业最根本的也是最终的目标，只有"人"发展了，企业才会发展，把人才管理纳入到企业战略的高度，像经营事业那样去经营人才。只有树立这样的发展观，才谈得上建立起有效的人才管理体系。

其次，要树立"人人是人才，人人能成才，人人尽其才"的新型人才观。

一提到人才，绝大多数人想到的都是那些高学历、高智商、出身好、情商高的人，这是当下一种普遍的人才观，也称为"精英型"人才观。在"精英型"人才观的驱动下，管理者只把目光聚焦到少数人身上，忽略了大量没有精英标签的人才，因此造成的人才浪费和闲置是惊人的。

"人人是人才"的人才观并不意味着把所有的人当成一个样子来看待，等量齐观，反而是要求我们用心地去对待每一个人，深入、全面地了解每一个人，发掘每一个人的长处和潜力，让每一个人的才能都得到发展和展现，进而推动企业的发展。

"人人能成才"讲的是每一个人都有至少一种或多种可能的发展潜力，在过去低水平、粗放式的管理中，很大一部分人才的潜力被我们管理者忽略了。有了"人人能成才"的理念，我们就可以耐心地关注、培养和发展每一个人。

"人人尽其才"就是要充分发现每个人的才能特长，通过优化人才管理的方式，为每位人才提供合适的机会，让他们的优势才能尽可能地展现出来。

第三，要树立"一体化"的人才管理观，做好顶层规划和设计。

当前，多数企业都构建起了职能化和模块化的人力资源管理系统。包括人力资源规划、人才招聘、绩效、薪酬、培训和员工关系六大模块。在企业业务比较单一、社会环境变化比较慢的大环境下，这种模块化管理方式的优势是明显的。但在企业规模扩大、业务多元化、战略转型、组织变革的节奏越来越快的情况下，其弊端也越来越突出。哪个模块有问题，就处理哪一块的问题，由此经常出现"按下葫芦浮起瓢"的情况，管理者和人力资源部门成了救火队员。新近讨论火热的"三支柱"和HRBP模式看似是解决这一问题的良方，然而它只是把人力资源管理职能重新进行了划分和组织，提高了工作效率而已，并没有解决人才管理的根本性问题。

所谓"一体化"的人才管理观，是指企业的领导者要把人才管理纳入到经营层面，与企业战略问题放到一起考虑，并在宏观层面从结构、机制、领导力、文化等方面做出一体化的制度和机制安排，对人才管理的重点领域，如人才战略、人才评价、人才激励和人才发展等进行整体的规划和设计，并在诸如人才标准、人才管理工具、人才数据和管理流程等关键环节引入科学的管理思想和方法，摆脱管理者的随意性和个人的偏好性，使企业人才管理走上人本化、科学化和规范化的轨道。

第四，要树立"管理靠人人"的人才管理观。

过去，绝大多数管理者都认为人才管理是人力资源部的事，第一责任人是人力资源部的老大，一旦人才管理方面出问题便归咎于人力资源部门，因为他们认为人才管理工作就是人力资源部所做的招聘、考核、薪酬、培训以及社保和劳动关系等工作。这种认识显然是片面的。

从经营人才的角度来看，人才管理的首要责任者是企业的主要领导，是各业务单元、各级部门主要领导，他们才是人才管理的主体责任承担者。

人力资源部是企业人才战略的执行者和助推者，在企业人才战略的指引之下，提供专业化的建议，制订具体的实施方案，甄选服务供应商，监督落实各项人才管理制度和计划的执行情况，为各级管理者和人才提供咨询、建议、专业工具和方法上的帮助。

真正的人才不是靠别人来管理的，发挥人才的自我管理、自主管理的能动性非常重要，企业要从制度、机制、流程和工具技术层面唤醒、促发、督导人才进行自我管理的行为和能力。

人才管理靠人人的含义，就是充分发挥企业组织中每一个角色在人才管理及自我管理过程中的积极性和创造性。只要做到人人都能够自觉、主动地进行自我管理和人才管理，企业人才的生产力就会真正爆发出来，势不可当。

本章小结

1.工业心理学与霍桑试验及人际关系学派的兴起在管理心理学的产生与发展过程中起着里程碑式的作用。

2.人性假设的X理论与Y理论的观点及由此而产生的管理策略截然相反。前者认为人性是懒惰、消极的，因而要严加控制与管理；后者认为人是积极、主动、有创造性的，因而要采取参与式管理与融合的原则。

3.经济人、社会人、自我实现人、复杂人假设具有不同的内涵与特征，对应上述不同的人性假设将采取不同的管理策略。针对经济人假设主要采取物质与金钱刺激，针对社会人假设采取参与管理的策略，针对自我实现人假设采取人本管理的方式，针对复杂人假设采用权变管理的策略。

4.人本管理的目标是发挥人的潜能，实现人的全面发展，人本管理的原则是实行个性化发展、自我管理、创设物质与文化环境、人与组织共同成长等。

5.人本管理的基本方式是要有组织内体制架构的保障，领导要采取权变领导与管理方式，注重人本主义文化环境的塑造，促使人的心理与行为的转换。

复习思考

1.试述人际关系学派的主要观点及其意义。

2.比较人性假设的X理论与Y理论的不同观点及相应的管理策略。

3.解释人本管理概念的内涵及其原则。

4.分析实施人本管理的主要方式应注意的方面。

第3章

人力资源的跨文化管理

学习目标

1. 了解文化的概念与特征，认识民族文化四维度的内容
2. 深刻理解人力资源管理理论（激励、领导、组织）的文化相对性
3. 明确中国人力资源方向受到中国文化传统的制约，探索今后的努力方向
4. 掌握整合同化理论的实质及其在跨文化管理中的应用
5. 能够进行不同国家和地区人力资源招聘模式的跨文化比较

3.1　管理与文化

3.1.1　管理与文化概述

从马克思主义的历史唯物论的观点看，经济是基础，而政治与文化是上层建筑。政治与文化是在一定的经济基础上产生的，一旦占统治地位的先进的政治与文化产生，必然会反过来促进经济的发展。

管理理论是属于观念形态的部分，任何一个时代、某一时期的管理理论的产生，都有其深刻的、时代的经济基础上的原因，即受到一定生产方式的现实的制约。显然，古典管理理论、人群关系理论与当代管理理论都是与一定时期生产方式的发展相联系的产物。

管理理论同样要受到一定历史时期、一定政治制度与政治观念的制约。同时，又要受到一定历史时期的文化背景与文化规范的制约。为此，我们要自觉地重视政治、文化对管理理论的影响。

　　同样，为了建立具有中国特色的管理心理学的理论，我们首先要考虑的是我国的政治制度，即不同于资本主义社会的社会主义制度模式；其次要考虑我国有着光彩夺目的几千年的历史文化传统。

　　生根于中国文化传统中的中国人所特有的心理、行为、习惯等，深深地埋藏在中国人的精神深处，这些可以感觉得到、触摸得到的因素，应该在管理制度和措施的制定中被充分考虑进去。经验表明，如果管理制度不符合人们固有的文化传统，就会在改革中遇到阻力，国外的情况也是如此。"全面质量管理小组"的活动在美国就行不通，而在日本就行得通。这是因为，在美国企业中，按照文化传统，强调的是个人独立活动；而在日本企业中，按照文化传统，强调的是集体统一行动。日本有着封建集权观念、等级观念、家庭观念、团队精神等文化传统，因而在管理上一般采取"长期雇佣制""集体决策""缓慢晋升"等一系列与之相应的措施。而美国的文化传统中强调个人的独特性与独立地位，团体观念相对淡薄，因而在管理上大多采取"短期雇佣制""个人决策""快速提升"等一系列与之相应的措施。

　　由此可见，管理思想的产生既受到经济基础的制约，同时也受到社会、政治、文化传统的制约。不顾本国的文化传统，生搬硬套其他国家的管理理论与思想，其效果一定是不理想的。只有一方面吸收国外的先进管理理论与思想，另一方面结合本国的文化传统加以合理利用，才能做到以我为主、博采众长、融合提炼、自成一家。

3.1.2　文化的概念与特征

1.文化的概念

　　"文化"这个词，在英文与法文中均为"culture"，原从拉丁文"cultura"而来。拉丁文中的"文化"有好几种意义：一为耕种；二为居住；三为练习；四为留心或注意；五为敬神。

　　人们在日常生活中对文化的最狭义的理解，就是要"学文化，讲礼貌，言行不粗鄙"，提倡"文化素养"。

　　人们对文化的另一习惯性理解，是指艺术、文博、图书等"文化"行政部门。

　　对文化的广义理解是：文化是除政治、经济、军事以外的一种观念形态、精神活动的产物。文化是一个复杂的总体，它表现为一定时期人们的认识、艺术、宗教、信仰、道德、习俗、心理等传统。

　　现在，文化是各门学科，如思想史、哲学史、科学史、文学史、宗教史、中外关系史、考古史、文物学、古文献学等共同的研究对象。

　　但是，管理心理学对文化的理解，应该限定在特定的界限内，以便从特定的角度来考量管理与文化的相互关系。

　　文化是影响某一人群总体行为的态度、类型、价值观和准则；文化是在一种环境里人们的集体精神的程序编制。

　　显然，在任何一个时代，一个民族、一个阶层的人们都有其共有的、观念性的东西，如心理状态、思维方式、社会习惯、人情世态、行为准则等，这些就是人们的集体精神的程序编制。在一定文化影响下所形成的人们的态度、类型、价值观、准则等，决定了该人群总体的行为方向。

我国文化传统中的一个中心思想是"礼"，这种儒家思想几千年来统治着人们的心理状态、思维方式、社会习惯、人情世态、行为准则等。此外，"尊老爱幼"的理念也是我国文化中的优良传统。

2. 文化的特征

文化的特征可以分为以下四个方面：

（1）文化不是一种个体的特征，而是人类群体的特征。这个群体由相同教育、相同生活经验所制约的大群体构成，如部落、少数民族、宗教组织、协会、工作组织、家庭等。

（2）文化是一种观念形态，是精神活动的产物。文化存在于人们的精神中，同样也体现在人们的物质生活中。人们的衣、食、住（建筑物的形式）、行等，都体现了一定的文化，即一定历史时期、一定地域的精神活动的结果。

（3）文化具有相对的独立性与稳定性。文化形态是从社会经济结构中发展起来的，并受这个结构的制约。但是，文化形态一经产生，便具有相对的独立性和稳定性，这说明一种文化形成后，其变化是缓慢的。

文化的稳定性表现为地域性、民族性与排他性。中华民族的文化有极强的稳定性与相对独立性，从历史的经验看，任何外来文化传入中国后，都会被中华文化所融合。

（4）文化是发展的。尽管文化的变化是缓慢的，但终究是会发展、变化的。政治、经济对文化的发展变化具有决定性的影响，但是，这种影响是通过文化自身的矛盾运动来实现的。具体说来，文化是通过对自身的扬弃、克服、批判、继承、融合而发展、变化的。中华民族在数千年的历史中，以及在现在与将来，都已经或正在和将要不断通过自身的批判，克服、摒弃文化传统中的糟粕部分，同时继承、发扬、融合中外文化中的优秀与精华部分。

3.1.3　民族文化的维度

美国管理协会的管理心理学家吉特·霍夫斯泰德（Geert Hofstede）于1980年发表了《动机、领导和组织：美国的理论可以在国外应用吗?》一文，这是一篇有关管理心理学的跨文化研究的重要论文。

作者提出，确定民族文化特征的维度有以下四个内容：权力距离；不确定性规避；个人主义-集体主义；男性度-女性度。

民族文化四个维度的提出，是大规模的调查研究、大量的统计分析和理论推断得出的结果。该调查研究历时7年，资料总数包括116 000张问卷。调查的范围遍及40个国家和地区，调查的对象是某一跨国公司各分公司的雇员，其中包括了从非熟练工人到上层管理者的不同层次的人员。

一个跨国公司内所获得的资料，能够说明民族文化的特征，这是因为，受试者组成了来自不同国家和地区的良好的匹配样本，他们受雇于同一公司，具有相同的职业，年龄范围和性格构成是相似的，唯有国籍不同。因此，如果人们考量在不同国家和地区的跨国公司雇员中的问卷结果的差异就会发现，能够解释这种差异的因素就是民族文化。

民族文化四维度的内涵可概述如下：

1. 权力距离

权力距离（Power Distance）是民族文化的第一个维度。权力距离是指社会承认的权力在组织机构中不平等分配的范围。权力距离也可以理解为职工与管理者之间的社会距离。权力距离具有大与小的显著差异，它代表两个极端的民族文化的程度差异，但大多数民族位于两个极端之间的某处。

大的权力距离表现为以下的特征：等级顺序严格，每个人都处于或高、或低的位置之上；少数人是独立型的，大多数人是依赖型的；掌权者是有特权的；有权和无权者之间存在着潜在的冲突等。

小的权力距离表现为与此相反的下述特征：等级应减至最低程度；所有的人应该是相互依赖的；处于不同权力地位的人相互间信任，很少感到有威胁；有权与无权之间存在着潜在的和谐。

权力距离的大小可以用权力距离指数（Power Distance Index，PDI）的量值来表示。

2. 不确定性规避

不确定性规避（Uncertainty Avoidance）是民族文化的第二维度。不确定性规避是指一个社会感受到的不确定性和模糊情境的威胁，并试图以提供较高的职业安全性、建立更正式的规则、不容忍偏离观点和行为、相信绝对知识和专家评定等手段来避免这些情境。不确定性规避具有强与弱的显著差异。

强的不确定性规避表现为以下特征：将生活中固有的不确定性感受为必须与之战斗的不断威胁；体验到高度的焦虑和应激；冲突和竞争可能增加攻击性等。

弱的不确定性规避表现为与上述相反的如下特征：较容易接受生活中固有的不确定性，每天都能接受它的来临；体验到平静和较低的应激；冲突和竞争能维持在公平竞赛的水平上，并建设性地来使用；不认为偏离是威胁，有较大的容忍度等。

不确定性规避的强弱，是用不确定性规避指数（Uncertainly Avoidance Index，UAI）的量值来表示的。

3. 个人主义-集体主义

个人主义-集体主义（Individualism-Collectivism）是民族文化的第三个维度。个人主义是指一种组织松散的社会结构，其中的人仅仅关心自己和与自己最亲密的家庭。集体主义的特征是社会结构严密，其中有内部群体与外部群体之分，他们期望内部群体（亲属、氏族、组织）来关心他们，作为交换，他们也对内部群体绝对忠诚。

个人主义表现为以下特征：在社会中，人们应关心自己和与自己最亲密的家庭；"我"的意识占统治地位；在制度中寻求自主、多样化、快乐和个人财产安全等。

集体主义表现为与之相反的下述特征：在社会中，人们生来就在保护他们的大家庭和对这个集体忠诚；"我们"的意识占统治地位；专长、制度、责任和安全是由组织或氏族提供的等。

个人主义的强弱用个人主义指数（Individualism Index，II）的量值来表示；集体主义的强弱用集体主义指数（Collectivism Index，CI）的量值来表示。

4. 男性度–女性度

男性度（Masculinity Dimension）是民族文化的第四个维度，这一概念也包括其对立面——女性度（Feminine Dimension）。这一维度的内容是代表在社会中"男性"优势的价值程度。例如，自信、获得金钱和物质、不关心他人、强调生活质量或人。这些价值是"男性的"，因为差不多在所有社会中，男性在这些价值的肯定面上比其否定面上（如自信，而不是自信的缺失）会得到更高的分数。

男性度表现为以下特征：社会中的性别角色是截然而明确地划分的；社会中男性应占统治地位；钱和物质是重要的；羡慕成功的有成就者等。

女性度则表现为如下特征：社会中的性别角色不是固定的；两性间应该平等；人和环境是重要的；同情不幸者等。

男性度用 MI 指数（Masculinity Index）的量值来表示；女性度用 FI 指数（Feminine Index）的量值来表示。

3.2　人力资源管理理论的文化相对性

3.2.1　世界文化分类图

西方的发达国家以及较大、较繁荣的第三世界国家和地区等的研究结果显示，按照民族文化四维度的得分高低，可将世界上大部分国家和地区的文化分成不同的几类。

由于在单个图表中表示这四个维度有困难，所以世界上许多国家和地区在维度中的位置，以一次显示两个维度的图来表示。

1. 40个国家和地区在权力距离和不确定性规避维度上的分类

由图3-1可见，40个国家和地区[①]在权力距离和不确定性规避维度上呈现出四种类型：

---

① 研究分析的当时南斯拉夫尚属独立的主权国家，1991年开始解体，2003年该名称被取消。

图3-1　40个国家和地区在权力距离和不确定性规避度上的位置

（1）大的权力距离/弱的不确定性规避。属于这种类型的国家和地区有：新加坡、中国香港、印度、菲律宾。

（2）大的权力距离/强的不确定性规避。属于这种类型的国家和地区有：巴基斯坦、伊朗、泰国、中国台湾、意大利、巴西、委内瑞拉、哥伦比亚、阿根廷、智利、土耳其、墨西哥、西班牙、法国、秘鲁、日本、比利时、南斯拉夫、葡萄牙、希腊。

（3）小的权力距离/强的不确定性规避。属于这种类型的国家有：芬兰、瑞士、奥地利、德国、以色列。

（4）小的权力距离/弱的不确定性规避。属于这种类型的国家有：丹麦、瑞典、爱尔兰、英国、新西兰、美国、加拿大、南非、挪威、澳大利亚、荷兰。

2.40个国家和地区在不确定性规避和男性维度上的分类

图3-2为40个国家和地区在不确定性规避和男性维度上的位置。由图3-2可见，40个国家和地区可以分成以下四种类型：

图3-2 40个国家和地区在不确定性规避和男性度上的位置

（1）弱的不确定性规避/男性度。属于这种类型的国家和地区有：中国香港、英国、爱尔兰、印度、加拿大、新西兰、美国、菲律宾、南非、澳大利亚，新加坡处于最弱的男性度、正向女性度靠拢的位置上。

（2）强的不确定性规避/男性度。属于这种类型的国家有：瑞士、德国、奥地利、意大利、委内瑞拉、哥伦比亚、阿根廷、墨西哥、比利时，日本的男性度的不确定性指数高。

（3）强的不确定性规避/女性度。属于这种类型的国家和地区有：伊朗、泰国、中国台湾、巴基斯坦、巴西、以色列、西班牙、法国、土耳其、秘鲁、智利、南斯拉夫、葡萄牙。

（4）弱的不确定性规避/女性度。属于这种类型的国家有：丹麦、瑞典、挪威、荷兰，芬兰处于向强的不确定性规避靠拢的位置。

3.40个国家和地区在权力距离和个人主义维度上的分类

图3-3显示了40个国家和地区在权力距离和个人主义维度上的位置。从图3-3中可见，40个国家和地区可以分为三种类型：

图3-3 40个国家和地区在权力距离和个人主义维度上的位置

（1）大的权力距离/集体主义。属于这种类型的国家和地区有：巴基斯坦、哥伦比亚、中国台湾、秘鲁、委内瑞拉、泰国、智利、新加坡、葡萄牙、中国香港、希腊、南斯拉夫、墨西哥、土耳其、菲律宾、巴西、伊朗、阿根廷、日本、印度。

（2）大的权力距离/个人主义。属于这种类型的国家有西班牙、南非、法国、意大利、比利时。

（3）小的权力距离/个人主义。属于这种类型的国家有：奥地利、以色列、芬兰、挪威、德国、爱尔兰、瑞士、瑞典、丹麦、新西兰、加拿大、荷兰、英国、澳大利亚、美国。

　　在图3-3中有一空白处，即不存在小的权力距离/集体主义的组合。

　　以上三张图，表示了世界文化类型的一系列组合。需要指出的是，上述的研究是不够全面的，其中缺乏当时苏联和东欧国家的研究资料，同样也没有我国内地的调研资料，因而其结果仍不免局限性。

3.2.2　人力资源管理理论的文化相对性

　　20世纪60年代以来，美国产生和输出了世界上最多的管理理论并涉及人力资源管理的一些关键领域，如激励理论、组织理论等。

　　那么，在一个国家发展起来的理论，在哪些方面以及在什么程度上可以应用于别的国家呢？

　　任何理论的提出者都是生活在特定的文化环境中的，所以任何一种理论都必然反映一定的文化背景。因此，美国的理论必然反映美国一定时期的文化。同理，意大利、英国、德国和法国的理论也反映了意大利、英国、德国和法国的一定时期的文化。由于当代大多数理论家是中产阶级知识分子，因而他们的理论就反映了一个国家的中产阶级的文化背景。

　　下面，我们从民族文化四维度及世界文化分类图的角度来分析各国在应用人力资源管理理论时的文化相对性。

1.在应用激励理论中的文化相对性

　　美国激励理论的代表人物及其理论思想有：马斯洛的需要层次论、麦克利兰的成就动机论、赫兹伯格的双因素理论、弗鲁姆的期望理论等。

　　这些理论的产生与美国的文化传统有密切的联系。例如，研究的当时，美国的个人主义维度排在第40位，也就是说，美国是一个推崇个人主义的国家。这一国家的极高的个人主义倾向，导致了需要用自我利益来解释行为，即人的行为动机是为了获得某种需要的满足。此外，美国的弱的不确定性规避和相对高的男性度的组合，说明这个国家的成就动机是普遍的。因为成就动机就包含人们乐意承担风险，同时又关心自己的成就的内容。

　　但是，另一些国家的情况就不同。例如，对于具有强的不确定性规避和男性度组合的国家（如德国、墨西哥、日本等）最需要的是成就加安全，而不是像美国那样的成就加冒险。

　　对于具有很强的不确定性规避和女性度组合的国家（如巴西、泰国等），最需要的是生活质量加安全。

　　对于具有弱的不确定性规避和女性度组合的国家（如丹麦、瑞典、荷兰等），最需要的是生活质量加冒险。

　　同理，在需要的问题上，德国、日本等国注重安全需要第一，而当时的南斯拉夫、巴西等国是安全与社会需要第一，瑞典等国是社会需要第一。

在对于诸如工作的人性化方面，美国属于男性化社会，因而注重重建个人职业，实现工作丰富化。但是，在女性化占统治地位的北欧国家，如瑞典的"沃尔沃"汽车工厂，就强调建立半自主的班组，降低个人之间的竞争，建立健康的人际关系。

表3-1以三个国家为例说明，由于各国文化背景的差异，在采取激励措施时会出现明显的差别。

表3-1   **不同国家激励措施的差异**

美国	日本	中国
动机： 成就+冒险	动机： 成就+安全	动机： 生活质量+安全
需要： 成就需要（个人）	需要： 安全需要+个人成就需要	需要： 社会需要+安全、个人需要
工作： 工作丰富化 重建个人职业	工作： 集体班组成就	工作： 健康的人际关系 降低个人间的竞争

2.在应用领导理论中的文化相对性

美国的领导理论，诸如利克特的管理的四种体制、布莱克和莫顿的管理坐标图、麦格雷戈的Y理论等的共同点是，它们都提倡下属参与管理者的决策，但又认为参与是由管理者发起的。然而，有较大权力距离的法国却不怎么关心美国式的参与管理，而是更关注有权力的人。此外，权力距离小于美国的国家（如瑞典、挪威、德国和以色列）相当赞成由下属采取主动性的管理模式（工业民主形式），但不怎么赞成美国式管理。

同样采取工业民主的方式，在低的不确定性规避的国家，如瑞典，工业民主首先从地方实践的形式开始，到后来才形成一个立法框架。而在强的不确定性规避的国家，如德国，工业民主首先是由立法产生，然后再在组织中产生活力。

从表3-2中可以看出，不同国家在工业民主与参与管理方面的程度是有差异的。

表3-2   **不同国家工业民主与参与管理程度的差异**

美国	法国	瑞典等国	德国	日本	中国
一般关心	不关心	工业民主	工业民主	关心	制度性质要求 民主和参与管理

此外，领导者采取什么风格进行领导，在很大程度上依赖于下属的文化素质，以及不同的权力距离水平。

目标管理是一种领导方式，也是"美国造"的最流行的管理方法。但是，对于目标管理的理解，在不同国家也有区别。美国从其特有的文化出发，认为实行目标管理法应该有以下的先决条件：

（1）与主管人进行有意义的谈判时下属有充分的独立性（不太大的权力距离）。

（2）上级和下属都乐于承担风险（低的不确定性规避）。

（3）上级和下属都认为成绩是重要的（高的男性度）。

德国是一个权力距离较低的国家，而同时具有强的不确定性规避，因而在实行目标管理法时，不接受风险和模棱两可的倾向，主张用相互赞成目标的非个人权威来代替主管人的裁决性权威。在德国，目标管理应理解为目标协商管理。

法国将目标管理称为目标参与管理。总的来说，目标参与管理在法国只徒有口号，因为法国人从他们的童年起就习惯于大的权力距离，习惯于高度人格化的权威，而目标管理法的先决条件是以内化了的目标形式作为非人格化权威。

从表3-3可以看出，各国在目标参与管理方面也存在明显的差异。

表3-3　　　　　　　　　　　**不同国家在目标参与管理方面的差异**

美国	德国	法国	日本	中国
领导决策为先决条件	目标协商管理	不赞成目标参与管理	赞成	先决条件为领导决策，同时加强民主

3.在应用组织理论中的文化相对性

小的权力距离文化中的人们喜欢决策的非集中化，而大的权力距离文化中的人们喜欢集中决策。在美国，增加薪金是由雇员的直接上司提出的；而在法国，是由上司的上司决定的，这种行政方式在法国人看来是非常自然的。

从表3-4可以看出，决策在哪一级进行在不同国家是有差异的。

表3-4　　　　　　　　　　　**不同国家决策级次上的差异**

美国	法国	日本	中国
顶头上司	三级上司	顶头上司	集中化决策，地方开始有自主权

权力距离与中央集权化有关，而不确定性规避与形式化——对正式规则和规定的需要、将任务委派给专家等有关。为此，大多数法国的组织其"内含模式"是金字塔形的，表现为中央集权和形式化；德国的组织像一架润滑的机器，表现为形式化而不是中央集权；英国的组织则是一个乡村市场，既不是形式化，也不是中央集权。

表3-5反映了不同国家在组织结构的权力形式方面的差异。

表3-5　　　　　　　　　　　**不同国家在组织结构的权力形式方面的差异**

法国	德国	英国	中国
金字塔形（中央集权和形式化）	润滑的机器（形式化而非中央集权）	乡村市场（非形式化非中央集权）	中央集权、形式化，经济体制改革向民主化发展

相比之下，美国的组织形式是一种处于"金字塔形""润滑的机器""乡村市场"模式之间的组织结构权力形式，这种形式有助于解释为什么在非常不同的文化中，美国的工商业活动能够取得成功。根据美国组织的概念，层次本身并不是目标（如在法国），规则本身也不是目标，这两者都只是获得结果的手段，如果需要，它们是可以改变的。在向着矩阵组织或更灵活的组织体系发展时，可以打破层次和官僚的传统。

3.3　中国文化传统与管理思想相关分析

3.3.1　中国文化的基本精神

什么是中国文化的基本精神，至今学术界也并无统一的定论，但以下几点是易为大多数人所接受的：

1.刚健有为，自强不息

《周易大传》中提出了"刚健"学说。《彖传》说："需，须也，险在前也。刚健而不陷，其义不困穷矣。"《象传》说："天行健，君子以自强不息。"强调"刚健"，主张"自强不息"，这是有着深刻意义的精粹思想。至于《周易大传》的作者，有人认为其渊源于孔子，但其实是由战国时期儒家学派中讲"易"的学者提出的。

《周易大传》关于"刚健"和"自强不息"的思想实际上起了推动中国文化向前发展的积极作用。而道家的"柔静"学说则是"刚健"思想的一种补充，两者相互对峙、相互引发，构成了中国文化的独特面貌。

2.中庸思想——和与中

孔子曾经说过："中庸之为德也，其至矣乎！民鲜久矣。"（《论语·雍也》）但是，对中庸的含义，各家的理解与解释不尽相同，有人认为"不偏之谓中，不易之谓庸"（朱熹《中庸章句》）。

中庸思想的主要含义是：在事物的发展过程中，对于一定的目的来说，有一个特定的标准，达到这个标准就可以实现这个目的，否则就不可能实现这个目的。没有达到这个标准是"不及"，超过了这个标准是"过"。如果超过了这个标准，就不可能实现原来的目的，而有可能转变到原来目的的反面。所谓"中庸之为德"，就是指要遵守一定的标准，既不过亦不不及。

中庸思想在中国文化的发展中起着两重性的作用：一方面，保证了民族文化发展的稳定性，防止了过度的破坏活动，使文化发展不致中断；另一方面，也阻碍了根本性变革的发生，因为在一定条件下，社会变革只有在打破原来的标准的基础上才有可能实现，如果固守原来的标准，就只有停滞不前。

3.崇德利用

春秋时期有"三事"之说。《左传·文公七年》记载了晋国贵族郤缺的言论，他指出："正德、利用、厚生，谓之三事。""正德"是提高精神生活，"利用、厚生"是提高物质生活。"三事"之说兼重物质生活与精神生活，是一种比较全面的观点。

4.天人协调

天人协调问题，亦即人与自然的关系问题。在这一问题上有三种观点。庄子主张因任自然，"不以人助天"（《庄子·大宗师》）。荀子主张改造自然，"大天而思之，孰与物畜而制之？从天而颂之，孰与制天命而用之?"（《荀子·天论》）。最后一种观点是"辅相天地"学说。《周易大传》的《象传》中有"天地交，泰。后以财（裁）成天地之道，辅相天地之宜，以左右民"的说法，所谓"裁成""辅相"，也就是加以调整和辅助之意。

综合上述三种观点，天人相互协调，即为在自然变化未萌之先加以引导，在自然变化即成之后注意适应，做到天不违人、人亦不违天，即天人相互协调。用现代的观点看，改造自然是必要的，而破坏自然一定要自食苦果。中国传统的天人协调观确有重要价值。

除以上所述之外，也有人认为，诸多理论思想，如儒家思想——"礼"、尊老爱幼等，皆为中国文化之传统，在此就不一一列举了。

3.3.2　中国文化的维度分析

中国文化的维度分析可以从两个方向来展开：一为纵向比较，即从历史的角度研究中国文化维度的变迁；二为横向比较，即将中国文化的维度与外国文化的维度进行对比分析。参见表3-6。

表3-6　　　　　　　　　　**中国文化维度的历史比较**

文化维度	封建社会	社会主义的现代中国
权力距离	大 （严格的等级制度）	有封建思想的残余 民主化进程已开始
不确定性规避	强 （中庸之道）	风险性弱
个人主义-集体主义	个人主义 （名利思想）	集体主义
男性度-女性度	男性度 （男尊女卑）	男女平等

由表3-6可以看出，中华人民共和国成立后，在文化传统四维度上，同封建社会相比，已在许多方面有了长足进步，如民主化进程已经开始，创造精神得到提倡，集体主义成为精神支柱，男女基本平等等。但是，中国社会的封建思想残余仍是可以触及、感觉得到的，如权力过于集中，民主化思想尚未真正树立，创造精神还处于萌芽状态，个人主义思想时隐时现，部分地区还有男尊女卑现象等。

如果将美国与中国进行一下比较，则可以看到更加明显的差异（见表3-7）。

表3-7   美国与中国在文化传统维度上的差异

维度	美国	中国
权力距离	小	大
不确定性规避	弱	强
个人主义-集体主义	强（个人主义）	强（集体主义）
男性度-女性度	中上（男性度）	男女平等

由表3-7可以看出，美国与中国在四个维度上都存在差异，这说明中美两国不仅社会制度上存在着本质的差异，而且文化上的差异也是相当大的。

如果将日本与中国进行比较，则可以看到另一种情况（见表3-8）。

表3-8   日本与中国在文化传统维度上的差异

维度	日本	中国
权力距离	大	大
不确定性规避	强	强
个人主义-集体主义	集体主义	集体主义
男性度-女性度	强	弱

由表3-8可以看出，中日两国在社会制度上存在差异，但在文化维度上仍有相似之处。当然，日本的集体主义与中国倡导的集体主义在本质上仍有区别，这是不言而喻的。

如果把不同的文化维度结合起来研究则可发现，在权力距离与不确定性规避的组合上，中国相当于日本、比利时、葡萄牙、希腊等国，即大的权力距离，强的不确定性规避。在权力距离与个人主义-集体主义维度的组合上，中国相当于日本、阿根廷等国，即大的权力距离和集体主义。在不确定性规避与男性度-女性度的组合上，中国相当于智利、南斯拉夫、葡萄牙等国，即强的不确定性规避与女性度。

3.4   整合同化理论与跨文化管理

3.4.1 整合同化理论产生的历史背景

跨国公司既是全球化发展的产物，同时它也大大推进了全球化的进程。它使不同国家和不同地域的人们比以往任何时代都有了更多的接触，这种接触不仅在资本、技术、商品、劳务方面，还涉及深层次的文化、管理等。

跨国公司有很多特点，其中较突出的一个特点就是多元化（Diversity）。同时，多元化也是今天组织的重要特征。对于"多元化"，人们有不同的理解，在这里，我们认为其核心是指多样性，它的外延包括管理方式多元化、经营多元化、产品多元化、投资主体多元化、培训方式多元化等。

跨国公司的多元化特点主要体现在以下方面：

（1）文化背景多元化，主要指员工在种族和文化背景上的差异，如跨国公司的员工可能来自不同国家和地区，来自不同的种族。

（2）员工个体多元化，包括员工性别多元化、年龄多元化、心理多元化、生理多元化等个体因素上所存在的差异。

（3）其他多元化因素，包括员工学历、家庭与婚姻状况多元化，收入多少、社会地位、工作经验的差异等。

跨国公司人力资源多元化使得管理多元化成为必要。多元化管理的一个重要任务是增强企业的凝聚力，保证组织成员一致的努力方向。

如何实现管理多元化？我们认为，整合同化理论是实现这一目标的有效方法论。整合同化理论（Integration-Assimilation Theory，IAT）是将企业多元的价值观转变为一个大多数员工认同的共同价值观念，即企业核心价值观，并使全体员工接受。整合（Integration），指跨文化企业主动组合内外部资源，在求同存异的基础上，将多元化价值观转化为企业新的共同价值观，它既来源于多元的价值观，又高于多元的价值观；同化（Assimilation），是组织对共同价值观进行确认，并使其成为绝大多数员工认同的观念。

3.4.2　整合同化理论的特点及模式

1.整合同化理论的特点

整合同化理论是共同管理文化（Common Management Culture，CMC）模式的进一步推广与提高。其具有下面四个特点：

（1）该理论阐释具有中国特色的跨文化管理模式。在中国引入西方先进管理观念和方法时，在多元文化被整合同化的过程中，必须立足于中国传统的管理文化，只有适合中国国情的整合同化理论才能取得最终成功。

（2）整合同化理论进一步从系统论的观点，阐明了如何从宏观、中观和微观三个层面进行跨文化管理。从跨国公司东道国与母国之间文化差异的宏观层面来看，跨文化管理需要对文化差异进行了解、适应和调整，达成整合与同化——这是整合同化的第一层面；就跨国公司内部的中观层面来看，要对企业组织内部各部门的不同文化氛围或背景进行协调，达到组织之间、团队与团队之间的协同合作，构建和谐而具有弹性的组织网络——这是整合同化的第二层面；就个体的微观层面看，不同社会文化背景的员工进入跨国公司后，需要多元化员工之间有良好沟通，对其实行多元化管理，调动和发挥其潜能，增进组织智商——这是整合同化的第三层面。这三个层面各自独立，同时又相互作用、相互影响。

（3）整合同化理论是在共同管理文化模式的基础上发展总结出来的理论，其主旨是体现不同管理文化的"最佳协和"状态。其理论基础主要有：莫朗（Robert T. Moran）的跨文化管理理论，他以"最佳协和作用"来评价跨文化管理模式的有效性。阿德勒（Adler）也在其"文化协调配合论"中提出了跨文化管理中文化协调的方向、处理方法和有益建议等。美国学者斯特文斯（O.T.Stevens）提出了"组织隐模型理论"，对各国组织中的权力距离、不确定性规避等特征进行了描述和分类。加拿大学者基林（Peter Killing）提出了合资企业成功之道的标志及其遇到的障碍。毕密斯（Paul W.Beamish）对发展中国家的合资企业的经营提出了一些准则。

（4）跨国公司面对的是瞬息万变的市场、多元化的员工、多元化的社会文化背景，因而客观上要求跨国公司的管理具有发展性、动态性。学习型的跨文化企业，必须根据现存的管理认知结构，主动同化和组织新的信息、顺应新的变化，在这其中，成功的跨文化管理必然是由跨文化企业作为一个行动者主动进行的。

2.整合同化的过程

跨国公司的文化整合同化过程可以分为四个阶段：探索期、碰撞期、整合期以及创新期。文化冲突的高潮可能发生在碰撞期，也可能发生在整合期。

（1）在文化整合的探索期，需要全面分析跨文化企业所面临的文化背景、文化差异以及可能产生文化冲突的一些相关问题，并需要根据得到的结果初步制订整合同化的方案。利用"公司简讯""公司各类会议"沟通不同文化团体之间的思想与行为模式的差异。应当列出各方的文化要点、对于公司的期望，并列表进行"相同点"和"不同点"的比较。经理们和职员们常用图解的方法来表示文化差异对他们的影响，这可为随后的跨文化分析提供可视化的起点。

（2）碰撞期是跨文化企业进行文化整合的实施阶段，也就是文化整合开始执行的阶段，这一阶段往往伴随着一系列管理制度的出台。因此，在这一过程中十分重要的是对于"障碍焦点"的监控。所谓"障碍焦点"是指文化整合过程中可能成为重大障碍的关键因素，它可以是某个人、某个利益团体、某种文化背景之下的一种制度等。随着文化整合的进行，障碍焦点将是一个十分活跃的因素。碰撞期由于不同文化的直接接触，发生冲突的情况是在所难免的，只是不同的跨文化企业的冲突类型不同、程度有所差异而已。因此，在碰撞期把握好文化整合的速度和可能发生的文化冲突的强度，是监控障碍焦点过程中所必须注意的问题。

（3）整合期是指不同的文化逐步达到融合、协调、同化的过程，这是一个较长的阶段。这个阶段中的主要工作就是形成、维护与调整文化整合中的一系列行之有效的跨文化管理制度与系统。这是一个动态的发展过程，"整合–同化"在这一阶段体现得最为明显。跨文化管理中需要采取深度访谈等方式寻找适合于不同文化的"共同愿景"。

（4）创新期是指在文化趋向同化的基础上，跨文化企业整合、创造出新的文化的时期。这一时期的开始点相对于前面三个时期来说是比较模糊的，因为很可能文化碰撞的过程就是开拓和创新的过程，而且应该说随着跨文化企业的成长与成熟，创新期的主题和过程会不断地进行下去，寻找出不同文化的优点，摒弃不同文化中存在的糟粕或不适应之处，促成一个创新的、充满生机的跨文化企业文化的整合，在文化碰撞的基础上创新出独具风格的跨文化管理模式。

3.5　不同国家和地区人力资源招聘模式的跨文化比较

每一个国家和地区的历史、地理、文化风俗、信仰、种族都存在着较大的差异，这些差异决定了行为准则和方式的不同，人力资源招聘也是如此。尽管所有国家和地区的企业都把招聘放在重要的位置上，以获取人力资源提升和变更人力成本，但方式方法却有诸多不同，侧重点也不一样。

3.5.1　美国模式

美国模式有以下特点：

1. 能力是招聘的基础

美国企业实行的是能力主义人才竞争机制，即企业甄选和录用应聘者、员工在企业中的合理使用、薪酬增加和职务晋升等都以员工在具体岗位所发挥的实际能力为依据。这种能力主义竞争机制对员工构成某种制约，富有创造才能、高素质的人，在企业中积极寻找机会表现自己，努力发挥自己的才干，就能争得一席之地，晋升到高阶职位上。反之，员工业绩平平，无所作为，就不能加薪，还会被解雇或自动辞职。经营管理人员所负责的工作未达到预期目标就会被降职、调离或解雇。美国崇尚个人价值的实现，因此员工对企业的忠诚度不高，只要有更好的职位，就会另谋高位。因此，美国企业员工流动率高，"跳槽"现象十分普遍。

2. 工作分析是招聘的重要准备

美国企业之间存在着激烈竞争，因此选用人才对企业来说至关重要。美国企业采用"砌砖墙"模式招聘人才，即重视和规范工作分析并把其作为人力资源管理的基石，用以确定每一个岗位的职责、任职者应具备的能力和身心素质标准，明确任职者应有的知识和所需接受的培训，然后根据这些"尺度"去衡量应聘者，合格者得到录用，并胜任工作。同样，也依此对其工作绩效进行考评。

3. 双向选择是招聘的重要特征

应聘者根据招聘信息，对岗位条件、标准进行自我分析、衡量并了解企业的整体情况，从而选择合适的企业和合适的岗位作为应聘目标，企业根据工作分析，择优录用。企业采取"高不求，低不就"的原则，尽量使被录人员的能力与岗位相匹配，不提倡"人才高消费"。

3.5.2 日本模式

日本模式具有以下特点:

1.招聘的主要渠道是校园招聘和内部招聘

日本的大多数企业采用"砌石墙"模式招聘员工。石头是有棱有角、形状不规则的。"砌石墙"就是根据每块石头的形状安排其到最合适的位置上。日本企业普遍以中、高等学校的应届毕业生为候选者的主要来源。

2.终生雇佣制是招聘双方的行为准则

在日本,应聘者一旦被企业录用,就终身服务于该企业。因此,应聘者大多以慎重的态度对待,为此要大量收集企业信息,反复衡量比较,分析企业的发展前景,不愿意中途跳槽,企业也不轻易解雇员工,日本法律规定雇用和就业自由,传统的终身雇佣制在很大程度上影响了招聘方与应聘方的行为。

3.文化因素在内部招聘中起决定作用

在日本,员工的社会地位高低取决于所属企业在社会上享有的声誉及本人在企业中所处的地位。在企业中谋取高级职位是日本员工的一大追求。由于日本不少企业引入了美国的职能资格制度,并将其与原有的"年功自动升格制"相结合加以推进,因此,员工都避免在考核评价中被划入差等,力争取得高等级的胜任评价,获得认可的竞争资格和谋取好的职位。为此,员工之间展开了旷日持久的竞争,其中包括效忠企业、服从领导、实现业绩等。员工也以个人的不同手段效忠企业,如自动延长工作时间、宴请上司进行感情投资等,由此优秀技术人员和管理人才脱颖而出,成为企业的中坚力量,但"过劳死"也成为日本企业中的一大现象。

3.5.3 德国模式

德国模式具有以下特点:

1.双向选择,重视技能培训

德国的职业教育十分发达,招聘时注重员工所受职业训练和掌握的专项技能,关注受聘者的资格证书。德国文化相对严谨、偏向墨守成规和自律独立,因此技能培训能确保员工在工作岗位和环节上达到岗位要求。德国有完善的用人市场,双向选择、自由雇用、遵守合同和法规,是招聘中得到严格遵守的规则。

2.招聘时间不固定

德国的组织招聘通常不与高等院校的毕业时间衔接,在一年中的任何时间都可以根据工作需要面向全社会公开招聘,招聘原则是轻学历、重技能、重潜质,有能力的员工受聘机会多。

3.提倡流动招聘,更加关注其他公司有工作经验的员工

在德国,高级别管理岗位也可以用"空降兵",即这种岗位可直接由其他公司跳槽来应聘的员工获得。这说明德国更看重真才实学、个人的具体表现,以及个人拥有的知识与技能。

4.对新员工注重流水作业培训，对特别优秀的员工进行特殊的岗前训练

德国对新录用的员工的培训相当严格，每个新录用的员工都有见习计划、初级员工计划、流水线式的作业流程培训计划等。对特别优秀的员工，公司会提供一系列有针对性的特殊培训，使他们快速适应工作平台并提升工作能力，德国奔驰公司的招聘标准中包括智力、团队合作能力、沟通技巧、积极主动的工作精神、勇于承担责任、处理压力的能力、多学科的学习潜能、独当一面的工作能力八个指标，如果在上述指标中有五个以上获得特别优秀的成绩，公司就将安排特殊的培训计划。

3.5.4 中国香港模式

中国香港的模式有以下特点：

1.人员招聘高度专业化

作为我国的一个特别行政区，香港由于政治、经济发展历史的特殊性，其招聘方式也独具特点。在香港，组织十分注重招聘手段的专业化，在员工招聘中广泛使用的就是PAPI测试。PAPI测试，就是借助工业心理学的知识，对员工进行性格测试的国际标准化技术，以这种技术为基础的招聘和培训均有严格的标准化模式。

2.人力资源招聘工作的从业人员高度专业化

香港重视招聘人员的专业素质和专业训练。自20世纪70年代起，香港企业建立了一套以工作分析和工作评价为核心的规范的人力资源管理制度，凡从事人力资源招聘工作的从业人员，不仅需要相关的学历背景、工作经历、专业认证机构颁发的人力资源管理专业等级资格证书，而且必须接受过招聘知识、技术和技巧方面的专门训练，这种高度专业化的从业队伍，可以确保招聘工作的公正性、科学性和有效性。

3.网上在线招聘使招聘工作快捷便利

网上招聘可以节省大量成本和时间，香港近85%的企业运用电子化招聘方法，大多数企业设有自己的网站，可以直接发布招聘信息，接受电子应聘资料，进行初步甄选，对应聘人员进行在线测试，在网上进行初步沟通，在此基础上，再进行测试和面试。网上招聘优质、快捷、便利，并可节省大量人力和物力。

3.5.5 新加坡模式

新加坡模式具有以下特点：

1.用优惠政策和高薪待遇直接从发达国家引进人才

新加坡是一个自然资源十分匮乏的小国，为了以人力资源弥补自然资源的不足，新加坡使用"三最"来吸引国外的优秀人才，即用最好的工作条件、最具挑战性的工作、最高的薪酬吸引最优秀的人才。如果企业成功招聘到国外优秀人才，即可享受减税和提供免费培训等优惠政策。

2.企业直接从国内外名牌大学招聘所需人员

新加坡崇尚出身，名牌大学在新加坡企业中受到各种礼遇，名牌大学的毕业生可直接从校园进入企业工作，并会立即受到重用。与其他国家不同，新加坡的校园招聘在所有招聘渠道中地位最高。

3.企业的管理者与政府公务员之间难以形成流动

新加坡既以高薪养廉,又以"酷刑"(比如新加坡至今还保留着残酷的鞭刑)保廉。新加坡的公务员享受很高的待遇,但职业领域进难退也难,流动更难,于是形成了一支稳定在6万人左右、零增长的公务员队伍。世界上许多国家都会有公务员从自己的岗位向企业高层管理岗位流动的现象,但在新加坡不存在,这是一个很有特色的人才不流动现象,也是一个典型的"玻璃墙"现象。

【延伸阅读】 中国人力资源"新常态"及其带来的挑战①

在中国经济"新常态"的背景下,中国人力资源也出现了三个"新常态",即人力资源的多样性、人才高流动性、潜力成为人才最重要的资本。

一、人力资源的多样性

在经济新常态下的未来,人力资源多样性将会很快显现。人力资源多样性的表现形式很多,比如文化与教育背景、价值观念、行为方式、民族或国籍等,对于当前中国企业的人力资源管理体系来说,挑战最大的是以下三个方面:

首先,在劳动力结构中,知识性员工占比越来越大。随着中国教育水平的提高,受过高等教育的人所占的比例越来越高,2014年应届大学毕业生已达720万。知识性员工的工作方式方法与传统员工有很大不同,知识性员工个人工作成果对企业整体的绩效和成败影响越来越大,而且他们受到了系统性的教育,知识多、思维新、目标追求和价值观多元,特立独行是他们的重要特征,因此,对企业人力资源管理来说,管理好知识性员工是他们转型中面临的最大挑战。

其次,新生代员工进入职场。当80后进入职场的时候,人们就惊呼大不一样,现在随着90后成为职场大军,人们直接用"看不懂"来表达困惑。"新生代员工"也成为当前媒体和研究者关注的热点。新生代员工由于成长的物质环境和社会环境不同,形成了新的价值观念体系和行为准则,其与传统的体系和准则差异较大,有些甚至是对立的。很多企业都面临着新生代员工管理的挑战。

最后,国际化员工管理成为常态。在开放的大趋势下,中国企业国际化的进程将明显加快。国际化不再是少数中国大企业的事,即使不在海外投资或设厂,企业的产品或服务如果要走出国门,也需要在国外的公司或办事处有本地的员工。随着开放的扩大,一批外国人将进入中国本土的企业工作,每年还有大量海归,从某种意义上来说,他们也是国际化的员工。很显然,中国多数企业还没有做好管理国际化员工的准备。

人力资源多样性是人类社会发展的必然趋势。自工业革命以来,技术革命、产业革命频繁发生,随着生产方式的变革、生产工具技术含量和科技含量的提升,对劳动者知识、技能、素质的要求越来越高,越来越细化。企业组织发展呈现出多元化、集

---

① 作者苏永华,成文于2014年12月。

团化、全球化的趋势。因此，企业的发展也需要多样性的人才。同时，组织管理方式变革、扁平化、一线化（让"听得见炮声的人做决策"）、小型团队化（阿米巴模式），更需要有多样性的人力资源支撑。

在人力资源多样性的背景下，我们需要思考现有的人力资源管理理念、模式、方法、工具等是不是能够满足多样性的要求。

二、人才的高流动性

过去，人才流动主要是农民工在产业发达和不发达区域之间流动，作为白领阶层的知识性员工流动率相对较低，人们总是首先选择公职或国企央企，因为这些地方稳定有保障，稳定性是主体，流动率低。近年来，这些地方流动性逐渐增加，未来高流动性将成为常态。

首先，社会改革及经济政策，导致人才流动加剧。党的十八届三中全会以后，经济体制改革、政治体制改革等深化改革的措施逐步实施，事业单位的分类改革等措施相继出台，可以预见，今后一段时间内，将会有相当一部分人选择离开体制，到更为广阔的市场去作为。

其次，产业的起落和兴衰加剧，也会造成人才的频繁流动。传统产业的衰亡，新产业的兴起，必然会带来人才的流动。另外，技术的变革和创新也会引起人才的流动。如企业进行技术改造升级，将制造变为"智"造，工业4.0、物联网、互联网等新产业兴起，将会使产业间和企业间人才流动加剧。面对迅速变化的外部环境，企业必须进行灵活的战略和组织调整与变革，企业会主动淘汰不适应新战略的人才。未来，人们会习惯于企业突然性的、规模性的裁员行动。

最后，流动的主动性增强。随着个体自我意识的增强，价值观念的变化，人们会主动追求流动和变化，通过尝试各种可能，换工作或自主创业，寻找自己的理想目标。目前新生代的跳槽率很高，很多人跳槽并不理性，甚至毫无理由，深受当今"体验至上""娱乐至死""无理由退货"等思潮影响。应该说，这是一种不正常的流动，但是新生代的员工多数为独生子女，家庭条件较好，工作挣钱已经不是他们的基本需要。另外，社会物质财富丰富给社会成员提供的福利待遇越来越好，失业、养老、医疗、低保等各种保障一应俱全，他们也不用为自己的未来生活担心。

人才的高流动性给企业人力资源管理带来的挑战是巨大的。比如，如何构建新型的人才供应体系，以确保企业的正常生产和运营？如何快速准确地评价人才，使引进的人才在最短的时间适应和胜任工作要求，为企业创造价值？如何留住成熟的人才，让他们为企业做出更多的贡献？如何在人才的培育上做出取舍，该不该在人才培养上进行大量的投入？该对哪些人才进行投入？如何让人才培养的效果更好、见效更快？如何让员工在取得短期绩效与长远发展之间取得平衡？

三、潜力成为人才最重要的资本

在过去以生产要素为主要驱动的增长模式下，对人力资源的要求主要是体力、知识、经验和技能。因此，学历水平、所学专业、工作经历、技能证书等，就成为判断人才的基本标准。当中国经济发展转型要靠创新驱动的时候，这些人才标准就不适用了，取而代之的将是人的潜力，潜力已经成为人才最重要的资本。

未来具有很大的不确定性。其一，国际政治经济格局变化具有很大的不确定性。其二，技术革新对人类生产方式与生活方式的改变越来越大。新产业崛起，产业模式被颠覆，产业边界模糊，从跨界到无界，商业模式变化层出不穷，产品创新永无止境。唯一不变的就是变化，未知、不确定性、变化是我们共同面对的世界。

在未知世界面前，在不确定性面前，我们过去的知识和经验，包括我们过去解决问题的方式和能力，都是微不足道的，甚至还具有反作用或破坏作用。我们需要的是能够在黑暗中发现光明、在浓雾中看见出路，洞察方向，把握未来，引领胜利的能力，这种能力统称为潜力。所以，发现有潜力的人才，发掘人的潜力将是企业人力资源工作面临的重要课题。

本章小结

1.文化是影响某一人群总体行为的态度、类型、价值观和准则，是在一种环境里人们集体精神的程序编制。传统文化统治着人们的心理状态、思维方式、社会习惯、人情世态、行为准则等。文化是人类群体的特征、观念形态以及精神活动的产物。文化具有相对独立性、稳定性，但它是发展的。

2.民族文化四维度为权力距离、不确定性规避、个人主义–集体主义、男性度–女性度。不同文化的国家在应用激励理论、领导理论与组织理论的过程中都有明显的文化相对性。

3.整合同化理论是将企业多元化的价值观转变为一个大多数员工认同的共同价值观念，即核心价值观，并使员工接受。整合为主动组合组织内外部资源，将多元价值观转为新的共同价值观；同化是组织对共同价值观的确认，并使其成为大多数员工的观念。

4.受文化差异的影响，美国、日本、德国、中国香港在人力资源招聘模式上有显著差别。美国强调能力是招聘的基础，工作分析是招聘的准备，双向选择是招聘的特征。日本则强调文化因素起决定作用，雇佣制是招聘双方的行为特征。德国则重视双向选择、流动招聘、作业培训等。中国香港强调的是从业人员的高度专业化。

复习思考

1.试分析管理与文化的相互关系。
2.解释人力资源管理的各种理论（激励、领导、组织等）都具有哪些文化的相对性。
3.试述整合同化理论的内涵及其在跨文化管理中的应用。
4.从跨文化比较角度分析美国、日本、德国、中国香港、新加坡在人力资源招聘模式上的不同特点。

第4章

个体心理与管理

学习目标

1. 解释社会知觉的内涵及形成正确社会知觉的条件
2. 分析造成社会知觉偏差的两个原因：第一印象与晕轮效应
3. 论述气质的体液说与高级神经活动类型说
4. 解释性格的心理学类型论及性格的特质理论
5. 说明能力与管理的关系
6. 阐述胜任力及其在管理中的应用
7. 分析五大人格因素的结构维度及意义
8. 分析APM理论在人才评价中的作用

4.1　社会知觉与管理

4.1.1　社会知觉的一般概念

1. 知觉与社会知觉

知觉是人们选择、组织和理解周围信息的过程，而社会知觉是理解他人的过程。

社会知觉的研究范围包括：对他人的知觉、对自己的知觉、对人际关系的知觉、对社会角色的知觉等。

社会知觉中的知觉者与被知觉者既可以是个体，也可以是群体。因为社会群体也可能注视别人或被别人注视。任何群体（公司、部门、班组）都像一个给定的个人一样，可以成为社会知觉过程中的主要参与者。

为此，知觉者与被知觉者的知觉方式可以是以下四种：

第一种——个体对个体的知觉，简称 I→I。

第二种——个体对群体的知觉，简称 I→G。

第三种——群体对个体的知觉，简称 G→I。

第四种——群体对群体的知觉，简称 G→G。

其中的 I 为个体（Individual），G 为群体（Group）。

2.社会知觉中的知觉者与被知觉者

社会知觉的最终目的是通过对别人所形成的正确印象，洞察被知觉者。形成正确的社会知觉，有赖于以下三个参数——知觉者的特征、被知觉者的特征和情境因素的影响。

（1）知觉者的特征

知觉者是指洞察和注释别人的个体。知觉者的个人特征直接影响到对被知觉者的正确认识。人们在观察他人时，总习惯于以自己为准则，从而对他人进行某种判断。一个人自身具备的一些特征会影响他对别人所能观察到的特征和知觉。例如，与忧虑重重的人相比，一个无忧无虑的人，容易将别人都看成热情奔放的，而不是冷淡无情的。这说明，每个知觉者在对别人进行判断时，均存在着各自固定的倾向性。

自我感觉良好的人，会更倾向于去观察别人的积极方面，而不是以非常消极的或批判的态度去对待别人。反之，一个满腹忧郁、疑虑过多的人，总会从别人身上观察到许多消极的问题。一个自我认知较为深刻的人，在观察他人时评价也会更加准确。

作为一个管理者（知觉者）必须认识到，对下属（被知觉者）进行正确知觉并不是一件简单的事，而是受到自身某些特征的影响。

（2）被知觉者的特征

被知觉者的某些特征是知觉者对其判断的影响因素。被知觉对象的地位，是别人对他的行为加以判断的影响因素之一。对不同地位的人，尽管其有相同的行为，但人们对他们各自行为动机的判定往往是不一样的。对于工作中的合作性来说，人们往往认为，地位高的人是自动合作的，而地位低的人是被迫合作的。地位高的人比地位低的人更容易获得人们的好感。比如，领导者说一声"早上好"就比群众说"早上好"更加使人感到荣幸。

被知觉者的类别也会影响到人们对他们的判断。同样内容的话由不同角色的人来讲，如一个是门市部工作人员，另一个是采购部工作人员，人们听起来会有不同的理解。

被知觉者的外显行为是否得到知觉者的喜爱，这也会影响人际知觉的正确性。知觉者对被知觉者如果感到喜欢，知觉判断就正确些，也就比较准确；知觉者对被知觉者有厌恶的情绪，这时的知觉判断就会有偏差。

（3）情境因素的影响

人们所处的客观环境，会影响到知觉者与被知觉者之间的人际知觉的正确性。

首先，人际关系的环境会影响人们相互之间的知觉的正确性，当人们处于一个相互友好且不断交往的环境中时，他们更容易把别人看成处在与自己相似的境况中。这说明在友好合作且无竞争的环境中，人们相互之间会变得更加融洽，而且差距甚小。

同时，处于组织环境系统中不同层次的人，他们不同的自我认识与角色知觉也会影响人际知觉的正确性。处于领导地位的领导者会以领导型特性（创造性）来描述自己，而员工则以服从型特性（合作性）来描述自己。这说明处于不同心理地位的人，其知觉行为有其特征，这些都会给正确的人际知觉带来影响。

4.1.2　社会知觉偏差

社会知觉过程通常都是凭认知者过去的经验及通过对有关线索的分析进行的。这种根据自身经验与体会去认识他人潜在的心理状态的方式，在推测与判断中一般会发生社会知觉的偏差。

造成社会知觉偏差的根源多种多样，主要有第一印象错误（最初印象指导后来知觉）、刻板印象（根据他人所属类别进行判断）、晕轮效应（以持久的正面或反面印象知觉他人）、选择性知觉（注意力集中在环境的某些方面）、类似吸引效应（以喜爱的眼光知觉相像的人）、基本归因错误（将他人行为归结为内部原因）等。现选择最主要的原因分述如下：

1.第一印象

第一印象是指两个不相识的人第一次见面时所形成的印象。

管理者往往面临着要对一个人形成印象的首要任务，这些人或许是新来的员工、自己的下属，也可能是自己的上级或其他人。

第一印象往往是通过对别人外部特征的知觉，进而取得对他们的动机、感情、意图等方面的认识，最终形成关于这个人的印象。这些外部特征包括人的面部表情、身体姿态、眼神、仪态等。

经验表明，在招聘工作中，第一个五分钟的印象往往对录取与否有较大的影响。管理者在见新来的员工时，从这些人的外表、表情动作、语言谈吐、文化水平等方面，可以迅速形成第一印象。

第一印象在实际生活中有重要的积极意义。一位新上任的管理人员若获得其下属较为满意的第一印象，就能为日后彼此间接触交往、搞好人际关系和进行有效管理打下良好的基础。良好的第一印象也有助于建立管理人员的威信。一般说来，"新官上任三把火"，这就是新的领导要特别重视第一印象，要想方设法给下属留下一个好的第一印象，为今后工作的顺利开展创造有利条件。

第一印象具有一定的局限性，因而在实际生活中也会有消极意义。

第一印象比较持久，但在形成对他人的正确印象的能力方面有下述局限性：

（1）第一印象的形成会不同程度地受到周围不同环境或事物的影响，人们很少会单纯地根据自己的观察直接形成印象。例如，在一个豪华餐厅中遇到一个人，与在一个普通饭馆里遇到一个人，这两种环境下形成的第一印象会有很大的差别。

（2）第一印象是根据被观察对象的一个有限的行为样组形成的，因而是不全面的，带有一定的局限性。

（3）第一印象是高度个体化的反映，从而有可能歪曲被观察对象的本来面貌。

（4）第一印象仅从偶然的交谈中得出，而不是去全面考察被观察对象的个性、智力等，因而可能是片面的。

（5）第一印象会造成认知上的惰性，形成对被知觉对象的固定看法。如果第一印象非常强烈，由此而认为此人很好，那么就会一直认为此人很好；反之，第一印象很坏，则会一直认为此人不好。

（6）第一印象在实际生活中会造成"先入效应"（Primary Effect），给管理人员带来认识上的片面性。这种先入为主的第一印象好的时候，就会看不到别人的缺点；反之，第一印象坏的时候，就会看不到别人的优点。

作为一个管理者，既不能忽视第一印象的积极作用，也要克服第一印象的消极影响，要从全面、客观、变化发展中考察被知觉对象，最终获得正确的人际知觉。

2. 晕轮效应

晕轮效应（Halo Effect）是指根据不完全的信息而做出的对被知觉对象的整体印象与评价。晕轮效应实质上是一种"以点概面"效应，即根据一个人的个别品质，从而做出全面的评价。

晕轮效应又名社会刻板印象，是指对某一类事物产生一种比较固定的看法——概括而笼统的看法。

管理者在对下属进行评定时，仅仅凭着他所选出的某一特征的好坏，进而对其他所有特征加以类推的判断，也属于这种现象。例如，根据一次满勤的记录，人们往往会得出当时的生产效率高、产品质量好等一切皆优的判断。同理，见到一个人穿着整齐清洁，就会认为他做事细心、有条理、有责任感。反之，若对某人的某一特质印象不好，就会忽略此人的其他优点。

晕轮效应是一种逻辑推理性的错误。根源在于人们在进行观察时，往往倾向于抓住事物或人的某一特征，进而推论其他特征，比如，对于一个富有闯劲的人，总认为他也拥有足够强的能力；对于一个热情奔放的人，也总认为他慷慨且富有幽默感。

阿希（S.E.Arsh）曾经做过这样的试验，对人的一种特征印象发生了变化，将导致关于他的其他一系列特征印象的许多变化。例如，一个人聪明、能干、勤奋、果断、现实、谨慎、热情，群体的评价为：聪明、幽默、得人心、富有想象力。如果"热情"这一特征被"冷淡"所替代，那么就会形成对此人的不同的印象与评价。

3.基本归因错误

（1）归因的概念

归因是指人们对他人或自己的所作所为进行分析，指出其性质或推论其原因的过程，也就是把他人或自己的行为原因加以解释和推测。简言之，归因过程就是判断他人行为的原因。

一个人的行为必有原因，其原因或者决定于外界环境，或者决定于主观条件，如果来自外部则称为情境归因（社会条件、社会舆论），如果来自本身特点则称为个人倾向原因（兴趣、信仰、态度、性格）。

（2）归因的参照系

根据凯利的归因理论，归因的参照系分为三类信息：一致性（别人是否也有同样的行为）、连贯性（在同样情况下采取同样的行为）、特异性（在不同情境下有相同的行为）。

对他人做出不正确的归因必然会造成社会知觉的偏差。

4.知觉防御

知觉防御（Perceptual Defence）是指人们对不利于自己的信息会视而不见或加以歪曲，以达到防御的目的。

当知觉者发现被知觉对象与自己已有的定型模式不符合时，便会抹去被知觉对象那些与模式不相符的部分，从而对被知觉对象加以歪曲。当知觉者发现自身对被知觉者的观察并不准确时，一般都会通过改变自己的定型模式来形成对自己的防御。这说明人们对阻挠自己的发展、与形成自己个性的知觉不一致的信息，会故意视而不见或将输入的信息加以歪曲。

5.投射

投射（Projection）是一种通过"以己度人"来达到心理防御目的的方法。通过投射方法可以将自己的失败、过错推演到别人身上去。

投射所带来的结果是人们把自己的品质投射到他人身上，从而形成关于他人的印象，一般有以下几种情形：

（1）自觉恐惧的观察者通过投射，较易断定别人也处于恐惧状态。

（2）具有消极个性特征的人，如吝啬、顽固、自我失调的人，通过投射，将看到别人身上也具有这种个性特征，并对其进行较高的评价。

（3）具有消极情绪的人通过投射，会觉得别人也有同样情绪，如害怕机构调整的管理者，会断定其他人比自己更担忧。

通过投射过程，人们能无意识地、系统地保护自己，使自己免受真正或想象中的威胁，因而投射是一种心理防御反应。

6.定型

定型（Stereotype）是指人们头脑中存在的关于某一类人的固定形象。社会定型是社会知觉的恒常性的表现，即对人或物抱有一种固定不变的看法与评价。

我们对种族类、社会团体类、年龄类等都有一种定型模式的不变评价。例如，"中国人是勤劳勇敢的""德国人是勤奋的""美国人是敢于冒险的"，这些都是种族类的定型模式评价。此外，对于银行家、商人、教师等都会有社会团体的定型模式的评价，如认为妇女缺乏决断力、年轻人激进、老年人保守等，这些都隶属于性别与年龄的定型模式评价。

有过这样一个试验，一个人以管理者的身份出现在照片上，与他以某一具体协会主管的身份出现相比，别人对他会形成两种不同的印象。

任何社会角色的定型化的形象，都是在一定的社会历史条件下形成的，如在对管理者角色的形象描述中，舞台上、银幕中出现的定型化形象，都带有一般化、公式化、概念化的特征，这实质上是一种抹杀管理者个性特征的歪曲。

显然，如果下属依据一种定型模式去观察评价他们的上级，那么很少会得到满意的结果；同样，上级以同一种定型模式去观察评价他们所有的下属，那么他们也无法做出较准确的判断。

由此可见，知觉防御、投射、定型等也都会造成社会知觉的偏差。

4.1.3　自我认识与角色知觉

1.自我认识

人一生下来就是社会的一员，在学校、家庭、企业的教育下，集体主义的思想、因公忘私的思想不断地支配着人们的行为。但是，每一个社会群体都是由个体所组成的，每个人都有"自我"存在的意识，在人际交往中这种感觉更为突出。由于"自我"是客观存在的，所以取消不了，为此，问题的关键并不是取消"自我"的意识，而在于保持什么样的自我认识的内容和自我追求的目的，而不是一味地去抑制这种认识和追求。

自我认识的内容包括以下三个方面：

（1）物质自我

物质自我是指人对自己身体的存在有自觉的意识。既然有物质自我的存在，那么也就有这个物质自我的追求问题，比如有的青年人追求外形靓丽、乐于打扮等。

（2）社会自我

社会自我是指人对自己在社会上的地位和名誉的认识。一般说来人所处的社会地位是由他的职业所决定的。这种人对自己所处的社会地位的知觉又被称为人的角色知觉。

（3）精神自我

精神自我是指人对自己的智慧、能力、道德水平的认识。这方面的追求包括上进心、道德感（也有个别人追求宗教道德）。

企业管理人员要有意识地鼓励和引导青年人不要只注意物质自我的追求，比如讲究吃、穿、戴，而是要有社会自我和精神自我的追求。单纯地追求物质自我的人其思想境界只能说是很低的，追求社会和精神自我的人的思想境界才是高的。

2.角色知觉

（1）角色知觉的一般概念

角色知觉是指人对于自己所处的特定的社会与组织中的地位的知觉。

家庭中的父亲这一角色，能够使人在家里具有一家之主的地位，要对家庭尽到自己的职责。而一个人担任了领导职务，这个人在单位里就取得了领导者的社会地位和身份。为此，作为领导者要具备领导地位的角色知觉，时刻想到自己已经是一个领导者了，应该履行这一角色的权利与义务。

角色本来是演员在戏剧舞台上所扮演的人物。在社会的这个大舞台上，每个人都在扮演着不同的角色。如果说一个提琴手可以指挥自己，而一个乐队需要一个指挥的话，那么在社会化的工业生产和社会活动中，管理者都扮演着乐队指挥的协调组织的角色。

一个完整的角色知觉过程应该包括以下四个部分：角色认知、角色行为、角色期望、角色评价。

角色认知是指一个人对自己应该在社会与组织中所处地位的认识。每个人都在心目中勾画着自己的形象，思考着自己应该在社会中承担何种角色，这些都是角色认知的表现。

角色行为是指一个人按照特定的社会与组织所赋予角色的特定的行为模式而进行的行为。一个担任商店营业员角色的员工，其在商店内的行为模式是要有熟练的服务技能，丰富的业务知识，周到、热情的服务态度。而作为一个单位的领导与管理者，其行为模式应该是要完成多项领导行为与职能，包括成为群众组织者、群体教育者、群体利益代表者与维护者、信息使用和传播者等。

角色期望是指他人对一个人所应承担角色的希望与寄托。在一定的客观环境中，人们总是依照自己认定的角色标准，期望扮演一定角色的人有特定的角色行为。群众对于承担领导角色者寄予很大的期望，希望领导带领他们向着既定的目标迈进。

角色评价是指他人对一个人的角色扮演的评估。人们自然而然地由角色期望开始，最后对角色扮演者的角色行为进行"评头论足"，做出应有的评估。

角色知觉中的角色认知与角色行为是角色扮演者主观方面的因素；而角色期望与角色评价是指他人对角色扮演者的反馈信息，属于客观方面的因素。角色知觉作为复杂的社会认知与社会知觉中的一个方面，只有在主客观因素相互作用的条件下才能最后完整、正确地形成。这也说明角色知觉是一个人在社会实践中的动态的实现过程，而不是消极的静态的反映过程。

（2）影响角色知觉的因素

影响角色知觉的因素有很多，现分述如下：

①角色认知的影响因素。

一个人对自己所应承担的角色的认知受两种因素的影响，一是客观的自我评价，二是个人的文化背景和家庭社会环境。

我们常说"人贵有自知之明"，这说明人对自己的估计要客观、清醒，要正确分析自己的长处与短处，然后明确自己所应追求的角色的方向。

一定的家庭环境、社会环境、个人所受的文化教育等都制约着人的角色认知与抱负。音乐世家、梨园世家的家庭环境有可能造就音乐家、艺术家的角色认知。社会环境是"时势造英雄"的客观条件，在改革开放的年代中，争当"开拓者""改革家"的角色认知成为人们追求的目标。

顺应历史潮流、以天下为己任、具有远大抱负的人，往往可以有超常的角色认知，从而就可能成就惊天动地的伟业。

②角色行为的影响因素。

一个人能否按照角色所规定的行为模式行动，受个人对角色认知的程度与自己的个性特征制约。单位里的领导者对自己所扮演的领导角色的认知与意识越深刻，时时刻刻想到自己是一个领导者，那么其就会承担领导者的责任，使用领导者的权力，履行领导者的义务，勤勤恳恳地做好本职工作。反之，一个人对领导者角色的认知与意识甚差，那么他就不能履行领导者的行为模式，无法承担应该承担的领导责任，起不到领导者的应有作用。

一般来说，不同个性的人，如外向型与内向型的人在履行角色行为时会有不同的表现，甚至会影响角色行为的效果。但是，也有另一种看法，即通过角色塑造，按照角色所规定的规范，可以改变人的个性特征。因为在角色认知的基础上，人对自己的个性是否适合该角色会有所认识，从而设立角色形象，按照形象来调整自身的个性特征，进入角色行为。许多人在自己的岗位上形成了该角色特有的个性特征。

③角色期望的影响因素。

他人对某一人的角色期望是受角色的职务及平时对其的了解程度制约的。一旦组织上任命某人担任了某一职务，那么人们就会按照职务的职能标准来期望该角色。因为不同职务的人的职、权、能是不同的，人们不会期望班组长与车间主任像厂长一样进行角色行为，而是期望什么样的角色就应该进行什么样的角色行为。

另外，人们长期在一起工作、学习、生活，彼此有一定的认知，因而可以期望什么人在什么时候会有什么样的行为。

④角色评价的影响因素。

他人对某人的角色评价的高低，首先受制于对该角色的期望与该角色实际上的角色行为的差距。图4-1就是角色评价和角色期望与角色行为的差距相关图。

⑤角色知觉的实践过程。

我们可以画出角色知觉的实践过程图，如图4-2所示。

第4章 个体心理与管理

图4-1 角色评价和角色期望与角色行为的差距相关图

图4-2 角色知觉的实践过程图

从图4-2中可见：

首先，角色知觉的实践过程是综合角色认知和角色期望，可以将主观因素与客观需要相结合，其目的是寻找明确的自我角色形象。

其次，体察客观的角色评价，吸收各方面的意见，并结合角色认知，调整自己的角色行为。这时，我们要坚信自己能按角色的要求行动，进一步树立自己的角色形象。

最后，充分检查自己的角色并根据角色评价，确立自己固定的角色行为模式，最终达到角色确认的目的。

分析角色知觉的全过程具有重要的激励作用，表4-1显示了个体自我评价、社会组织的认可程度和角色效益的相关性。

表4-1　　　　个体自我评价、社会组织的认可程度和角色效益的相关性

项目	程度			
个体自我评价	高	高	低	低
社会组织的认可程度	高	低	高	低
角色效益	高	低	高	低

由表4-1可见，只有在个体自我评价与社会组织的认可程度都高时，角色效益才最高，才最能发挥对角色的激励作用。

分析角色知觉将有助于合理使用人才，搞好人事管理，调动各类人员的积极性，做好各项工作。

4.2　个性与管理

企事业单位的领导与管理者要用个性心理学的知识去指导管理行为，做到合理使用人才。只有充分了解人的个性特点，才能知人善用，根据人的不同特点安排不同的工作，才能扬长避短，做到人尽其才。在人力资源的开发与管理中，按照人的不同个性，"一把钥匙开一把锁"地做工作，定能取得最佳的效果。

4.2.1　个性的概念

1.个性的定义

个性也可称人格，是指一个人的整个精神面貌，即具有一定倾向性的心理特征的总和。个性结构是多层次、多侧面的，是由复杂的心理特征的结合构成的整体。这些层次有：

（1）完成某些活动的潜在可能性的特征，即能力。

（2）心理活动的动力特征，即气质。

（3）完成活动任务的态度和行为方式方面的特征，即性格。

（4）活动倾向方面的特征，如动机、兴趣、理想、信念、世界观等。

上述这些特征交互联系，有机结合成一个整体，对人的行为进行调节和控制。

2.个性的基本特征

个性有以下基本特征：

（1）个性的整体性

个性是一个统一的整体结构，是人的整个心理面貌。每个人的个性倾向性和个性心理特征是相互联系、相互制约的，构成一个统一的整体结构。

（2）个性的稳定性

个性是一个人的比较稳定的心理倾向和心理特征的总和。"江山易改，本性难移"，人的个性一旦形成就比较稳定。当然，个性的稳定性也是相对的，个性也有可塑性的一面。确切地说，个性是稳定性和可塑性的统一。

（3）个性的独特性

每个人的个性都是由独特的个性倾向性和个性心理特征所组成的。每个人的个性都反映了自身独特的与他人有所区别的心理状态。

（4）个性的社会性

个性具有由社会活动与社会关系所决定的社会特性，同时，个性也决定于一定的生物特性。确切地说，个性是人的生物性与社会性的统一。

3.个性的心理结构

个性的心理结构是复杂的、多层次的、不同水平的，它是一个系统，主要由个性倾向性与个性心理特征所组成。

个性倾向性主要包括需要、动机、兴趣、理想、信念和世界观等，这些是人活动的基本动力，是个性结构中最活跃的因素。

个性心理特征中表明一个人的特定类型特征的，主要包括能力、气质、性格。

一般情况下，当不要求全面而系统地评定或描述一个人的个性时，通常涉及的只是个性心理特征中最突出的气质或性格的某些方面，就是通常所说的人的脾气、性格等。

4.个性形成的原因

形成个性的原因基本上可以归结为两个方面：遗传因素与环境因素。图4-3显示了个性差异形成的原因。人们普遍都接受了个性遗传的观点。个性也的确有其遗传基础。一些研究表明，50%~55%的个性特征来自遗传，所以常会听到人们这样说："他就像他爸爸""他的脾气来自他的家族"等。

环境因素包括文化、家庭、团队与生活经验。人们同样相信环境在个性形成中所起的作用，甚至认为这个作用可能比遗传的作用更大。个体出生在某一特殊的文化环境中，会接受来自家庭和社会的价值观念以及为社会普遍认可的行为规范。家庭境况也是个性差异的一个重要原因，如家庭规模、经济水平、种族、宗教、地理位置、本人在家庭中的长幼顺序、父母的教育水平等。个体作为不同团队成员所担负的各种角色以及不同经历是个性差异的又一重要影响因素。虽然早期生活的玩伴和"同窗"对

图4-3　个性差异形成的原因

个性形成有强烈影响，但在以后的生活中，社会和团队体验将会继续影响人格的形成。此外，从特殊事件和经验的角度而言，每个人的人生都是独一无二的，这也是个性重要的决定因素。

　　显然，强调个性是由遗传决定的可称为"天性论"，强调个性是由后天环境决定的可称为"教养论"，这两种观点存在尖锐的矛盾。当前，这两者已逐渐趋向平衡，即人们开始认为遗传和环境经验两者都是重要的，某些个性特质更多的是由遗传成分决定，而另一些个性特质则是在环境经验基础上经学习而获得的。至于具体到个体，则可认为个性形象是遗传与环境因素共同作用的结果。个性是具有一定遗传因素的人在环境的影响下，通过社会实践活动而逐步形成的。为此，对待个性，既要重视遗传因素的作用，也不能认定宿命论的观点，而是要看到环境因素的作用，即强调社会实践与发展的观点。

4.2.2　气质与管理

1.气质的概念

气质是个人心理活动的稳定的动力特征，包括心理过程的速度和稳定性（知觉速度、思维灵活程度、注意力的集中时间），心理过程的强度（情绪的强弱、意志努力程度），心理活动的指向性（倾向外部事物、倾向内心世界）。

2.气质的特征

气质强调个体的情绪方面，即个体习惯性的情绪反应。

气质偏重个体的动作反应，即个体反应的独特模式。

3.气质的生理基础

气质决定于神经过程的基本特性，主要指标为神经过程的强度、神经过程的平衡性、神经过程的灵活性。

4.气质的理论——体液说

气质的体液说源于古希腊。当时的著名医生希波克拉底（Hippocrates）认为人存在四种不同的体液，从而产生了四种不同的气质，分别称为多血质、胆汁质、黏液质、抑郁质。这四种气质具有不同的心理与行为特征。

（1）多血质。表现为开朗，对刺激感受迅速而强烈，但并不深入，也不太持久。无忧无虑，有良好的希望，对事情重视但易忘记，许诺但不信守诺言。总之，尽管多血质反应灵敏，易适应环境，但注意力不稳定，不善思考。

（2）胆汁质。表现为热血，暴烈、易发怒但不记仇。行动迅猛缺乏持久性，爱面子讲排场，想当领导，但又不做具体事。总之，胆汁质的人热情、开朗、刚强、精力旺盛，缺乏自制力，生硬急躁，爱发脾气。

（3）黏液质。表现为"冷血"，不易冲动，有正常理性，缓慢地被刺激，有持久性，不易愤怒。总之，这种人冷静沉着、自制、踏实，但对生活往往漠然处之。

（4）抑郁质。表现为沉稳，对刺激感受不太显著，很深入，注意事物的困难面，深思熟虑，不轻易许诺。总之，这种人情感敏感，深刻稳定，但容易过分腼腆，并沉浸在个人的体验中。

5.气质的高级神经活动类型说

根据巴甫洛夫的高级神经活动学说，上述四种类型的气质与高级神经活动的不同类型有着密切的关系（如图4-4所示）。

高级神经活动类型			气质类型
强型	不平衡型		胆汁质
强型	平衡型	灵活性高	多血质
强型	平衡型	灵活性低	黏液质
弱型（抑制型）			抑郁质

图4-4　高级神经活动类型与气质类型的关系

由图4-4可见，胆汁质是高级神经活动中的强而不平衡型；多血质是强、平衡且灵活性高者；黏液质对应强、平衡、灵活性低者；抑郁质则对应高级神经活动中的弱型（抑制型）。

气质类型没有好坏之分，不宜进行道德标准的评价，任何一种气质类型仅表现为积极或消极的心理特征而已。

气质也不能决定一个人的智力水平，不影响人的智力发展及事业的成功。但是，了解人的气质有利于选拔与培养人才，在教育过程中可以找到适合受教育者气质特点的最佳培训方式，这就是实现"一把钥匙对应一把锁"的个性化教育。

6.气质与管理

气质在人的实践活动中不起决定作用，但对人的活动有一定的影响，主要表现在它可能影响活动的效率。例如，要求做出迅速、灵活反应的工作，多血质和胆汁质的人较为合适，黏液质和抑郁质的人则较难胜任持久、细致的工作。而黏液质、抑郁质的人较为合适的工作，则多血质、胆汁质的人又较难适应。

显然，为了提高工作效率，必须对管理者的气质特性提出特定的要求，否则是不能适应有不同要求的工作的。

西方管理心理学家将管理者的气质分为三种类型——躁郁质型、分裂质型、黏着质型。

①躁郁质型的管理者的行为有如下表现：适应环境能力较强；有与别人共同生活和共事之倾向；行动善于应变，事前没有一定的设想与计划；不经思考就行动，容易亲近，有同情心；能与人接近，很会交际；待人和蔼，有竞争力；有干劲，但没有持久力；很容易发怒骂人，但马上就忘记了。

人们对这种类型的管理者的评价为：有进取心、能通融、很活泼、人很好，但没有心计、蛮干、不检点。

②分裂质型的管理者的行为有如下表现：先思考后行动；思考多，行动少；能经常提出新规则、新设想，肯向别人学习，办法多，不做傻事；按自己的标准做事；会利用微妙的感情；认为生产只是浪费精力。

人们对这种气质类型的管理者的评价为：像一个理论家，有独特性，但不实际、空想。

③黏着质型的管理者的行为有如下表现：现实而稳定；正确、诚实、无懈可击；生活中能尽义务，有道德观念，有礼貌；坚守一定的规则，脑筋很死；行动缓慢，但有耐心。

人们对这种气质类型的管理者的评价是：像一个朴素的研究者，稳重有余，但变革思想较差。

现实生活中单纯属于一种类型的管理者较少，混合型的管理者较多。

比较来看，这三种气质类型的管理者的优劣是相对的：

躁郁质型的管理者适应环境的能力较强，上级领导可以无所顾忌地、坦率地从正面给予指示。其缺点是计划性差、脾气急躁。

分裂质型的管理者是多元性的人，无法在规定范围内行动，上级领导对这些人要表示热情或关心，不能对其施加太大的压力。这些人的缺点是讲得多、做得少。

黏着质型的管理者的优点是比较稳重，缺点是变革精神较差，上级领导者对这些人要多讲道理，少正面批评。

现代社会需要的是第一种气质类型的管理者，他们能够打开局面，能适应环境的变化，热情，勇于变革，这是主流。当然，这些人急躁、好发脾气，但这只是支流问题。如果一个工作群体要选择能开创新局面的管理者，具有这种气质的人比较合适。

第二种气质类型的人不太适合现代社会的需要。他们崇尚高谈阔论，不注重实践，一般不宜成为管理者。

第三种气质类型的人虽然不适合成为开拓型的管理者，但是作为管理者群体中的成员还是适宜的，因为企业也需要有耐心、细致，能稳重地处理一些事务的管理者。

7.气质与职业

一些特殊的职业，如飞机驾驶员、宇航员、电站集中控制室的调度员、高空带电作业人员等，工作时身心处在高度紧张状态，因而要求他们具有快速反应、冷静、理智、胆大心细、临危不惧的心理品质。

特殊工种对人的气质特性提出了特殊的要求。在这种情况下，气质特性就影响着一个人是否适合从事该职业。因此，是否具有特殊工种所要求的特殊气质特性，应成为职业选择、培训、淘汰的重要根据之一。

至于一般的职业，如车工、钳工、纺织工、售货员、医生、教师、工程师等，原则上每种职业都要求人们具备相应的某些气质特点，如果这些特点在某人身上表现较弱，那么此人会依靠他的其他气质特点或者以受这些气质特点制约的工作方法加以弥补。例如，有些属于黏液质类型的纺织工人，他们具有注意力的稳定性，缺乏注意力迅速转移的灵活性，但是在工作中，他们往往用注意力的稳定性弥补了注意力不易转移的缺点，很好地适应了工作。

8.气质与管理教育

气质本身并无好坏之分。在评定人的气质时不能认为一种气质类型是好的，另一种气质类型是坏的。因为任何一种气质类型都有其积极的一面，又都有其消极的一面。

管理教育的目的之一，就是要培养人的气质，使人认清自己气质的积极一面和消极一面，发扬积极的方面，克服消极的方面，通过不断地自我提高和培养锻炼，气质会得到不断改进。

此外，在进行管理教育时，要注意根据人们不同的气质特点，采取不同的方法。例如，对员工进行批评帮助时，要考虑到不同气质类型的人对挫折的承受力。由于胆汁质、多血质的人承受挫折的能力较强，对这些人可以严厉批评，这种批评有利于他们认识错误，改正缺点。但是，抑郁质的人承受挫折的能力较弱，又不善于表露自己的思想，所以对他们进行批评教育时要特别注意方式和方法。

此外，在采用新的操作规程与重新编排班组时，因为多血质的员工很容易适应新环境、新制度，因此管理者无须对他们特别关心；但是，黏液质、抑郁质的员工则需要管理者给予更多的关怀和照顾，这样才能使他们尽快适应新的环境。

4.2.3　性格与管理

1.性格的一般概念

性格是个人对现实的稳定的态度和习惯化了的行为方式。

一位管理者在各种场合都表现得热情忠厚、与人为善、虚心谦逊、严于律己，遇事坚毅果断、深谋远虑，这些对人、对己、对事的稳定态度和习惯化了的行为方式所表现出来的心理特征，就是性格特性。

但是，一个人在某种特殊情况下，偶尔表现出来的行为方式，并不能说明此人的性格特征。比如某管理者一向处事很果断，如果偶尔表现得优柔寡断，也不能凭此说他的性格是优柔寡断的。这说明只有那些经常性的、习惯性的表现才能被认为是一个人的性格特征。

性格在某种程度上是以道德观点来评断的，所以有好坏之分。人们通常对"懒惰""骄傲"持否定的态度，而对"勤奋""慷慨"加以赞赏。

世界上性格完全相同的人是没有的，性格的特征是多种多样的，其组合后的特征就更多了。显然，性格是个体差异的一个重要方面。

2.性格的特征

性格是一个十分复杂的心理现象，从人的心理与行为的不同方面表现出来，具体表现为性格的态度特征、性格的意志特征、性格的情绪特征、性格的理智特征等方面。

（1）性格的态度特征

性格的态度特征主要是指个人对社会、集体、他人的态度特征，是公而忘私还是假公济私，是忠心耿耿抑或三心二意，是热爱集体还是自私自利。

另外，也表现为个人对工作、学习的态度特征，是勤劳还是懒惰，是认真还是马虎，是节约还是浪费，是创新还是墨守成规等。

（2）性格的意志特征

性格的意志特征主要表现在以下几个方面：

对行为目的性的明确程度。比如，是行为具有独立性还是易受暗示。

对行为的自觉控制水平。比如，在对行为的控制水平方面是表现为主动性还是被动性，是有自制力抑或只有冲动性。

同时，在长期工作中的行为表现是有恒心还是见异思迁。在紧急情况下的行为表现是勇敢还是怯懦，是镇定还是惊慌失措等。

（3）性格的情绪特征

性格的情绪特征表现为受情绪影响的程度，如稳定性、持久性、主导心境特征等。

每个人受情绪影响的程度都是不同的，而人的情绪是受意志控制的，这也间接反映了人的意志力水平。

情绪的稳定性表现为情绪起伏波动的程度，有人有时表现为被冲昏头脑，有时则表现为垂头丧气。

情绪的持久性表现为情绪影响的时间长短程度。

主导心境特征表现为在相当长的一段时间里是经常愉快或忧伤的，稳定性较强。

（4）性格的理智特征

性格的理智特征表现在心理过程的各个方面。表现在感知方面是主动观察或被动观察；在记忆方面是保持时间长或短，记忆速度是快或慢，记忆方法是直觉或逻辑推断式；在想象方面是主动或被动想象，是现实感强或脱离实际；在思维方面是独立型或依赖型等。

3.性格的形成与发展

虽然性格一经形成就会相当稳定，但是也会在环境的影响下发生一定的变化。

遗传因素是性格形成的自然基础和潜在因素，为性格发展提供可能性。

在性格的形成中，遗传与环境交互作用。

同卵双生子的相关系数高于异卵双生子，证实了遗传因素的影响。

环境因素的影响包括自然环境、地理环境、社会环境。

4.性格的理论

性格的理论分为性格类型理论与性格特质理论两大类。现分述如下：

（1）性格类型理论

性格类型理论是根据某种原则把所有人划分成几大类型，以此来解说人的个性或性格的一种性格理论。性格类型论是一种性格分类的理论，而性格特质论是一种性格分析的理论。

以下重点介绍几种类型理论：

①生物学类型论——体格类型说

克雷奇默根据人体的胖瘦来区分性格的类型，他认为矮胖型的人健壮、外向，易动感情，有时高兴，有时垂头丧气，善交际、好活动；瘦长型的人不善交际，孤僻、沉默、羞怯、固执；运动型的人乐观并进取。

②心理学类型论——荣格的内倾型和外倾型性格论

心理学家荣格认为，根据力比多（Libido）①的情况，外倾型（外向型）人的力比多向外转移，这种人重视外在世界，爱社交、活跃、开朗并自信，勇于进取，对周围一切事物都感兴趣，容易适应环境变化。内倾型的人（内向型）重视主观世界，好沉思、善内省，沉浸在自我欣赏之中，孤僻，缺乏自信，冷漠，难适应环境变化。

③威特金的场依存性和场独立性类型说

心理学家威特金根据场的理论，将人划分为场依存性和场独立性两种类型。场依存型的人比较容易受当时环境中的其他事物的影响，很难离析出知觉单元；场独立型的人比较少地受知觉当时的情境影响，比较易于离析出知觉单元。

这两种人是按照对立的信息加工方式工作的，场依存性者倾向于以外在参照（客观事物）作为信息加工的依据，后者则主要利用内在参照（主体感觉）。场依存型的人，独立性差，易受暗示；场独立型的人，独立性强，不受暗示。

④文化——社会价值类型论

心理学家斯普兰格与莫利斯用价值观作为划分人的性格类型的根据，将人划分为

---

① 来自本能的力量均可称为力比多，既可是非性的，也可是性方面的。

六种类型：理论型、经济型、审美型、社会型、权力型、宗教型。

理论型者以追求真理为目的，认识为主要活动，情感为次要的活动，冷静、客观，对功利、实用缺乏兴趣。这些人可为理论与哲学家。经济型者以实际功利来评价事物，期望获取财产与利益，这些人可为实业家。审美型者以"美"为最高人生意义，注重自我完善与自我欣赏，这类人可为艺术家。社会型者重视"爱"，重视他人，具有献身精神，能增进社会福利，这些人可为教育工作者与医务工作者。权力型者有强烈的控制欲望，有组织协调能力，这些人可担当领导者与管理者。宗教型者富有同情心，可任神职人员。

（2）性格特质理论

另一类性格理论是性格的特质理论。这一理论认为，性格是由个体特质组成，特质是构成性格的基本单位。特质决定人的行为。特质在时间上具有稳定性，空间上具有普遍性。特质可预测人的行为，其在量上因人而异，从而形成有差异的性格，如情绪稳定性就是人的性格特质，而且是因人而异的。

特质被认为是个人所特有的、现实焦点的神经心理结构。存在着共同特质与个人特质。前者普遍存在于每个人身上，是一种概括化了的性格倾向。而个人特质只为个人所特有，代表着个人倾向，世界上没有两个人具有相同的个人特质。

特质理论种类繁多，此处只介绍艾森克的特质理论。在4.4节中我们将介绍目前风行的大五人格因素理论。

艾森克在其特质理论中提出了个性的五个维度：

内外向、神经质和精神质、智力与守旧性——激进主义。其中着重强调内外向、神经质和精神质三个维度。

艾森克的内外向型与荣格的内外倾型，其内涵是有差异的。在此，外向的人是指不易受周围环境的影响，个性具有情绪性，冲动和难以控制，好交际，渴望刺激，冒险，粗心大意，爱发脾气等特点，外表给人印象是不大可靠的人。内向的人是指易受周围环境的影响，情绪稳定，好静，不爱社交，冷淡，不喜欢刺激，深思熟虑，喜欢有秩序的生活和工作，极少发脾气，外表给人的印象常常极具悲观色彩但可靠的人。外向的人兴奋过程强度弱，产生慢，持续时间短，易形成条件反射。内向的人兴奋过程强度强，产生快，持续时间长，不易形成条件反射。

神经质又称情绪性。情绪不稳定的人表现出焦虑，喜怒无常，易激动。情绪稳定的人，情绪反应缓慢、轻微，容易恢复平静，稳重、温和，自我克制，不易焦虑。外向的人加上情绪不稳定就会出现强烈的焦虑。

精神质又称倔强性，常导致行为异常。精神质高分者固执、粗暴、强横，铁石心肠。精神质低分者表现为温柔。精神质强烈的人，性情孤僻，对他人漠不关心，心肠冷酷，缺乏人性，缺乏同情心。

5.管理者的性格类型

西方管理心理学根据性格的结构和管理者的行为，将管理人员的性格分成三种类型：积极刚勇型、消极怯懦型和折中型。

（1）积极刚勇型管理者的行为特点表现为：活泼，有坚强的信念，有时候甚至过分地信任自己，积极地做正当的事，遇事不顺心也不灰心，有斗争性，由于自己的行为伴随愉快的事，所以行为被强化了。

（2）消极怯懦型管理者的行为特点表现为：缩手缩脚，对社会活动不感兴趣，生活单调；话题少，依赖性强，一切听从别人指挥，使自己的思维和行为停留在狭小的范围内；虽然消极但很敏感，自卑感很强；由于遇到的都是不愉快的事，因而对于采取行动持消极态度。

（3）折中型管理者的行为特点表现为：积极与消极的折中型，做事没有条理，有点慌张情绪；令人感到有点任性与不诚实；有时有冒险行动，有时则有逃避行动，其行动伴随愉快的与不愉快的极端变化；做事不利落。

现实中需要的管理人员，应以积极刚勇型为主，但是，这种性格类型的管理者也有弱点，如过于自负，喜欢别人顺从自己。消极怯懦型管理者虽然不理想，但可以通过实践活动使之转化，增加其刚勇性的一面，使其在工作中更有干劲。对于折中型领导者，则要通过多接触来增加与他的亲密程度，最终使其性格向积极刚勇型转化。

4.2.4 能力的概念

1.什么是能力

能力是人们成功地完成某种活动所必须具备的个性心理特征，是成功地完成某种活动的必要条件。能力与活动联系在一起，掌握活动的速度与成果的质量被认为是能力强弱的两种标志。完成活动速度快、完成活动质量高者会被认为是能力强者。

能力分为实际能力与潜在能力两种。潜在能力是实际能力形成的基础与条件，实际能力是潜在能力的展现。

完成一项活动、负担某种职业，需要多种能力的结合，具有多种能力者被称为有才能者。不同职业需要不同才能者去完成，从领导与管理者，到教师、公务员、营业员、厨师等，都需要不同才能者去执业。才能高度发展会成就天才或是特殊人才，如音乐家、艺术家、创造发明家等。

2.能力的种类

能力分为一般能力与特殊能力两种。一般能力是指大多数活动所共同需要的能力，这是共有的最基本的能力，如观察力、记忆力、思维力等。特殊能力是指某项专门活动所必需的能力，如数学、音乐能力。

3.能力和知识

这两个概念是有区别的，不能等同，因为能力与知识属于不同的范畴。能力属于个性心理特征，知识属于人类社会历史经验的总结和概括。知识的掌握与能力的发展不是同步的，但是能力与知识是有联系的。知识的掌握有利于发展智力，在掌握知识的过程中逐步形成和发展智力。但是，掌握知识是以一定的能力为前提的，能力是掌握知识的内在条件和可能性。能力与知识相互促进，通过传授知识培养了能力。

4.智力结构理论

能力包括智力，智力也包括能力。

智力结构的单因素论者认为智力是单因素的，即智力是单一特质、单一能力。

智力结构的二因素论者——心理学家斯皮尔曼认为，智力不是单一特质、单一能力，而是综合的整体结构，进而他认为，智力可分为两个因素——G因素（普遍因素）与S因素（特殊因素）。

智力结构的三因素论认为，智力结构三因素包括：抽象智力（处理语言与数学的能力），也称心智能力；具体智力，指处理事务的能力；社会智力，指人际交往的能力。

智力结构的群因素论。心理学家瑟斯顿提出了智力结构的群因素论，认为智力包括七种平等的基本能力：计算（N），语词流畅（W），语词理解（Y），记忆（M），推理（R），空间知觉（S），知觉速度（P）。

美国心理学家吉尔福特（J.P.Guilford）提出了一种新的能力结构设想，称为"智慧结构"学说。他认为，智慧因素是由操作、材料内容和产品三个维度所构成的。每一维度由一些有关的要素组成，根据人为的排列组合方法，智慧可能由120种因素组成。

吉尔福特认为，智力的第一个维度是操作，它包括认知、记忆、发散思维、辐合思维和评价五种智力类型。智力的第二个维度是材料内容，它包括图形、符号、语义和行为四种类型。智力的第三个维度是产品，即智力活动的结果，它包括单元、门类、关系、系统、转换和含蓄六个方面。

5.能力与管理

管理职能的各个方面都与人的因素有关，特别是与人的能力有关，这主要表现在：

（1）人员选拔、工作安排中要做到人尽其才

有什么样能力的人做什么样的工作，这样才能做到人与工作的最佳匹配，使人的能力得到最大程度的发挥，使工作取得最佳的绩效。

实际上，一个人所具有的能力低于实际工作所要求的水平，这个人会表现出"无法胜任"，其后果是给工作带来极大的损失。反之，一个人所具有的能力高于实际工作所要求的水平，也会表现出个人不满足现状、工作效果不佳的情况，客观上是"大材小用"，造成人力资源的浪费。

例如，如果我们让受过高等教育的人去做单位里的门卫，显然他们会感到工作单调、乏味，专业无法发挥，因而对工作漠不关心、不负责任，从而离职率高。如果这

项工作让只受过初等教育的人来担任，他们会感到很满意，因而责任心强、工作负责任，缺勤率、离职率也很低。

（2）要按照不同工作、不同能力要求的标准考核干部

不同工作岗位对人的能力要求有很大的差别。例如，企业中的不同工种、生产岗位都应制定相对独立的能力要求及考核标准。显然，对厂长的能力要求与对普通工人的能力要求是完全不同的。对不同类型人员的考核、提职升级等，实际上就是对一个人是否符合某一职位所要求的能力的衡量。

（3）职业培训的内容既包括一般能力的发展，也包括特殊能力的提高

每个人的一般能力的发展与特殊能力的提高，存在着相互依存、相互联系、相互促进的辩证关系。员工所形成的特殊能力是建立在他的一般能力的基础上的，同时，员工的特殊能力的发展，也提高了其一般能力水平。

职业培训既要有提高员工特殊能力的科目，也要有提高诸如观察能力、分析能力、计算能力、想象力、创造力等一般能力的内容。前者要抓与他们当前所从事的工作或将来可能从事的工作直接有关的专业知识或专业技能的教育，如组织电工学电力知识，组织财务人员学会计知识，组织医务人员进修医药专门知识等；后者要根据员工原有的文化水平、兴趣爱好，组织他们参加函授学校的一般文化学习，以增加他们的科学文化知识，为员工队伍的智力开发奠定雄厚基础。

（4）录用员工既要考虑到他的知识、技能，也要考虑到其潜在能力

目前，单位往往把文化考核与技术操作考核的成绩作为招聘中是否录用某人的唯一标准，这显然是不全面的。

文化或技术操作的考核，只代表了一个人已经掌握的部分知识或技能的水平，但这并不等于一个人所具有的能力，更不等于一个人所蕴藏的内部潜力，所以这种招聘录用办法需要变革。克服这种片面性的办法就是要对人的能力进行全面了解，在录用员工时，既要看"文凭"，也要看其解决实际问题的能力。

4.3　胜任力及其在管理中的应用

1. 问题的提出

美国管理心理学家麦克利兰在《美国心理学家》杂志发表了一篇具有颠覆性价值的论文——《测量胜任力而不是智力》。文中表明，传统的智力、知识技能、人格测评对个体工作绩效和职业生涯成功没有预测作用。真正具有鉴别性的是高绩效的行为特征，这些特征称为胜任力。胜任力是一个统合的概念，是一种"能将在某一工作（或组织文化）中表现优异者与表现平平者区分开来的个体潜在的深层次特征"，它可以是动机、个性特质、自我形象、态度或价值观，亦可以是某领域的知识和行为技能，它们都能够被可靠地观察和测量出来。

麦克利兰对胜任力的定义为个体在工作中取得高绩效所需要的知识、技能、能力以及其他特征的结合。显然，与工作、工作绩效和生活中其他重要成果相联系的知识、技能、能力、特质或动机，可区分卓越绩效者和一般绩效者。胜任力是人们适应工作或管理环境，产生具体绩效和成就感的个性特征（知识、技能和态度）。胜任力是与任务情景相联系的综合才能。

管理者的胜任力是指管理者诸要素有机结合所形成的能力，管理者凭借自己的道德品质、个性心理素质及其他素质有机结合并运用于经营管理过程的能力，具有动态性，随管理与工作环境的变化而变化。管理胜任力的核心特征为：应变力、责任感、影响力、概念化、多视角、预见性、尊重与敏锐、沟通性、自知之明等。构建管理胜任力的四个维度分别为：对工作成就的承诺；诊断和解决问题的技能；人际管理；领导和管理。

2.胜任力的类型

胜任力可分为行为、知觉、情感、思维胜任力四种类型。行为胜任力，是指在不确定性和风险条件下的主动性和承担责任的能力。知觉胜任力是指收集、组织信息，把握不同的组织及系统前景的能力。情感胜任力是指理解他人，解决人际冲突影响，领导他人、授权等的能力。思维胜任力是指系统管理能力，其中包括计划、新想法、创新、思考和行动，表现为有新方法、途径与构建概念模型等。

专家们构建了管理胜任力的八维结构模型。管理胜任力的八维结构模型如图4-5所示。

维度

行政技能

沟通技能

人际技能

领导技能

激励技能

组织技能

自管技能

思维技能

能　力

计划	人事	程序	实施	文秘
表达	开放	倾听	报告	书面
关系	协商	网络	多向	求同
导向	坚持	影响	团队	指导
目标	成就	绩效	推动	进取
预算	量化	战略	职务	商务
约束	适应	自立	学习	发展
分析	判断	批判	信息	创新

图4-5　管理胜任力的八维结构模型

3.胜任力的理论

胜任力的冰山模型是指胜任力的内涵,其包括两部分:一个是外显的内涵,其中包括知识、技能、社会角色等;另一个是内隐的、潜在的内涵,其中包括自我概念、特质、动机等。

胜任力的行为观与特质观也是解释胜任力概念的重要方面。胜任力的行为观认为胜任力是一种高绩效的行为表现或行为模式。胜任力的特质观认为胜任力是一种支持个体在工作中表现出高绩效的内在特质的组合。胜任力的行为观便于操作,可利用面试、评价中心、360°反馈等,对胜任力进行客观评估。总之,以行为训练为核心的培训技能,可以帮助员工提高自身的胜任力水平。

由上可见,对胜任力可进行以下的解读:

绩效导向:胜任力与绩效的高度相关。

行为表现:高绩效行为表现与模式。

情境相关:情境不同,胜任力不同。

预测作用:胜任力对绩效的预测作用。

可观察性:胜任力可观察与测量。

可培养性:可经培训而提高。

4.胜任力在管理中的应用

胜任力在人力资源管理实践中的应用可分为以下几方面:

(1)胜任力在招聘与选拔中的应用

首先,根据岗位所需能力、个性、价值等层面的胜任标准与胜任力模型,确定招聘、选拔人才的标准。具体的步骤分为:

①分解指标,指标的类型包括核心职能类、个性潜能类与态度类。

②确定指标的等级。

③设置相匹配的方法。

④设置各项指标的权重。

各项胜任力指标的测评方法包括以下内容:心理测验、面谈、无领导小组讨论、公文信、角色扮演、管理游戏、案例分析等。

根据岗位的不同,在招聘、选拔中所使用的胜任力模型也有差别,其中分为全员通用模型、专业岗位模型、领导力模型等。

通过胜任力测评,主要评定招聘对象是否具有基准性胜任力,即是否达到门槛性要求。主要测评内容为知识、技能,主要测试招聘对象的动机、特质、自我概念、社会角色,此为鉴别性胜任力,这是区别一般与绩效优异者的重要指标。总之,招聘与选拔中胜任力测评为知识、技能、经验、能力、个性、动机的六大要素的整合体。

（2）胜任力在薪酬管理中的应用

传统薪酬管理是以职位为基础的。这里强调支付薪酬的依据是员工拥有的胜任力，即知识、技能、社会角色、自我概念、人格特质和动机等。薪酬增加与否，取决于胜任力和每一种胜任力的获得情况。

这种做法有利于员工个人胜任力的提高与扩展；有利于企业核心竞争力的增强，实现企业战略；有利于吸引和留住高水平的人才。

（3）胜任力在绩效考核中的应用

绩效考核可分为四个发展阶段：

第一阶段称为表象型考核阶段，重点考核员工的日常表现、工作纪律、工作态度。

第二阶段称为目标考核阶段，主要考核部门与员工的工作计划和工作职责。

第三阶段称为关键绩效指标考核阶段。关键绩效指标俗称KPI。

第四阶段称为关键指标与关键能力指标结合阶段。这一指标俗称KCI，即人力资源管理胜任力指标，这一指标能区分绩效高低的员工，能对考核对象的高绩效达成的关键胜任力指标加以评定，即通过工作行为评定把能力、个性、动机、态度等进行量化和定性。

KPI以结果为重，忽视"过程"；KCI注重过程的考察。KPI重实效、实绩；KCI重全面发展、团队协作。KPI强调"事"；KCI强调"做事"，重视"人的存在"。由此可见，KCI是更为人性化的管理工具。而KPI与KCI的结合，则是将结果导向与能力、态度相结合，既强调"结果"，也强调"能力与态度"。因此，实践中我们应将两者结合起来使用，即将"业绩考核"与"素质考核"结合起来，不可偏废。

（4）胜任力在人才培训中的应用

员工的成长与发展是影响组织绩效的重要因素。培训是人力资源管理的六大模块之一。培训包括新员工培训与基层员工技能培训、中高层管理者领导力的培训。培训效果四层次评估包括培训反应，知识、技能获取，行为改变与绩效提升。根据胜任力的要求，首先要确定一定标准，即知识、技能、岗位能力要达到何等水平才能胜任工作岗位。在培训时最重要的是岗位胜任力标准，其中包括知识、经验、技能、能力素质，亦可培养下属的"胜任力"指标。然后才是用这一标准作为尺子找差距。要编制"人才发展地图""学习地图"。企业需要员工重点提升的是关键能力素质，根据胜任力的标准，员工培训中企业要重点加以落实。

4.4 大五人格因素

大五人格因素理论是当前应用较广的一种有关个性的特质理论之一。

大五人格因素（Big Five Dimensions of Personality）是指以下五项人格维度：外向

性、情绪稳定性、宜人性（随和性）、尽责性（责任心）、经验开放性（见图4-6）。

```
┌─────────────────┐
│  大五人格的维度  │
└─────────────────┘

┌──────┐                    ┌──────┐
│ 维度 │────────────────────│ 描述 │
└──────┘                    └──────┘

┌──────────┐                ┌──────────────────────────┐
│  外向性  │────────────────│ 社交的，合群的，果断的，健谈的 │
└──────────┘                └──────────────────────────┘

┌──────────────┐            ┌──────────────────────────┐
│  情绪稳定性  │────────────│ 有安全感的、冷静的，令人愉快的 │
└──────────────┘            └──────────────────────────┘

┌──────────────────┐        ┌──────────────────────────┐
│  宜人性（随和性）  │────────│ 谦虚的，灵活的，善良的，合作的 │
└──────────────────┘        └──────────────────────────┘

┌──────────────────┐        ┌──────────────────────────────┐
│  尽责任（责任心）  │────────│ 可靠的，负责的，努力工作的，成就导向的 │
└──────────────────┘        └──────────────────────────────┘

┌──────────────┐            ┌──────────────────────────────┐
│  经验开放性  │────────────│ 富于想象的，好奇的，心胸宽广的，聪明的 │
└──────────────┘            └──────────────────────────────┘
```

图4-6　大五人格的维度

外向性，是指个体的合群、果断、善交际，对应于保守、胆怯和安静。

情绪稳定性，是指个体具有安全感，冷静和令人愉快，对应于不安、焦躁和压抑。

宜人性（随和性），是指个体有合作精神，热心和令人愉快，对应于好斗、冷漠和令人不快。

尽责性（责任心），是指个体勤奋，有组织性，可信任，坚定，对应于懒惰、懒散和不可信任。

经验开放性，是指个体具有创造性、好奇心，有修养，对应于实用主义和兴趣狭隘。

具有以上五种人格因素的人会有以下的行为表现：

具有外向性人格特征的人会认为"我通常总是很快乐""我喜欢生活中充满令人振奋的事"。

具有情绪稳定性人格特征的人会认为 "我经常感到愉快" "我不会为我无力控制的局面而伤脑筋"。

具有宜人性（随和性）人格特征的人通常认为："我总是待人彬彬有礼" "人们从不认为我是冷漠或狡诈的人"。

具有尽责性（责任心）人格特征的人会认为"人们总是认为我非常可靠"。

具有经验开放性人格特征的人认为 "我有很大的好奇心" "我喜欢各种富有挑战性的变化"。

研究的结果表明，人们在责任心和情绪稳定性方面得分越高，他们的工作绩效可能会越好。

实践证明，大五人格是对工作成功起着决定性影响的因素，是成功的先决条件。

4.5　APM理论与全面素质评价

4.5.1　什么是全面素质评价

人才素质概念的内涵较为广泛，主要包括人才的知识、认知能力、思想品德、行为风格等。总体而言，素质是支撑人生活和工作的最基本且相对稳定的特质。

对于企业而言，素质评价可以起到优化人才配置的作用，将人才安排在合适的岗位、合适的团队中以发挥更大的作用。对于个人而言，素质评价可以促进自我认知，明确自己的职业发展与工作方式。

传统的素质评价往往是单要素的、局部的，抽象和笼统的，对人的行为预测度不高，全面素质评价是指对影响人的工作表现的各类素质进行全面的、综合的评价，从而更精准地对人的行为进行判断和预测。APM理论则是全面素质评价的基础。

4.5.2　APM理论

APM素质模型理论将人的素质分为三大类，分别是能力类（Ability，A），简称"能不能"；个性类（Personality，P），简称"合不合"；动力类（Motivation，M），简称"愿不愿"。

APM理论中的能力A是指用来鉴别一个人能不能做好某项工作的心理特征，这里的能力既包括知识、经验、技能，也包括潜在的能力，简称"能不能"。"能不能"是说明一个人会不会工作的问题。

APM理论中的个性P是指个体对现实的稳定态度和与之相适应的习惯化了的行为方式的个性心理特征。个性是一个人在其成长过程中受到各种因素影响逐渐形成的，个性一旦形成，具有相对的稳定性，不容易改变。个性本身并无优劣高低之分，由于个性是习惯化的行为方式，因此不同的行为习惯（方式）对不同的工作就有不同的适合性，所以说个性对工作行为的影响是合适不合适的问题，即"合不合"的问题。

动力是激发个体从事某项工作或者完成某项任务的内在动力，是较为深层次的素质。APM素质模型中的动力M分为价值观和职业兴趣两个方面。

价值观是指个体对周围客观事物的意义、重要性的总体评价和看法，通过人们的行为取向及对事物的评价、态度反映出来，是驱使人们行为的内部动力，它对一个人的生活方式、职业选择和工作行为等方面都会产生重要甚至是决定性的影响。

职业兴趣是指个体从事相关工作的愿望和兴趣，是组成职业动机的重要因素。大部分成功者都是那些既具备一定的能力，又对所从事的工作真正感兴趣的人。在一个人的职业早期，兴趣是比较大的动力来源之一。

4.5.3　通用人才素质APM模型

通用人才素质APM模型如图4-7所示。

图4-7 通用人才素质APM模型

通用人才素质APM模型中的能力分为三类：专业能力、基础工作能力和基本潜能。专业能力指的是个体在从事特定工作过程中必须具备的专业知识和技能。基础工作能力指的是个体独立完成工作要具备的最基础的能力。基本潜能指的是个体所具有的潜在能力，反映个体能力发展的可能性。

模型中的个性主要选取了与工作情境相结合、在工作中较为常见，并且影响工作绩效的工作个性。诺姆四达工作个性测验包括成就性、支配性、信任性、乐观性、自律性、决断性、合作性、焦虑性、创新性、坚韧性、社交性、灵活性、情绪稳定性、独立性、正直性、抗压性、主动性、秩序性、进取性、责任性、宽容性、细致性、自信心、幻想性等30个指标。

模型中的动力则由职业兴趣和工作价值观构成。职业兴趣指的是个体在从事某类职业活动中具有的稳定而持久的心理倾向，是个体兴趣在职业上的反映。工作价值观是指个体对工作和与工作相关的各个组织侧面所持有的价值偏好，包括风险偏好、独立自主、尊重认可、人际关系、学习成长、条件待遇6个方面。

4.5.4 管理者素质APM模型

管理者素质APM模型如图4-8所示。

管理者的能力分为三层，即业务能力、管理能力和管理潜力。业务能力是指管理者解决具体业务问题的能力，分为专业能力（如人力资源、市场、营销），运营能力（如行政、财务），技术能力（如研发、设计、制造），战略能力四大类。管理能力是指行使管理职能时应该具备的基本技能，包括计划能力、组织能力、协调能力、控制能力、决策能力和激励能力。管理潜力有6个方面，即抓重点、发现规律与预测结果、结果导向、突破常规、全局观、创设沟通平台。

图4-8 管理者素质APM模型

管理者个性可以用领导者个性测验进行测评,分为管理意愿、勇担责任、开拓创新、开放包容、心理调适5个方面共16种人格特质指标,包括自信心、责任性、自律性、进取性、合群性、灵活性、独立性、支配性、主动性、外向性、情绪性、创新性、宽容性、坚韧性、内控性、成就性。

管理者的心理需求分为5个层次,即物质回报、组织归属、获得尊重、自我实现、理想抱负。管理价值观则包括信念坚定、敢于担当、成就他人、实干、诚信、公正6个方面。

【延伸阅读】 人才测评进入"全面人才评价"时代①

中国人才测评的发展经历了三个阶段:

第一,测评工具时代。主要解决测评工具和技术有没有、适不适合的问题。这一阶段的主要目标是开发出核心的测评工具,包括基础的心理测验量表、题库建设等。通过学习引进、消化吸收和自主创新等多种方式解决了基础测评工具和技术问题,从而提高了对人才特质进行量化测定的准确性问题,即客观化、定量化的问题。

第二,人才标准时代。主要解决人才标准的建立和具体化、可操作化的问题。当测评工具逐渐丰富、测量的准确性提高以后人们发现,如果没有人才标准或者标准模糊不清、不准确,即使测量的精度再高,要想对人才做出准确的综合评价仍然很难。所以,对人才标准的研究就成为人才测评领域的核心工作内容。逐渐形成了以任职资格、素质模型和胜任力模型为主要形式的人才标准。人才标准在素质层面有一定的共同性,但是在胜任力和任职资格层面却极具行业、企业和岗位的特色。

第三,全面应用时代。主要解决人才评价与人才管理体系的匹配、评价系统化的

———————

① 作者苏永华,2017年10月。

问题。随着全面人才管理时代的来临，人才测评则进入"全面人才评价时代"。

全面人才评价是指对全部人才的一贯表现和全部工作的评价，以全面满足组织和人才双向需求为目的，全面融入组织人才战略、人才配置、人才激励和人才发展等人才管理全流程，并贯穿于人才职业发展的全周期。其包括评价对象的全面性、评价内容的全面性、评价过程的全面性和评价主体的全面性四个方面。

1.评价对象的全面性

评价对象的全面性是指全面人才评价要求对全部人才进行评价。其主要包括领导与管理人才、技术人才、技能人才、潜力人才、大学生人才五大类人才。

2.评价内容的全面性

（1）全面素质评价

素质是指一个人所具有的稳定的心理特征。人的素质状态对个体工作的适应性、工作业绩、人生成就确实有深远的影响。实践证明，用局部素质评价（比如智商或情商）对一个人的工作状态和业绩进行预测的有效性是不高的，必须要对一个人的素质进行全面的、综合的评价，具体内容参考"全面素质评价APM理论模型"。

（2）全面行为评价

全面行为评价主要是指对影响岗位绩效的关键行为的评价。通常的做法就是进行胜任力评价，所谓胜任力模型是指用行为方式来定义和描述绩优员工所需要具备的关键能力。由于胜任力模型是从行为上区分绩优的员工与普通员工，具有较高的预测效度和导向作用，所以胜任力模型评价深受企业的欢迎。

全面行为评价对于组织管理的意义更直接，因为行为是稳定的、可观察的，而且行为还是可以塑造的，可以通过制度、流程、训练来完成对行为的强化和矫正。组织正是通过一系列的管理措施包括文化建设活动等来塑造人的行为，实现改造人、培养人的目标。

（3）全面绩效评价

在绩效评价领域，以KPI（包括MBO、BSC）为代表的绩效评价方法是当前的主流思想。KPI对于一个组织或团队绩效评价比较适合，对个人绩效评价的能力越来越弱，因为在现代的组织中，最终的绩效结果往往是一个群体共同努力的结果，很难将组织的绩效结果拆解到每一个成员的身上，如果强制分解，则会引发多种矛盾和问题，与组织管理的目标相悖，甚至会出现"绩效主义毁了索尼"之类的感叹。

CMF（Comparable Multi-Factor Performance）理论，它的全称是可对比的多维度绩效评价理论。CMF理论是全面绩效评价的基础理论，它把现有的考核工具进行了融合创新，能够比较好地解决团队绩效与个人贡献的关系，潜绩与显绩的关系，以及组织之间、团队之间、个人之间的横向可比性等问题。

3.评价过程的全面性

评价过程的全面性包括评价活动本身的全面性、评价与人才管理流程全面融合，以及评价伴随人才职业发展全周期三方面含义。

具体的人才评价活动包括评价对象、评价目标、评价内容与标准、评价工具与技术、评价主体、评价活动流程以及评价结果的发布、解释和应用等内容。评价活动本身的全面性是指这些评价活动的组成要素要完整。

全面人才评价强调人才评价活动必须与人才管理活动全流程融为一体，这样才能提高管理的正面效应，避免或减少负面作用。

从人才管理的角度来说，从人才申请进入企业开始直到他离开本企业，除了日常的考核评价外，还需要根据各类人才的不同特点设计适合员工个人需求的测评，如在人才发展的迷茫期、瓶颈期、摇摆期、转型期等都应该有相应的评价，通过对评价结果的反馈来帮助人才克服发展过程中的困难。

4.评价主体的全面性

所谓评价主体是指由谁来对人才进行评价，评价主体主要有政府、用人主体、第三方专业机构、利益相关者。

第三方专业评价有两大优势：第一，客观中立的立场能保证评价结果的客观性和公平性。第二，专业能力和服务能力强。人才评价是一项专业技术水平和服务要求都很高的活动，第三方专业机构在专业能力、工具技术、项目管理、数据支持方面都强于组织内的力量，评价质量有效性高。这也是越来越多的组织青睐第三方评价的原因。

过去由于体制机制障碍，体制内的组织很少接受第三方评价服务，2016年3月，中共中央印发了《关于深化人才发展体制机制改革的意见》，明确提出"发挥政府、市场、专业组织、用人单位等多元评价主体作用，加快建立科学化、社会化、市场化的人才评价制度"。这是中央文件第一次为第三方专业评价机构正名并给予合法的地位。可以预见，未来第三方的专业人才评价机构将成为全面人才评价的重要力量。

本章小结

1.社会知觉是理解他人的过程，是指联结、整合、理解有关别人的信息而去获得他们的准确理解的过程。其中也包括对自己、对人际关系、对社会角色的知觉。

2.造成社会知觉偏差的原因有第一印象错误、刻板印象、晕轮效应、基本归因错误、选择性知觉、知觉防御、投射、定型等。

3.角色知觉是指人对自己所处特定的社会与组织中的地位的知觉。影响角色知觉的因素有角色认知、角色行为与角色期望等。

4.个性也称为人格，是指一个人的整个精神面貌，即具有一定倾向性的心理特征的总和，其中包括个性倾向性（动机、兴趣、理想、信念、世界观）与个性心理特征（气质、性格、能力）。

5.气质的体液说认为人有四种气质类型：多血质、胆汁质、黏液质、抑郁质。气质的高级神经活动类型说认为相应四种气质类型的高级神经活动类型分为：强而不平衡型；强而平衡，灵活性高；强而平衡，灵活性低型；弱型（抑制型）。

6.性格的心理学类型说有内倾型和外倾型性格论和场独立性和场依存性类型说。性格的特质理论强调三个特质维度：内外向、神经质与精神质。

7.能力是成功完成某种活动所必须具备的个性心理特征。能力分为一般能力与特殊能力。作为能力的智力结构包括单一因素、二因素、三因素及群因素等不同能力结构。

8.大五人格因素的五项维度为：外向性、情绪稳定性、宜人性（随和性）、尽责性（责任心）、经验开放性。其中，尽责性（责任心）和情绪稳定性对工作绩效的影响最大。

9.胜任力是个体在工作中取得高绩效所需要的知识技能、能力以及其他特征的组合。胜任力是一种管理综合才能。胜任力在招聘与选拔、薪酬管理、绩效考核、人才与培训中得到了广泛的应用。

10.对人才进行全面素质评价是社会发展的必然趋势，APM理论为全面素质评价提供了理论基础，通用人才素质APM模型和管理人才素质APM模型为具体的人才素质评价活动提供了重要参考。

复习思考

1.论述社会知觉的内涵及其重要性。
2.讨论造成社会知觉偏差的各种原因及其对工作绩效的影响。
3.解释气质的体液说与气质的高级神经活动类型说。
4.简述性格的心理学类型说与特质理论对性格的分类。
5.试述能力在管理工作中的意义。
6.说明大五人格因素的维度结构及其对管理的意义。
7.论述胜任力概念的实质内涵及其在管理诸领域中的实际应用。
8.试述APM模型理论在人才评价中的价值和意义。

激励理论与管理（上）
——内容型等激励理论

学习目标

1.定义激励并说明其在管理中的重要性

2.解释"行为是个体强化经验的产物，受到奖励的行为在未来更可能实现"

3.理解为提高激励水平，根据需要层次论可给出哪些建议

4.双因素理论如何应用于现实社会中，即既要考虑到激励因素，又要考虑到保健因素

5.理解成就需要与成就动机对个人事业成功的重要意义

5.1 激励的一般概念

5.1.1 激励的含义

在西方"管理心理学"与"组织行为学"中，将激励称为工作动机（Job Motivation）。激励在此有三种意义：其一，一个人在做某件事背后的动机是什么，即驱使某人做某事的原因何在；其二，一个人做这件事的动机有多强，即做事的渴望程度、准备程度；其三，一个人做事的行为表现及个人行为努力的程度。

工作动机是指引导一个人参与特定行为的内在状态。动机与行为的方向、强度和持续性密不可分。持续性指的是对一种行为连续不断的投入，持续努力完成某事。

在激励人们努力工作的动机中，薪酬只是其中之一。除福利、住房等有形需求

外，还有无形需求，成就感就是一种无形需求。比尔·盖茨曾说过的"激励他的是挑战和对学习新事物的渴望"正是一种证明。在此，激励与工作动机为同义词，即寻找驱使人们努力工作的力量来源、心理状态与行为结果。

5.1.2　激励的概念

"激励"一词作为心理学术语，指的是持续激发人的动机的心理过程。通过激励，在某种内部或外部刺激的影响下，使人始终处在一种兴奋状态中。激励是指引起个体产生明确的目标指向行为的内在动力。

将"激励"这一概念用于管理，就是通常所说的调动人的积极性的问题。

当前，我国建设实践的关键之一就是要有效地调动人的积极性。调动人的积极性的各项措施，按其实质来说就是各种业已形成的激励手段。

一个有效的激励手段必然是符合人的心理和行为活动的客观规律的；反之，不符合人的心理活动和客观规律的激励措施就不会达到调动人的积极性的目的。

激发人的动机的心理过程的模式可以表示为：需要引起动机，动机引起行为，行为又指向一定的目标。这说明，人的行为都是由动机支配的，而动机则是由需要所引起的，人的行为都是在某种动机的策动下为了达到某个目标有目的的活动。

需要、动机、行为、目标这四者之间的关系可以用图5-1来描述。如果将图5-1改画成为图5-2的形式，那么，这就是一张典型的人类行为的模式图。

图5-1　需要、动机、行为、目标之间的关系

图5-2　人类行为的模式

从心理学的角度分析激励过程，实质上就是要处理好三类变量之间的相互关系。这三类变量是指刺激变量、机体变量和反应变量。

（1）刺激变量，是指对有机体的反应发生影响的刺激条件，其中包括可以变化与控制的自然与社会的环境刺激。

（2）机体变量，是指有机体对反应有影响的特性，这些都是被试体本身具有的特征，如性格、动机、内驱力强度等。

（3）反应变量，是指刺激变量和机体变量在行为上引起的变化。

由此分析，图5-1和图5-2中的需要和动机都是属于机体变量，行为是属于反应变量，外界的目标实际上是刺激变量。

人的行为的激励过程，实际上就是要使刺激变量引起机体变量（需要、动机）产生持续不断的兴奋，从而引起积极的行为反应，当目标达到之后，经反馈又强化了刺激，如此周而复始、延续不断。

5.1.3 激励的基本特征

关于激励过程的分析一般涉及以下三个方面：激励的动力，激励行为的指向，激励行为的保持。

激励包括唤起、指向以及对朝向一个目标前进的行为的维持。

唤起是指行动的驱动力、能量；指向是指选择，行为的指向；维持是指坚持多长时间。由此可见，激励是指唤起、指向、维持通往某一目标行为的过程。

激励的三要点表明，激励不等同于工作绩效，激励过程的核心阶段可用图5-3表示。

图5-3 激励过程的核心阶段

从图5-3中可见，激励过程起始于个体对需要的判别（第一阶段），需要是动力之源，它会使个体处于紧张状态（第二阶段），从而促使个体采取措施以减轻或消除紧张状态。激励是有目标指向的（第三阶段），目标是个体力求达成的特定结果。追求上进的员工常常通过出色地解决组织所面临的难题而获得领导的赏识（第四阶段）。升职与加薪是组织激励个体行为的两条主要途径，也是向员工传递其行为是否恰当的重要反馈信息（第五阶段），当员工受到奖励或惩罚时，就会主动修正其需要（第六阶段）。

应该指出，激励过程的内容在不同的社会体制下是有区别的，但就其形式而言，上述的激励过程模式在一定程度上反映了人类行为和心理活动的共同规律。心理学的研究已证实了这样一些客观的规律性：人的意志行动开始于需要以及由需要而引起的动机。具体说来，人受到刺激产生了需要，需要不满足时，引起心理紧张，成为寻找目标以满足需要的驱动力，由此而激发了动机。因此，从需要着手来寻求激励是符合心理规律的有效途径。

当然，支配行为的动机除需要外，还有愿望、意志、情感、兴趣、价值观等。人们在生活实践中，在某种需要的基础上，还产生了各种各样的社会情感、兴趣、信仰和理想，最后形成了世界观。由世界观而决定的思想、信念等，都将成为人们行为的动机，驱使人们去行动。

5.1.4 激励的意义

1.激励是生产力的促进剂、推动剂

构成生产力因素的人是指掌握一定的文化、科技知识与劳动技能，并且具有极高的积极性、工作热情，在实际生产劳动中能发挥其创造力和智慧的人。激励是生产力的促进剂、推动剂。

2.激励是以人为中心的管理思想的主要管理职能

现代企业管理正在从以物为中心转向以人为中心，越来越突出人的作用和力量。人是管理的主体，激励是管理的核心。

总之，正确地认识激励理论、模式，不失时机地采用适当的激励方法与手段，对各级管理人员具有很大的指导作用，可以避免决策失误。

5.1.5 领导者要重视激励

企业的物化过程是投入与产出，它要求企业经营者以最少的投入获取最大的效益。在我国，员工教育、员工的思想政治工作、各种物质与精神激励手段的应用等，都是企业的投入，是企业高效运转的极其重要的组成部分。只有依靠这些适当、适时的企业投入，才能有产出高效的企业，即取得明显的社会与经济效益。

哈佛大学教授威廉·詹姆斯在一次员工激励调查中发现，按时计酬的员工只要发挥20%~30%的能力就可以保住饭碗，如果给予充分的激励，那么他们的能力可发挥到80%~90%。这说明，随着科学技术的不断进步和生产过程的日趋复杂，单靠机器设备并不能增加生产，激发员工的创造性和革新精神显得越来越重要了。

在当今国内外企业竞争日趋激烈的情况下，企业为了生存和发展，不断提高自己的竞争能力，必须最大限度地激励全体员工，充分挖掘人力资源的内在潜力，促使更多的人能够自觉自愿地为实现组织目标而奋斗。

西方国家许多成功的范例说明，只有采取各种合理的物质与精神激励的手段，才能真正发挥员工的潜能，调动起员工的持久高涨的积极性。

日本松下电器产业株式会社创始人松下幸之助指出，只有先熔铸出"松下人"，才能研制出"松下的商品"。

美国的大型企业——国际商用机器公司（IBM）是世界上经营好、管理成功的公司。该公司采用了一系列尊重人、信任人的激励手段。其将尊重人、信任人视为公司的第一宗旨。该公司创始人沃森曾经说过："我希望IBM公司的推销人员受人敬佩，我想让他们的妻子和孩子们为自己的丈夫和父亲所从事的职业感到自豪。"他认为，公司最大的财富是人，而不是金钱或者其他的东西。IBM 公司的所有经理都懂得人们对工作满意的价值和不断调动积极性的必要性。因此，超群的贡献会得到表彰、鼓励和报酬。

法国有一句古老的谚语："一个人累了也能再走完一段很长的道路。"但是，这需要调动人本身的动力与受到外界的鼓励。激励的作用，就是鼓励人们在这条道路上走下去，直到实现组织目标。IBM 公司的前营销副总裁巴克·罗杰斯深知 IBM 公司取得成功的一切奥秘，他认为一个优秀的领导者就是一名鼓动者，是一个靠自己的言论和行动来激励人们做出最出色的工作的人。

5.1.6　心理学路线的激励理论分类

心理学路线的激励理论可分为以下五类：

一是早期的动机激发理论。

二是行为主义激励论（新、老行为主义激励论；强化理论，又称行为修正激励论）。

三是综合激励论（勒温的场动力论与波特和劳勒的综合激励模式）。

四是认知派激励论。认知派激励论又有以下分类：

（1）内容型激励理论，其包括：

①需要层次论（马斯洛）；

②生存（Existence）-关系（Relatedness）-成长（Growth）需要理论（阿德弗）；

③成就需要（成就动机）论（麦克利兰等）；

④双因素（激励保健）理论（赫茨伯格）。

（2）过程型激励理论，其包括：

①期望理论（弗鲁姆）；

②公平理论（亚当斯）；

③目标理论（德鲁克等）；

④归因理论（海特等）。

五是认知评价理论。

现代激励理论的分类如图5-4所示。

近年来激励理论的结构体系并未有多大变化，一些新发展的激励理论与内容都将在本章中补充阐述。

图5-4 现代激励理论的分类

5.2 强化理论与管理中的奖励和惩罚

5.2.1 操作性条件反射与强化理论

美国新行为主义者斯金纳（B.F.Skinner）1938年在《有机体的行为》一书中，提出了操作性条件反射的学说。这一学说认为，人类的许多行为是具有操作性、工具性的。人由于某种需要而引起探索或"自发的"活动，在探索的过程中，若一种偶发反应成为达到目的的一种工具，人就学习利用这种反应去操纵环境、达到目的、满足需要。由于这种反应是达到目的的工具，因此称之为工具性条件反射，也称为操作性条件反射。

操作性条件反射是一种反应型条件反射，个体只有在强化的条件下才会形成这种反射。在操作性条件反射中强化取决于反应，不取决于对刺激的感知，学得的反应会因强化的增加而增加，也会因强化的减弱而消退。由此，可以得出行为是个体强化经验的产物。

5.2.2 行为修正激励与正、负强化

将操作性条件反射与强化理论应用于管理，就产生了行为修正激励论。行为修正激励论表明，当行为的结果有利于个人时，行为就会重复出现，这就起到了强化激励的作用。如果行为的结果对个人不利，这一行为就会削弱或消失。

对人的某种行为给予肯定和奖赏，使这个行为巩固、保持、加强，这叫正强化；对于某种行为给予否定和惩罚，使之减弱、消退，这叫负强化。正、负强化都是强化的方式和手段，应用得当，就可以对人的行为进行定向控制和改造。

图5-5是强化概念模式图，其中形象地显示了正、负强化的含义。

图5-5　强化概念的模式

5.2.3　有效奖励的实施方法

1.创造有效奖励的心理气氛

奖励先进要特别注意环境的心理气氛。在一个平淡气氛中奖励一个人，这种奖励对此人和其他人只能起保健因素的作用。如果能创造受奖光荣的浓厚的心理气氛，那么在这种气氛下，奖励对被奖励者与其他人都有极为强烈的激励作用。

2.奖励对象要有真正的先进性

奖励先进是为人们树立一个学习的榜样和追赶的目标，就是激发人们的进取意识，使人产生向先进人物学习的积极、良好的心理倾向。为此，奖励对象要有真正的先进性，切忌弄虚作假。

3.奖励要注意时效性

行为修正理论强调"即时反馈"，就是要让人们及时知道自己行为的结果，只有这样才能够给人们以鼓励和信心，鞭策人们继续努力。相对而言，"延时反馈"也就是相隔相当长的时间之后，再让人们知道行为的结果，这时的激励力量就会相应减弱，而且缺乏活力。因此，管理者应强调奖励的时效性，赏罚都应及时。

4.奖励的内容应该多样化

奖励内容与形式要真正符合人们的需求，并富有时代性、多样性，这样才能使更多的人受到真正的激励。

我们认为，传统奖励的标准应该继承与发扬光大，但是在新形势下固守原有标准而不思权变，不会获得最佳的奖励效果。因此，在新时期，我们必须树立权变的奖励标准观。

5.2.4　惩罚的负效应和有效惩罚的实施方式

1.惩罚的负效应

惩罚作为一种负强化，也有积极的激励作用，只是所用方式和手段与奖励有所不同而已。

惩罚相对奖励而言，方式、方法更难掌握，如果惩罚措施不当就会引起人们心理上的不满和情绪上的消极反应，出现行为上的对抗。

惩罚的负效应表现为惩罚可以让不想要的行为不再发生，但是潜在的负面效应是很严重的（如图5-6所示）。

图5-6 惩罚的潜在负效应

由图5-6可见，惩罚可以导致一些事与愿违的情绪反应。比如，因为多休息一会儿而遭到责备的员工可能对管理者和组织产生愤怒的反应，这些反应可以导致有损组织的行为发生。怠工就是典型的以惩罚为中心的管理体系的结果。

惩罚通常只能在短期内压制不想要的行为，而不能消除它。要长期压制不想要的行为，就会要求持续的也许是逐步严重的惩罚。同时，另一个问题是，对不想要的行为的控制也要看管理者是否在场，当管理者不在场时，员工的不想要行为就可能复发。

另外，被惩罚的个体可以设法回避或逃避这种情境。从组织的观点来看，如果员工是在回避一项特别的、必要的任务，这种反应可能就是不可接受的。高旷工率是一种回避反应，当经常使用惩罚时，它就可能发生。辞职是员工最后的一种逃避形式，依靠惩罚的组织就有可能出现员工的频繁辞职，形成高流动率。一定的流动率是必要的，但是过高的流动率对组织就有害了，有能力的、高技能的员工可能因受到挫折而离开公司，而招聘、培训的代价是高昂的。

2.有效惩罚的实施方式

当前，许多企业对违纪员工采取了一些经济制裁的措施，这对强化劳动者的劳动纪律意识有积极的意义，对提高生产效率也起到了一定作用。但是，在采用惩罚手段时必须特别注意以下两点：

（1）惩罚与批评的形式要多样化

人们对于惩罚和批评有着本能的对抗心理，为此，针对不同人的情况，可采用不同的批评方式。

①直接批评：对能够听取意见者，直截了当地提出批评。

②间接批评：通过对某事的批评，旁敲侧击地间接批评某事、某人。

③暗示批评：不直接点穿，而实际上暗示为某人所为，这种批评方式可以让人们意会到。

④对比批评：通过表扬好的，达到实际上批评坏的的目的。

⑤强制批评：对于明显有害的事与人，要强制批评，责令其立即改正错误。

⑥商讨批评：用对话方式，商量式地提出问题、指出问题，使对方心悦诚服。

⑦分段批评：若被批评对象不轻易接受别人意见，就要有耐心，逐步提出问题，等对方态度有所转变时，再加重批评的分量。

（2）惩罚时同样要做到严中有情理

众所周知，多用、滥用经济制裁的惩罚方式会加重人们的抵触情绪。奖惩都不是目的，而是调动员工积极性的手段，故在采取惩罚手段时，既要坚持原则，又要做到严中有情、有理，使人们口服心服、知过改正。另外，领导者在使用惩罚手段时必须持有善意，学会以理服人；处理时要适当，即轻重适当；对所有被罚者要一视同仁，不能厚此薄彼；要强调冷静对待，以冷处理方式为宜等。

5.3　内容型激励理论

内容型激励理论更注重研究那些影响行为的变量的性质，忽视这些变量影响行为的过程以及这些变量之间的相互作用。例如，研究人们需要什么特殊的报酬，需要满足人的哪些基本需要，什么样的刺激是最有效的等。需要层次论（Need Hierarchy Theory）、双因素理论（Two Factor Theory）、成就需要论（Need Achievement Theory）等都属于内容型激励理论。

5.3.1　马斯洛的需要层次论与阿德弗的成就需要理论

1.需要层次论概述

马斯洛（Abraham Harold Maslow，1908—1970）是一位美国心理学家，早期曾从事动物社会心理学的研究。1940年，他在美国社会心理学杂志上发表《灵长类优势品质和社会行为》一文，之后转入对人类的社会心理学研究。1943年，他出版《人类动机的理论》一书，1954年出版《动机与人格》一书，1962年又出版了《存在心理学导言》一书。

马斯洛在其《人类动机的理论》一书中，阐述了人的基本需要可以分为五个层次，扼要地说，就是生理需要、安全需要、社交需要、尊重需要和自我实现需要。

（1）生理需要（the Physiological Needs）。马斯洛认为，属于基本生理需要一览表内的项目很多，如食、住等。当一个人受某种生理需要支配时，他的理想的境界就会变化。例如，长期处于极端饥饿状态的人，他的追求目标首先是食物，为此，生活的目的就是填饱肚子。但是，一旦这种需要满足了，"食"就不再是一种追求了。

（2）安全需要（the Safety Needs）。马斯洛认为，人们喜欢一个安全的、有秩序的、可以预测的、有组织的世界，在那里人们有所依靠，不会发生意外的、难以控制的或其他危险的事情。

安全需要的含义是广泛的，从世界和平、社会安定直至个人安全。人们希望有一个和平、安定、良好的社会环境，在这个社会中，健康、正常、幸运的人的安全需要基本上可以得到满足，不会受到犯罪、谋杀、专制等不安全因素的威胁。

现实社会中不安全因素到处存在，交通事故与工矿事故时有发生，谋杀、偷盗等案件也会出现，为此，保障与满足人的安全需要仍然具有现实意义。

（3）社交的需要（the Social Needs）。马斯洛认为，社交的需要是指个人对爱、情感和归属的需要。个人在生活中会感到需要朋友、爱人、孩子，渴望与同事之间建立深情厚谊。

爱应该包括两个方面——给别人爱和接受别人的爱。现实社会中，要搞好人际关系，不能简单地就事论事，而应该有感情与爱的因素。

（4）尊重需要（the Esteem Needs）。马斯洛认为，社会上所有的人都希望自己有稳定、牢固的地位，希望得到别人的高度评价。尊重需要包括希望别人尊重自己，自己也表现出非常自重、自尊。

尊重需要分为两类：一类是希望有实力、有成就、能胜任、有信心，以及要求独立和自由；另一类是要求有名誉和威望，受到别人的赏识、关心、重视或高度评价。

现实社会中，人的尊重需要的满足会使人有自信的感觉，觉得在这个世界上有价值、有实力、有能力、被需要。一旦人的尊重需要受到挫折，就会产生自卑感、软弱感、无能感，最后导致失去基本的生活信心。

（5）自我实现需要（the Needs for Self-Actualization）。"自我实现"这个词是库尔特·戈尔德斯泰因（K.Goldstein）首创的。马斯洛在使用这个词时有所限定。

马斯洛认为自我实现需要是指促使人的能力得以实现的趋势，这种趋势就是希望自己越来越成为所期望成为的人物，完成与自己的能力相称的一切事情。为此，音乐家必须演奏音乐、画家必须绘画、诗人必须写诗，这样才会使他们感到最大的快乐。是什么样的角色就应该做什么样的事，我们把这种需要叫自我实现。

自我实现就是使人的潜能现实化，也就是说要使这个人成为有完美人性的人，成就这个人能够成就的一切。

自我实现这个概念是演绎性的，包括心理健康、自主性、创造性等。这说明，在人的内部存在着一种向一定方向成长的趋势或需要，这个方向一般可以概括为自我实现或心理的健康成长。

在现实社会中，人的高层次需要应该是自我实现。人们会千方百计地通过工作实践，将自己的潜能现实化。现代人应该不断地希望、向往和有所追求，使自己成为一个比较完美的自我实现的人。

2.需要各层次间的相互关系

在马斯洛看来，人类价值体系中存在两种不同的需要：一类是沿生物谱系上升方向逐渐变弱的本能或冲动，称为低级需要和生理需要；另一类是随生物进化而逐渐显现的潜能或需要，称为高级需要。

这两类需要的关系表现为：

（1）这五种需要像阶梯一样从低到高，但这种次序不是完全固定的，可以变化，也有种种例外情况（如图5-7所示）。

图5-7　人的基本需要

（2）一个层次的需要相对地满足了，就会向高一层次发展。这五种需要不可能完全满足，越到上层，满足的机率越低。

（3）同一时期内，可以同时存在几种需要，因为人的行为是受多种需要支配的。但是，每一时期内总有一种需要是占支配地位的。

图5-8表明，任何一种需要并不会因为下一个高层次需要的发展而告消失，各层次的需要相互依赖与重叠，高层次的需要发展后，低层次需要仍然存在，只是对行为影响的程度减轻了而已。

图5-8　需要各层次间的相互关系

（4）需要满足了就不再是一股激励力量。

3.需要层次论在企业管理中的作用

一些西方管理心理学家宣称，马斯洛的需要层次论能够帮助企业家管理好他们的企业。表5-1就是一张需要层次论同管理制度与措施密切结合的参考表。

表5-1　　　　　　　　　　**需要层次论与管理制度与措施相关表**

需要的层次	诱因（追求的目标）	管理制度与措施
1.生理需要	薪水，健康的工作环境，各种福利	身体保健（医疗设备）、工作时间（休息）、住宅设施、福利设备
2.安全需要	职位的保障，意外的防止	雇佣保证、退休金制度、健康保险制度、意外保险制度
3.社交需要	友谊（良好的人际关系）、团体的接纳与组织的一致	协谈制度、利润分配制度、团体活动制度、互助金制度、娱乐制度、教育训练制度
4.尊重需要	地位、名分、权力、责任，与他人薪水之相对高低	人事考核制度、晋升制度、表彰制度、奖金制度、选拔进修制度、委员会参与制度
5.自我实现需要	能发挥个人特长的组织环境，具有挑战性的工作	决策参与制度、提案制度、研究发展计划、劳资会议

4.生存-关系-成长（成就）需要理论

阿德弗（C.Alderfer）对相关人员进行大量调查研究后得出结论：一个人的需要不是分为五种，而是三种，即生存需要（Existence Needs）、关系需要（Relatedness Needs）、成长需要（Growth Needs）。因此，他的三种基础需要理论也被简称为ERG理论。

阿德弗认为：

（1）生存的需要是最基本的。生存的需要是指人在衣、食、住、行等方面的物质需要。这种需要只有通过钱才能满足。

（2）相互关系和谐的需要。这种需要相当于马斯洛理论中所说的社交需要。当一个人的工资已经满足他的基本生存需要之后，他就希望在与上级和同级的相互关系上处理得更好。当一个人对他的工资不满意时，对归属方面的需求就小些。

（3）成长的需要。当相互关系和谐的需要满足后，就会产生成长的需要。这种需要是指个人在事业上、前途发展方面的需要。

阿德弗还认为，作为一个企业的管理人员，应该了解员工的真实需要。这种情况可由图5-9来说明。

图5-9　阿德弗的需要与工作成果的关系

图5-9中员工的需要可分为三类，各人有不同的需要。各人不同的需要会导致他们工作中的不同行为表现，最终也决定了他们不同的工作结果。这些结果可能满足他们的需要，也可能不能满足他们的需要。

管理人员想要控制下属的工作行为或工作表现，首先要了解他们的真实需要，通过控制工作结果（使之成为能满足下属需要的资源和报酬）来控制他们的工作行为。如果管理人员不能控制那些对下属人员的需要起作用的工作结果，那么，他们也就不能影响下属的工作行为。

5. 马斯洛理论与阿德弗理论的异同

马斯洛理论与阿德弗理论之间有如表5-2所示的相同点和不同点。

表5-2 **马斯洛理论与阿德弗理论的异同**

	马斯洛的需要理论	阿德弗的需要理论
相同点	1. 人的需要分为五个层次	1. 人的需要分为三种
	2. 这五个层次的需要由低到高逐步发展上升，同时也相互联系	2. 这三种需要一般来说由低到高逐步发展，同时又是相互联系的
不同点	1. 人类有五个层次的需要，它们是生来就有的，是内在的、下意识的	1. 人有三种需要，这些需要不完全是与生俱来的，有的需要是通过后天学习产生的
	2. 人的需要按照严格的层次，由低级到高级逐步上升，如果越级上升，那就是不正常的	2. 人的需要并不一定严格地按照由低到高逐级发展的顺序，可以越级，如人可能在没有归属的情况下先产生成长需要
	3. 人的需要只存在由低到高的上升情况，不存在由高级的需要后退到低级需要的情况	3. 人的三种需要既是由低到高向上发展的，也存在一旦遇到挫折就下降的情况，如人得不到好的相互关系，就下降为追求生存需要

6. 对需要理论的评价

西方管理心理学对马斯洛的需要理论的评价是各不相同的。总的来说，既重视这一理论，又指出了这一理论的不足之处。美国管理心理学家列维特（H.J.Leavitt）认为，尽管人们对于马斯洛理论的有效性和科学性存在着经常性的争论，但它对于管理者而言仍可成为一种思考的工具，似乎其优点总是超过它存在的问题。

为了正确评价马斯洛的需要理论，必须联系他的基本哲学观点和人本主义的心理学观点，这样才能客观、历史地考察一种理论产生的思想根源、历史背景，它在一定时期的进步作用及其局限性。

（1）人本主义心理学与马斯洛的需要理论

人本主义心理学的渊源可追溯到古希腊以至现象学和存在主义的发展。人本主义的观点现已为许多国家如比利时、荷兰、意大利、法国、瑞士和英国的心理学家所接受。

美国早期提倡人本主义心理学思想的是詹姆士（1842—1910）和霍尔（1844—1924），他们都认为科学心理学应揭示整体的人，应探讨人们基于理智的丰富的感情生活，以便了解个体的人性。他们对当时由行为主义心理学所铸就的机械形态的人类行为模式感到沮丧。

20世纪30年代以后，格·阿尔波特和亨·默里竭力鼓吹他们的人本主义的人格理论。他们主张全面理解处在环境关系中的个体，把人看成积极的、独立的、看重未来的整体。

1942年，卡尔·罗杰斯出版了《咨询和心理治疗》一书，阐述了患者的新的主动作用，由此提出了患者中心治疗法。

1943年，马斯洛出版了第一部关于动机理论的著作——《人类动机的理论》。

但是，由于行为主义在美国统治了20世纪上半期，马斯洛与罗杰斯这样的人本主义心理学家一直受到学术界的排斥。

20世纪50年代，人本主义心理学在美国逐渐形成，它是基于对行为主义心理学的不满而产生的，强调以人为中心、以价值为中心，主张现象学和存在主义的心理学著作在这一时期大量出版，比如马斯洛的《动机与人格》（1954）、阿尔波特的《人格的模式和成长》（1955）、穆斯塔克的《自我》（1956）、加德纳·墨菲的《人的潜能》（1958）和科恩的《人本主义心理学》（1958）。

人本主义心理学的基本观点是，人作为一个生物体不是简单地由外界力量或是无意识冲动所控制的，而是受他们自己的价值观和选择性所支配的。马斯洛称这场人本主义运动为"第三势力"，他就是这场运动的发动者。

1961年《人本主义心理学》杂志创刊，1962年美国成立了人本主义心理学会。1968年，马斯洛当选为美国心理学会主席，这说明他所提倡的人本主义观点已在美国心理学界得到承认和重视。1970年，在荷兰的阿姆斯特丹召开了第一次人本主义心理学的国际会议。1971年，在美国心理学会内建立了一个专门的分会——第32分会，即人本主义心理学分会，该分会的宗旨是：应用人本主义心理学的概念、理论和哲学于科学心理学的研究、教育和专业实施上。

人本主义心理学的产生有其深刻的社会原因。20世纪60年代和70年代初，美国正处于激烈的社会变革和精神动荡之中，而人本主义心理学所关注的问题，如人的潜能、成长等问题正是社会所关心的。

人本主义心理学强调，心理学应该是一门关于人的科学，而人不应仅仅是作为客体在行为主义的机械形态模式中成为被操作的对象，而是有感情、有权力的主体。

由此可见，历史地看，人本主义心理学批判行为主义的外因决定论，强调人与动物的差异，强调人的价值、人的内在因素和人的特殊性，在这些观点上是有其进步意义的。

马斯洛的需要理论是一种内容型激励理论，它强调人的不同层次的内部需要是激发动机的主要因素。这种理论强调人的内部需求、思想意识、兴趣、价值等内在因素，批判了人的行为是外部刺激机械决定的行为主义理论，在这个意义上，需要层次论也具有积极意义。

（2）马斯洛需要理论的积极评价

马斯洛的需要层次论有其科学的一面。作为一种激励理论，它在一定程度上反映了人类行为和心理活动的共同规律。

首先，激励理论在很大程度上直接或间接立论于人的需要。心理学已经证实了，人的意志行为开始于需要以及由需要引发的动机。具体说来，人受到刺激产生了需要，需要不满足时，引起心理紧张，这就成为寻找目标以满足需要的驱动力，由此而激发了动机。因此，从研究需要着手来探索激励，是符合心理规律的有效途径。

其次，如果撇开需要的社会内容，就其心理发展的形式而言，马斯洛所概括的生理、安全、社交、尊重、自我实现的基本需要，应该说在任何人群中间都同样存在。

马斯洛阐述的需要分为五个层次并呈逐级上升的模式，虽在国外早有争议，但他所指出的需要层次性和需要由低级向高级发展的趋向，是一般人的共同的心理过程。这一原理在西方国家中已经得到验证。

马斯洛从人的需要出发研究人的行为，这抓住了问题的关键。人们为了生存的需要，为了更好生活的需要，就在这种种物质和精神需要的强有力的推动下，发展了生产力，变革了生产关系，使人类社会不断发展。

马斯洛的需要理论为企业管理指出了调动员工积极性的工作方向和内容，启示人们，任何企业都应从物质和精神两方面去满足员工的合理需要。

此外，按马斯洛的理论，人的需要因不同的情况（人、时、地）而有所不同，为此，要根据不同人的不同需要，有针对性地采取不同的管理措施才能取得效果。

5.3.2　双因素理论及其在我国的应用

1.双因素理论的一般概念

双因素理论是由美国心理学家弗雷德里克·赫茨伯格（Fredrick Herzberg）提出的，他还是著名的管理理论家和行为科学家，其主要论著有：1959年出版的《工作的激励因素》，1966年出版的《工作与人的本质》，1968年在《哈佛商业评论》上发表的《再一次：你怎样激励雇员》，以及1969年在《哈佛商业评论》上与他人共同发表的《丰富工作内容大有好处》等，正是在这些论著中，赫茨伯格阐述了双因素理论的基本观点。

（1）双因素理论的实验基础

20世纪50年代后期，赫茨伯格在匹兹堡心理研究会与同事对该地区的11个工商业机构中的200位工程师和会计师进行了一次调查。调查人员要求这些人回答：他们在工作上何时感到心情舒畅。调查人员探寻他们产生这种心情的原因，要求他们回答导致他们产生这种心情的事件发生的先后顺序。调查人员把他们的回答详细分类，以便考察导致对工作满意和不满意的事件的类型。

赫茨伯格将调查的结果按满意与不满意因素进行了如图5-10所示的综合分析。

图5-10 满意因素与不满意因素的比较

研究的主要成果表明，带来及导致对工作满意与不满意的因素是截然不同的。

带来满意的主要因素有：成就，认可，工作自身，责任感，发展，成长。

导致不满意的主要因素有：企业政策与行政管理，监督，与主管的关系，工作条件等。

赫茨伯格把这些独特的、不相同的要素与对工作满意和不满意的事件联系起来，从而得出结论：这两种感觉彼此并不矛盾，只是它们分别代表了人的不同的需求。

之后，赫茨伯格又对1 600多名属于不同单位、不同企业和组织的雇员进行了12次不同的调查，进而得出结论：对工作满意起作用的主要因素是成长与发展，而对工作不满意起作用的主要因素是环境。

（2）双因素理论的含义

双因素理论实为激励因素、保健因素理论，简称为"双因素理论"。

双因素理论认为，激发人的动机的因素有两类，一类为保健因素，另一类为激励因素。

保健因素又称维持因素，这些因素没有激励人的作用，但却带有预防性，起保持人的积极性、维持工作现状的作用。例如，上述的企业政策、工资水平、工作环境、福利和安全等，皆属于此类因素。在工作中，保健因素能够防止人们对工作产生不满情绪。

激励因素是影响人们工作的内在因素，其本质是注重工作本身的内容，以此提高工作效率，增强人们的进取心，激发人们做出最大的努力。激励因素像人们锻炼身体一样，可以改变身体素质，保持人们的健康，如上述的成就、认可、责任、发展等因素的存在将给人们带来极大的满足。

关于激励因素与保健因素的相互关系问题，赫茨伯格认为，传统的"满意-不满意"的观点（认为满意的对立面是不满意）是不正确的。他认为，满意的对立面应该是没有满意，不满意的对立面应该是没有不满意。

这种观点可用图5-11来表示。

传统观点
满意 •————————————• 不满意

赫茨伯格观点
满意 •————————————• 没有满意

（以上为激励因素）
没有不满意 •————————————• 不满意
（以下为保健因素）

图5-11　激励因素与保健因素的相互关系

由图5-11可以说明，保健因素与激励因素对于调动人的积极性来说都是起作用的，只是其影响的程度不同而已。

20世纪60年代以来，双因素理论越来越受人关注。1973—1974年美国民意研究中心的调查结果显示，过半数的男工都认为工作的首要条件是能提供成就感。此外，把有意义的工作列为首位的人，要比把缩短工作时间列为首位的人多7位。

（3）双因素理论在管理中的应用

图5-12是西方发达国家的员工的需求，其分为两大类：一类是维持性的保健因素的需要，图中外圈所示即为追求的目标，其中包括物质、经济、安全、所处环境、地位、社会性等多种多样的内容。另一类为激励性的高层次需要，图中内圈所示即为追求的目标，其中包括成长、成就、工作、职责、赏识等内容。

2.双因素理论在我国应用应注意的问题

我们要调动员工的积极性，首先得注意保健因素，使员工不致产生不满情绪，但是，更重要的是要利用激励因素去激发员工的工作热情，创造出一流的工作业绩。因此，双因素理论在我国有着很高的应用价值。领导者是创业者、开拓者，如果只顾及保健因素，仅仅满足于员工没有什么意见，大家相安无事，这种企业的领导只能算是守业者。

我们还应该认识到，我国与国外的社会制度、国情、民族传统不同，因而在企业中，哪些因素属于保健因素，哪些因素属于激励因素，与国外的划分是有差异的。就是同一因素，在不同时期也有可能划归不同的范畴，在国外认为是保健因素的内容，在我国很可能仍是重要的激励因素，如工资等。

图5-12　西方发达国家的员工的需求

当前，对低保人员发放生活保障金，物价上涨时发放补贴等都属于保健因素的范畴。

5.3.3　成就需要与管理

1.成就需要的概念

美国心理学家麦克利兰（D.C.Mcclelland，1917—1998）曾于1956—1986年任哈佛大学教授。成就需要理论是他于20世纪60年代提出的。1961年，麦克利兰出版了《有成就的社会》一书，在这本书中系统阐述了成就需要的理论，即成就动机论。

麦克利兰认为，人的基本需要有三种：成就需要、权力需要和归属（亲和）需要。

成就需要是一种内化了的优越标准的成功需要。

由成就需要所诱发的成就动机，是一种特殊的人类动机，在心理学上又称为"A动机"。

凡具有成就需要的人，都有以下的行为特征：

（1）事业心强，敢于负责，敢于寻求解决问题的途径。

（2）有进取心，也比较实际，甘冒一定的可以预测出来的风险，但不是赌博者，而是有进取心的现实主义者。

（3）密切注意自己的处境，要求不断得到反馈信息，以了解自己对工作和计划的适应情况。

（4）重成就、轻金钱，从工作取得成就或者攻克难关中得到的乐趣和激励胜过物质的鼓励。报酬对人来说，是衡量进步和成就的工具，而有成就动机的人，更多的是关心个人的成就而不是成功后的报酬。

2.成就需要与企业绩效的关系

麦克利兰认为，一个企业乃至一个国家的兴旺发达，取决于其具有成就需要的人的多寡。据调查，英国1925年时经济情况良好，此时其拥有的具有高度成就需要的人数在25个国家中名列第5位；第二次世界大战后英国经济走下坡路，1950年再进行调查时，其该项指标在39个国家中只排在第27位。

企业家的责任是将成就需要转化为经济发展的动力。国外曾进行过系列检验企业家的成就需要水平与企业绩效之间的关系的试验。

施莱奇（Schrage）的一项研究报告指出：高成就需要的企业家，会将企业引导到高的利润水平；而低成就需要的企业家，会将企业引导到低的利润水平。这说明，只有高成就需要才能带来高绩效的行为。

威纳（I.M.Wainer）与鲁宾（Ruben）认为，研究和开发企业家的动机是企业成功的因素。为此，两作者着重比较了成就需要、权力需要与归属需要的强度同企业绩效平均增长率的相关性。

试验是在美国波士顿地区51个小的技术性公司中进行的，这些公司的业务为计算机软件、集成元件、特种应用计算机的开发，公司历史为4~10年，试验对象为年龄在36岁左右受过硕士程度教育的企业家，使用的工具为"哈佛大学动机研究小组"的TAT主题统觉测验。试验的结果见表5-3。

表5-3　　　　　　　　　　　**需要强度与企业绩效的相关性**

需要类型	曼–惠特尼U 检验结果的代号	强度	平均增长率
成就需要	A	高（≥9）N=14	0.73
	B	中（4≤X≤8）N=9	0.21
	C	低（<3）N=18	0.36
权力需要	A	高（≥13）N=15	0.38
	B	中（8≤X≤12）N=19	0.47
	C	低（<7）N=17	0.36
归属需要	A	高（≥14）N=20	0.33
	B	中（2≤X≤13）N=18	0.30
	C	低（<1）N=13	0.67

威纳与鲁宾的试验结论是：

（1）权力需要与企业的绩效完全没有关系。

（2）归属需要与企业的绩效甚至会呈现负相关。

（3）在中等和高成就需要等级内，成就需要与企业绩效显著正相关。

由此可见，成就需要是一种更为内化了的需要，这种需要是促使国家、企业取得高绩效的主要动力。

3.成就需要的培训

（1）开设发展成就动机的训练班

麦克利兰曾在联合国工业发展组织的资助下，面向许多国家的企业家等开办了"发展成就动机训练班"。例如，麦克利兰针对美国的一家大公司、墨西哥一些企业的总经理们，印度孟买和安得拉邦的城市卡基纳达的商人们等，举办过系列讲座和开设过系列培训课程，取得了显著的效果。

训练班一般为期7~16天（短期性质），课程设置四个主要目标：

①根据他们17年研究获得的高度成就需要者的知识结构，教导参加培训者如高度成就需要者那样思考、谈论和行动。具体培训方式有编写高成就需要的故事、进行抛环游戏、建立目标等。

②课程促使参加者在接下来的两年中，为自己建立较高的但经过仔细计划和现实的工作目标。对该目标每6个月检查一次。

③课程中也使用由参加者创新出来的方法，这些方法不受旧习惯、态度的束缚。

④让参加者从希望与恐惧、成功与失败的对比中获得一种共同的情绪体验。授课过程中通常也营造一种小组的团队精神，使每个学习者都能得到小组成员的同情和支持。

事实上，这种训练方法同样适用于成就感不足的青少年，为此，麦克利兰也为虽聪明但成就感不足的青少年开设夏季训练班，从而培养青少年的高度成就动机的需要，以便帮助他们日后成为高成就企业家的接班人。

（2）进行心理测验

麦克利兰同时设计了一套心理测验方法，以测验个人成就需要的高低。他运用主题统觉测验原理，让被试者看一张图片15秒钟，然后让他在5分钟内把所看到的图片内容编写成一个小故事，之后将这个故事按照一定标准进行评分。这种测验时间短，被试者来不及深入思考，会根据一刹那的感觉把自己潜在的意识投射到所编的故事中去。

（3）培训的效果

麦克利兰为企业家与青少年所办的训练班取得了非常显著的效果。

凡参加过训练班的企业家都比没有参加过训练班的做得更出色，取得了更好的经济效益，提升得更快，所在企业也得到了快速发展。

此外，在一个训练班中，在训练前，52名参加者中只有9人显示"有不平常的事业心"，仅占17%；经过18个月的训练后，"有不平常的事业心"的人增至25人，已占48%。

青少年训练班的成绩也是显著的，但是，也发现了在不同阶层的青少年中其效果是不同的。例如，中产阶层的孩子参加训练班两年后，成绩稳步改善，社会底层的孩子经训练一年后有了改善，然而一旦回到其父母和朋友不鼓励成就需要和向上努力的环境之中，他们就又回到了原先的状态。

以上结果说明，企业家和一般人的成就动机不是单一、孤立的某种因素的简单结合，而是遗传、环境、教育三种因素综合影响的表现。

人的成就动机能否实现，除本人努力外，环境条件的制约作用是明显的。例如，一旦组织阻碍一个人发挥其积极性，那么这个人成就动机再高，也没有成功的可能。同样，一个有成就动机的人，不能主管实际事务，没有实践的机会，那么即使有高成就需要也是无用的。

这种现象表明，成就动机不是一个人天生的，而更多的是环境、教育、实践的结果。

为了取得高速的经济发展，我们要有计划、有目的地从青少年开始，将成就行动与需要灌输到人们的头脑中去，以此来造就一大批有高成就需要的企业家和各行业的管理者。

5.3.4　内容型激励理论间的相互关系

图5-13将四种内容型激励理论的相互关系进行了表述。

图5-13　内容型激励理论之间的相互关系

生存-关系-成长理论将需要层次论作为其理论基础，因而两者之间具有一些重要的相似性：自我实现与尊重需要构成了成长需要；归属需要与关系需要相似；安全与生理需要则构成了生存需要的基础。这两种理论的主要区别在于：需要层次论提出了基于"满足-上进"原则的静态的需要体系，而生存-关系-成长理论则提出了基于"挫折-退化"原则的灵活的三种需要分类。

双因素理论则源于上述两个需要理论。如果需要层次论中的安全与生理需要得到满足，保健因素的要求就得到满足了；同样，如果生存-关系-成长理论中关系与生存需要的满足未遭受挫折，则保健因素的要求亦得到了满足。而激励因素则注重工作本身以及满足个体更高层次的需要或成长需要。

成就激励论不承认个体低层次的需要，如果个体满足了其工作中的保健因素，则社交需要也就获得了满足。如果工作本身具有挑战性以及为个体的发展提供了机遇，那么就会产生激励作用，上述条件的满足将引导个体实现其成就需要。

【延伸阅读】 　　　　年终奖制度是最落后的制度，你怎么看？[①]

每到年底，针对年终奖，在国内，都会有各种"晒幸福"与各种"吐槽"。在对外公布的华为内部讨论中，一向"一语惊人"的华为创始人、总裁任正非说道："我坚决反对年终奖制度，年终奖制度是最落后的制度，要强调过程奖、及时奖。"在任正非看来，相比年终奖，更应该强调项目奖、过程奖、及时奖。此言论一出，引发了争议。也有文章指出，如果老板能真正关心你的健康，年终奖不要也罢。年终奖制度，是废除还是继续存在，需要一番思量。

2015年的年终奖，不太给力

临近年关，年终奖始终是个绕不过去的话题，在中国传统新年之前，如果能拿到一份丰厚的年终奖，这不仅是对个人一年以来工作业绩的认可，还可以在朋友面前倍有面子，不过猴年的年终奖可能让上班族的心拔凉拔凉的。

智联招聘的调查数据显示，2015年我国企业的年终奖情况不太乐观，2015年年终奖的总体平均值为10 767元，比2014年足足缩水了3 000元。行业经济不景气和公司经济效益降低对年终奖造成了较大影响。2015年整体求职市场变动比较频繁，较多的白领在2015年有了不同的变动，而进入职场的新人也比较多，这些都造成了2015年的年终奖不太给力。

年终奖年年发，企业也是绞尽脑汁，不过员工却并不满意，这也许可以用心理学知识来解释，在完成挑战性任务时，一群支持性观众在场甚至可能会引发个体做出比平常更差的表现，这就是观察者效应（Observer Effect）。被观察的事物会因为观察行为而受到一定程度或者很大程度的影响，而在压力情境下，这种影响常常是负面的。员工对于年终奖抱有很大的期望，希望企业能够发放令人满意的年终奖，这也给了企业一定的压力，在压力之下，给员工带来的不是惊喜，而是失望。

在年终奖之外，更要注重过程奖、及时奖

正如华为的内部讨论中所说，做企业的人都知道，发钱是一个很难的事，发股票更难。在没办法的情况下，股票和奖金基本都发得很"和谐"，拉不开差距，发成了福利。既要兼顾全体员工，又要奖励那些为企业做出重要贡献的员工，对于企业来说，并不是一件容易的事情。年终奖也是如此，一些人力资源管理者称，每年制订年终奖计划，费的心思不亚于办一次春节联欢晚会。

---

① 仇珍珍.年终奖制度是最落后的制度，你怎么看？[J]. 人力资本管理，2016（3）.

在强调"奋斗者文化"的华为，强调让那些有成效的奋斗者分享公司的利润，给予他们奖金与股票：奖金是短期的激励；在奖金之外，通过饱和配股，给予员工股票，享受公司长期发展的利益，则是长期激励。华为也在讨论如何打破事后分配制度，把对员工的激励提前化，比如应该设置过程奖，50%幅度的过程奖在年终前应该发完，没有发完的，到年终就作废，要让部门及时奖励员工，而不是到了年末才奖励员工。

在任正非看来，年终奖是落后的，原因之一是其滞后性，但他没有否定年终奖存在的意义，年终奖不外乎几个目的，第一是激励员工，第二是提升员工满意度，第三是提升雇主品牌的影响力，从而达到保留人才，提升员工敬业度，在下一年创造更好的业绩的目标。但是在年终奖制度之外，企业更需要及时认可员工，将认可与奖励的周期缩短，更加注重在工作过程中给予认可。

年终奖虽然只是企业薪酬福利体系的一个部分，并且大多数都作为激励机制存在，但年终奖作为反映企业单位效益的指标，也会对员工对下一年发展情况的预期造成较大影响。企业在制定薪酬福利体系时，需要多方衡量，不应把它当成每年的固定福利，缺乏创新，而是要做到重点奖励，兼顾平衡，了解员工的真实需求，这样才能使年终奖既能达到激励员工的作用，又能降低员工大规模流动的风险。

在发展势头好的行业，年终奖发放中，豪车、现金、股票一个都不能少，奖金没有上限；而那些节衣缩食、减员裁人的行业，年终奖不免让人心酸。年终奖只是企业激励员工的一种方式，在其他方面做出创新，效果不一定差。

本章小结

1.激励是指唤起、指向、维持通往某一目标行为的过程。激励又称工作动机。工作动机是指引导一个人参与特定行为的内在状态。探索激励过程即寻找驱使人们工作的力量来源、心理状态、行为结果。

2.学得的反应会因强化的增加而增加，也会因强化的减弱而消退，由此可知行为是个体强化经验的产物。强化理论应用于管理，就产生了行为修正激励论，对人的某种行为给予肯定与奖赏，会使行为巩固、保持、加强，这称为正强化；对某种行为给予否定与惩罚，行为会削弱、消退，这是负强化。

3.内容型激励理论包括马斯洛的需要层次论与阿德弗的生存-关系-成长需要理论。马斯洛将人的需要分为五个层次：生理需要，安全需要，社交需要，尊重需要，自我实现需要。

4.双因素理论认为，激发人的动机的因素有两类，一类为保健因素，另一类为激励因素。保健因素又称维持因素，虽无激励作用，但有维持现状的作用。

5.成就需要是一种内化了的优越标准的成功需要。这种需要会诱发成就动机。有成就需要者事业心强，有进取心，重成就轻金钱。

复习思考

1. 为什么领导者要特别重视对员工的激励？
2. 试述有效奖励实施方法的要点。
3. 如何将马斯洛的需要层次论应用至管理中？
4. 如何将双因素理论应用至管理中？

第6章

激励理论与管理（下）
——过程型及其他激励理论

学习目标

1.解释期望理论的实质及其表述方式

2.掌握目标设置对绩效的影响及其重要意义

3.阐明公平与程序公平理论的内涵及其对维护社会公正感的意义

4.说明公平差别阈理论的含义及其意义

5.试述自我效能感理论与个体激励水平的关系

6.了解控制理论与行动理论有什么新的观点

过程型激励理论首先力图找出一些变量来解释人们选择某一任务、做出某一程度的努力，并持续做出努力的行为过程，这些变量主要是刺激、驱力、强化和期望。过程型激励理论还研究这些变量是怎样交互作用来影响某一因变量的。过程型激励理论是阐述人们选择某一特定行为以实现其目标任务的原因的理论。

6.1 期望理论与应用

6.1.1 期望理论的一般概念

期望理论是一种过程型的激励理论，它是由弗鲁姆（V.H.Vroom）在其《工作与激励》一书（1964年出版）中首先提出来的。

这一理论认为，人的固定要求决定了其行为和行为方式。工人的劳动是建立在一定的期望（对未来方向的某种期望）基础上的，这样就可以在个人活动与其结果之间建立某种联系。

6.1.2 期望理论的表述

期望理论中的期望是指一个人对其努力将产生绩效的信心，期望中的努力与绩效之间有着紧密的联系。工具性（Instrumentality）是指取得绩效后期望得到回报。效价（Valence）是指取得报酬对个人的价值。

期望理论提出激励是三种要素的乘法函数，只有当三种因素都高时，才能产生更高的绩效效果；若其中某一因素为零，则整个激励水平将会归零。

期望理论产生于对三种类型的信念的期望。期望理论解释奖励是如何通过聚集于激发动机的内部认知状态而引发的。期望理论的基本观点是，只有当人们相信他们的行为会得到想要的奖励或结果时，动机才会被激发。如果认为奖励不是基于行为的，就不会受到激励去促使行为发生。如果不想要这种基于行为的奖励，就不会受到激励去促使行为发生。

期望理论可用以下公式表示：

$$激励力=期望 \times \sum（效价 \times 工具性）$$

激励力（Force）是个体不得不投入与工作绩效相关的一种特定行为或一系列行为的动机程度，表现为动机。

期望（Expectancy）是个体对自己能够达到某种表现的可能性的主观判断，其值可为0、1.0或0.5。这是一种自信、自尊程度的表现。

效价指的是结果奖励对一个人的价值，是一个人想要或渴望某些事物的程度。尽管人们渴望金钱，但金钱对不同人的效价水平是不同的。

工具性是指个体对特定行为将会得到特定奖励的可能性的主观判断。

期望、效价、工具性和激励力的关系见表6-1。

表6-1　　　　　　　　期望、效价、工具性和激励力的关系

期望	效价	工具性	激励力
高	高	高	高
高	高	低	低
高	低	高	低
高	低	低	很低
低	高	高	低
低	高	低	很低
低	低	高	很低
低	低	低	很低

从表6-1可见，在三种因素——期望、效价、工具性中出现一个低值，则激励力就会变成低值。只有在三种因素的值皆高时激励力才会最高。

6.1.3　期望理论的应用

期望理论在管理中的应用表现为：

（1）让人们清楚地认识他们的努力能产生绩效。

（2）要给予员工积极的效价作为回报，如自助式福利计划。

（3）明确有价值的报酬与绩效之间的联系。这种报酬并非单纯金钱的认可。

期望理论指出，只有通过努力才会达到高绩效，最终获得奖励，这样人们就会去努力工作。

6.2　目标理论与应用

目标理论是一种过程型的激励理论，它在国外被称为现代企业之"导航"。在现代化的企业中，我们更强调通过目标的设置来激发动机、指导行为，使员工需要与企业的目标联系起来，以激励他们的积极性。

为什么目标理论是一种有效的激励手段？目标理论在企业中应该如何应用才最有效？下面我们就来深入探讨。

6.2.1　目标行为的心理分析

目标的激励作用：

人的行为的特点是有目的性。行为有无目的性其结果是不大一样的。一般说来，没有目的性的行为无成果而言，而有目的性的行为其成果最大。

心理学的许多实验表明，漫不经心地练习是没有什么作用的。当人在掌握某种技能时，有无明确的目的与要求，这是区别练习和简单重复的基本特征。练习虽然是多次地完成某一种动作，但并不是同一动作的机械重复。练习是有目的、有指导、有组织的学习活动，而重复本身并没有改进动作方式的目的。因此，有的人虽然天天在写字，但是可能一直写不出好看的字。

在掌握技能的过程中，练习者为自己确立一定的"目标"，对于提高练习的效果具有重要意义。例如，练习游泳时，练习者确定当天或一个阶段内所要达到的质量和距离"目标"，并为实现这一"目标"而努力，这就会有助于效果的提高。因为这种"目标"可以加强练习的自觉性，使练习的进行经常处在意识的控制之下。

在企业管理中，人们的经济行为都是有目标的计划行为。一个企业有自己的总的目标体系，而每一个工人都有自己的具体的生产指标。总之，企业中人们的任何行为都是为了达到某个目标。

在企业管理中，目标是一种外在的对象，它可以是物质的，如一定的产量、质量指标，也可以是精神的或理想的对象，如达到一定的技术水平、文化水平、思想水平。

目标是一种刺激，合适的目标能够诱发人的动机，规定行为的方向。心理学界把目标称为诱因。由诱因诱发动机，再由动机到达成目标的过程就称为激励过程。例如，在企业中奖金就是一种诱因，员工为了获得奖金而努力工作，最后获得了奖金，这就是一种激励过程。其中，奖金作为一种目标、诱因对员工的积极性起着强烈的激励作用。

6.2.2　目标激励的模式

目标激励是指一个设定好的目标能影响一个人完成任务的信心（自我效能感）与个人目标。图6-1为目标激励的模式图。

图6-1　目标激励的模式图

由图6-1可见，人们估计实现目标的希望以及可能性会影响人们的目标承诺，进而目标实现时会提高自我效能感水平的程度。

由此可见，目标承诺、自我效能感水平提高时，人们会受到激励，为达到目标要求的水平而努力工作。

同时也可以看出，要设置具有一定难度但可接受的绩效目标，需要提供目标达成情况的反馈。

6.2.3　目标设置理论

目标设置理论（Goal-Setting Theory）是由洛克（Lock）、拉色曼（Latham）等人提出的，这是一种近端动机激励理论。这一理论认为，人们的行为受内在意向、目的或目标所激发。

目标影响行为有以下几种方式：

（1）目标将注意力和行为指向人们认为会实现目标的行为。例如，学生将注意力集中在学习指定的材料、笔记、考试时拿A等上面。

（2）目标会调动个体兴致，使个体更努力、更勤奋。

（3）目标会增加持久性，使个体用更多的时间投入到实现目标的行为中。

（4）目标会激发个体寻求有效策略达成目标。

目标设置一般是维持或增加工作绩效的有效手段。

在为员工设置目标时应注意以下要素：

（1）目标要被员工所接受。员工必须要有目标承诺，接受目标。

（2）要有针对目标实现进程的反馈。反馈是必要的，以便了解现况是接近、朝向还是偏离目标。

（3）目标要有困难和有挑战性。目标越难，绩效越好。具体而困难的目标比模糊而"竭尽所能"的目标更为有效。

（4）自己设定目标比组织分配目标好。

（5）群体目标比个人目标更加有效。

相反，目标越困难，工作越复杂，目标越多样，则绩效越低。

6.2.4 目标管理法

1. 目标管理法的概念

目标管理法（Management by Objective），也可称为目标管理，是一种著名的管理技术。目标管理的实质是一种管理上的激励技术，也是员工参与企业管理的形式之一。国外许多公司、企业已相继应用目标管理，并取得了一定的效果。

目标管理法的创始人是美国的管理心理学家彼得·德鲁克（Peter F.Drucker）。德鲁克生于1909年的维也纳，纳粹入侵奥地利前，他在法兰克福一家杂志社当编辑，1937年移居美国纽约。起初，他给一家英国报业联合组织当记者，之后在多家银行和保险公司担任经济顾问，后来又成为美国一些大企业的经营改革与管理方面的顾问。

德鲁克的主要著作有：《管理实践》（1954）、《管理效果》（1964）、《有效的管理者》（1966）。这些著作都是以他过去几十年里从事各种顾问工作的实际经验为基础而写成的，其中，《管理实践》一书已成为今日目标管理的"先驱"。德鲁克在该书中首次提出了目标管理的概念，并把重点放在各级管理人员中间。1965年，沃迪恩（G. Ordiorne）发展了这一概念，他把参与目标管理的人员扩大到整个企业范围。他认为，实行目标管理的过程是通过上下级来确定共同的目标，使员工从中受到激励，而且由大家共同将所确定的目标具体化并检验实施情况和评价实施结果。

2. 目标管理法中目标的一般概念

首先，目标管理法是指设置目标，在管理过程中对这些目标加以运用，并以这些目标鉴定个人和组织的工作，这一切就是众所周知的目标管理。其次，目标管理法还包括：这些目标是在上级和下级联合参与下制定的，下级的工作是根据其实现这种目标的程度来评价的。目标是任何一个组织管理部门努力前进的终点或目的地。目标管理法是任何一个组织管理部门的基本方法，其作用是：①目标指明方向；②目标作为激励因素；③目标促进管理过程；④目标是管理的基础。

目标包括外部目标与内部目标。企业服务于顾客、服务于社会为外部目标；满足企业本身利益（员工福利、利润、产品地位等）为内部目标。

彼得·德鲁克曾建议，要按下列八个领域分别说明其目标：①市场状况；②创造革新；③生产能力；④实物和财政资源；⑤获得性；⑥经理的成就和发展；⑦工人的成就和发展；⑧社会的责任。

3.目标管理法中目标的属性

管理心理学家波特和斯蒂尔斯认为目标的属性有以下六种：

（1）目标的具体性。许多事实都证明，把目标定得明确，比笼统地要求"你们好好干吧"要好得多。国外有项实验，若干参加该实验的被考察对象，先根据他们的成绩、能力和态度做了评分，然后分别派到一个积极性高和一个积极性低的小组里去。给那些积极性低的小组布置了十分具体的工作目标，而对积极性高的小组则只告诉他们"好好干"。结果表明，那个积极性低的小组，无论在工作成绩还是对任务的态度方面，都很快超过了积极性高的小组。

（2）对目标设置的参与。一般说来，员工参与目标的制定，使他看到了自己的价值和责任，有了乐趣；而一旦达到目标，又得到了一种满足感。此外，员工参与目标设置，能提高其对目标的理解，并较易接受该目标。

（3）目标过程的反馈。显然，对目标过程的反馈，可以把员工工作好坏的情况反馈给他们，有助于帮助他们保持自己的行为不致偏离目标，还能激励他们做出更大的努力，这对于那些有高度成就需要或独立性需要的人来说，就更具有重要的作用。

（4）员工间为实现目标而相互竞争。这种竞争会使员工的工作更为努力。但是，有时竞争也可能带来弊病，如在竞争中只注重提高产量而使产品质量受到损害。

（5）目标的困难性。适当的困难可提高人们为达成目标所做的努力，使目标具有挑战性，但若过于困难，就会引发沮丧感，令人觉得目标难以实现。

（6）目标的可接受性。这是指人们同意和接受任务指标的程度。这一点也是很重要的，如果做不到这一点，那么达成目标就有困难。

4.目标管理的具体做法

目标管理的具体做法可分为以下三个阶段：

（1）目标的设立。企业设立总目标，员工积极主动地参与目标的设立，或者就选择什么目标提出建议，或者至少能和上级一起讨论并认同这些目标。目标要定得尽可能具体。每个部门根据总目标会同上级制定部门的目标，员工再根据所属部门目标确定个人目标，从而形成一个目标连锁。但是要注意，目标的数量不能过多。

（2）过程管理。用一整套管理控制的方法去实施目标。但主要是放手让员工发挥各自的积极性，去完成自己所定的个人目标。具体实施办法可由各人自行确定，不必人人一样、千篇一律。

（3）考评效果。对照既定目标来考评效果，并讨论未达成目标的原因，同时，为下一个目标管理周期创造更好的条件，以利于设立新目标。根据对结果的评价，可采用奖励手段，激发人们为实现更高的目标而努力。

5.目标管理的优点

管理心理学家认为，目标管理对激发员工的积极性和提高企业的经济效益有以下好处：

（1）目标管理迫使人们事先制订计划。

（2）目标管理过程含有反馈这一环节，这就能保证上下级之间对于要下级去完成的任务取得一致的意见，有利于沟通各方面的意见，使达成目标的措施有可靠的基础。

（3）目标管理承认员工的个人差异，并允许每个人设立自己的目标。

（4）下级参与目标的设立，易于增进他们对目标的理解和提高接受目标的程度。他们在参与制定目标的过程中会发现自己的价值和责任，并能从目标的达成中得到满足。

（5）目标管理有一套控制的办法，能使实际的工作成绩与目标的偏差受到定期和系统的考评。

（6）企业利益与员工利益便于统一。目标管理有利于鼓励人们增长才能和提高积极性。

管理心理学家认为，如果将目标管理同前面讲的期望理论与公平理论有机地结合起来应用，就能帮助领导更有效地满足员工需要，更好地调动他们的积极性。比如，设置了具体的目标，就能提高员工的期望值，并使奖酬按他们的工作成绩发放，就能提高他们对奖酬与成果之间关系的认识。此外，员工参与目标的设置，就能提高他们对实现目标本身的认识。

在目标管理与公平理论之间，如能按每个人的贡献付酬，尽量做到公平，就能更好地激励员工努力生产。

6. 目标管理的缺点

目标管理也有它的不足之处，这主要表现为以下几点：

（1）在有些情况下很难设置具体目标。例如，属于发明创造性质的劳动不能将目标设置得太具体，规定得太死。

（2）固定的目标可能造成整个体制的僵化。比如，有时环境已有了明显的改变，员工却还在继续追求既定目标。

（3）管理人员往往嫌它太费时间，而且需要做大量文字工作，文件繁多加重了行政管理的工作量。

（4）由于目标管理重视的只是具体的、定量化的目标，这就容易忽视一些定量性不明显的指标，如只奖励生产率而损害创造性等。

（5）需要各级领导有一致的看法，不然实行起来效果不大。

6.3　公平理论与应用

6.3.1　公平理论

美国心理学家亚当斯（J.S.Adams）任教于北卡罗来纳大学。1963年亚当斯发表了名为《对于公平的理解》的论文，1965年又发表了《在社会交换中的不公平》一文，从而提出了公平理论的观点。

亚当斯的这一理论，主要用来解决工资报酬分配的合理性、公平性及其对员工生产积极性的影响。

1.公平理论的一般概念

公平理论是指，人们总是要将自己所做的贡献和所得的报酬，与一个和自己条件相同的人的贡献与报酬进行比较，如果这两者之间的比值相等，双方就都有公平感。

亚当斯提出了公平关系的下述关系式：

$$\frac{O_p}{I_p} = \frac{O_o}{I_o}$$

式中：O_p 代表一个人对他自己所获报酬的感觉；

I_p 代表一个人对他自己所做贡献的感觉；

O_o 代表一个人对他人所获报酬的感觉；

I_o 代表一个人对他人所做贡献的感觉。

这个等式说明，当一个人感到他的所获与他所投入的比值，与作为比较对象的别人的这项比值相等，他就有了公平感。

如果这两者之间的比值不相等，一方的比值大于另一方，另一方就会产生不公平感，反之亦然。这种情况可以用图6-2表示。

个人 a　　　　　　比较过程　　　　　　他人 b

$$\frac{O_p}{I_p} \qquad \frac{O_a}{I_a} \cdots\to \frac{O_b}{I_b} \qquad \frac{O_o}{I_o}$$

$$\left(\frac{O_p}{I_p}\right)_a < \left(\frac{O_o}{I_o}\right)_b \qquad \left(\frac{O_p}{I_p}\right)_a = \left(\frac{O_o}{I_o}\right)_b \qquad \left(\frac{O_p}{I_p}\right)_a > \left(\frac{O_o}{I_o}\right)_b$$

不公平　　　　　　　　公平　　　　　　　　不公平

图6-2 公平理论示意图

由此可见，公平理论认为：

（1）员工对报酬的满足程度是一个社会比较过程。

（2）一个人对自己的工作报酬是否满足，不仅受到报酬的绝对值的影响，也受到报酬的相对值的影响（个人与别人的横向比较、与个人的历史收入的纵向比较）。

（3）员工需要保持分配上的公平感，只有产生公平感时才会心情舒畅，努力工作；而在产生不公平感时会满腔怨气，大发牢骚，甚至放弃工作，破坏生产。

2.组织中的投入与产出

表6-2为组织中投入与产出的例子。

表6-2 组织中投入与产出的例子

投入	产出
年龄	挑战性的工作
出勤	奖金
人际沟通技巧	工作津贴（车位与办公室）
工作努力（长期）	工作保障
受教育水平	工作单调乏味
工作经历	升职
工作业绩	认可
个人表现	责任
业务经验	工资
社会地位	资历
技能	地位的标志
培训	工作条件

由表6-2可见，作为投入的项目包括出勤、工作业绩等，而作为产出的项目也是很多的，其中包括奖金、升职等。

3.不公平的后果及消除方式

不公平会引起个体以及个体之间的紧张焦虑。由于紧张焦虑是一种不愉快的情绪体验，因而人们会力图将其降低至可容忍的水平。为了削弱所感受到的不公平及紧张焦虑，个体会从下列六种方式中选择若干项目采取行动。具体的不公平所产生的焦虑—弱化的过程见图6-3。

个体察觉到不公平 ➤ 个体体验焦虑 ➤ 个体力图减轻焦虑 ➤ 个体采取行动

图6-3 不公平所产生的焦虑—弱化的过程

（1）个体可以采用增加或减少投入以达到其所认为的公平水平。例如，个体如果认为报酬过低，则可以通过降低产品产量、减少工作时间以及经常缺勤等方式恢复公平感。图6-4中形象地揭示了这一关系。

图6-4 薪资不足、薪资公平、薪资超额的员工业绩水平的比较

从图6-4可见，与薪资公平的员工相比，薪资超额的员工生产效率高，薪资不足的员工生产效率低。

（2）个体可以通过改变其产出以恢复公平感。许多管理者尝试通过改善工作条件、减少工作时间、在员工努力程度不变的情况下提高工作报酬等方式增强企业凝聚力。

（3）个体可以对其投入与产出进行心理曲解。与实际改变投入和产出不同，个体可以通过在意识上对其进行曲解从而达到心理平衡。例如，感到不公平的个体可以曲解其工作难度（这工作对我而言是"小菜一碟"）或者强调其工作的重要性（这工作实在重要）。

（4）个体可以离职或者要求调到其他部门工作。个体这样做是希望恢复心理平衡。

（5）个体可以通过更换参照对象以减弱不公平感。例如，高中的明星运动员由于没能获得名牌大学的奖学金而进入普通大学，便自我安慰地认为进普通大学求学对于自己的发展更有利。

（6）个体可以对他人的投入与产出进行心理曲解。个体可以认为作为参照对象的他人确实工作比自己努力，因而其理应获得更多的报酬。

前四种谋求公平的行为方式，实际上是在向有关方面施加压力，而后两种方式是属于心理上的自我安慰性质。

6.3.2 组织公正感

人们对于组织中的公平感（组织公平）是建立在那些结果是什么（公平理论与分配公平）以及决定结果的程序公平的信念基础之上的（程序公平）。图6-5表示存在着两种类型的组织公平。

图6-5　两种类型的组织公平

公正感理论是将奖励的分配和奖励配置的程序区分开来，而并非只关心奖励的公平配置和分配。分配公平（Distributive Justice）是人们获得奖励的公平性，而程序公平（Procedural Justice）是奖励分配过程的公平性，而非分配的结果。为了达到程序公平的结果，就要求在决策的过程中使人们拥有一个可以发言的机会，使错误决策有一个可以得到纠正的机会，这样才能无偏见地制定政策，之后还要保持规则与政策的一致性。

程序公平体现了人际互动的公平性，程序公平的社会层面，就是要使一项决策的过程尽量发布详尽细节，随后经各种程序如召开听证会等，详尽地听取公众的意见，这样制定的政策与规则基本就达到了程序公平的程度。

公平与公正感和绩效、工作满意度、辞职意向以及心理幸福感相联系。

感到高度不公正的人员会感到焦虑和抑郁。

6.3.3　互动（交往）公正感

互动（交往）公正感是指人们不仅非常重视结果的公正和程序的公正，而且非常重视交往的公正。

这一概念是由贝斯（Bies）和莫格（Moag）于1986年提出的。他们认为，人们不但重视分配结果与分配过程的公平程度，而且也十分关注他人对待自己的态度与方式。员工描述的不少不公平事例都与人际交往方式有关。在交往过程中，如果人们觉得他人对自己不友善或不尊重，就会感到十分不公平。这是因为人们会根据他人对待自己的公平程度，评估自己在团队中的价值。人们在团队中受到公平的对待，表明他们与团队领导和其他成员有良好的关系，他们在团队中享有较高的地位与价值。公平传递了个体在组织中的地位和在群体中的价值，因此，人们非常在乎得到权威的公平对待。

格林伯格（Greenberg）又将互动（交往）公正感进一步细分为两种：人际交往公平感与信息沟通公平感。

（1）人际交往公平感。这主要反映在执行程序或决定结果时当权者或上司对待下属是否有礼貌，是否考虑到对方的尊严和是否尊重对方等。

人们需要两种类型的尊重：一是感情上的尊重。无论人们在组织中的职位高低、权限大小，他们都希望得到他人的充分尊重，不希望上级领导把自己看成企业的一般劳动力，而是希望享有尊严，受到尊重。二是智力上的尊重。人们希望自己的知识和才能得到他人的赏识，希望他人尊重与采纳自己的意见和建议。

（2）信息沟通公平感。这主要反映在是否给当事人传达了应有的信息，是否给予当事人一定的解释，方案制订者在方案信息传达方面是否诚实、通情达理且体恤他人，并能对方案进行合理的解释说明，如为什么要用某种形式的程序或为什么会用特定的方式进行分配等。

6.4　中国的激励理论与模式

已在实际应用中被证实行之有效的中国的激励理论与模式主要有三种：

第一种是同步激励论（Synchronization Motivation Theory）。这是现阶段的主要宏观激励理论，简称S理论。这一理论可用关系式表示为"激励力量=$\sum f$（物质激励×精神激励）"。这一理论否认单纯使用一种管理理论（X理论或Y理论）的做法会有效果，而是强调物质与精神激励相结合，认为人的自然与社会需要是统一的，互为前提与条件，不能对立、孤立地运用，应该统一、综合、同步运用。

第二种是公平差别阈（Equity Difference Threshold）理论。该理论提出者沿用美国行为科学家亚当斯有关公平理论的合理部分，但又补充、发展、修正、重建了这一理论的某些方面。亚当斯的公平理论强调条件相等（投入与贡献）时的公平感，而公平差别阈理论强调条件不相等时的比值。公平差别阈是一个可测量的值，既可克服无差距分配（大锅饭），也可纠正悬殊差距分配所带来的社会分配上的不公平感。

第三种是激励与去激励因素连续带模式（Motivator and Demotivator Continuum Pattern），这一模式又称三因素（激励、保健、去激励）理论。赫茨伯格（F.Herzberg）提出了双因素（激励与保健）理论，而相关研究者提出了激励与去激励因素的连续带模式。这一模式认为，激励与去激励因素存在于连续体的两个端点，其间还存在着许多强弱不等的激励形式，它们共同构成了一个连续带，而保健因素位于激励、去激励连续带的中间和过渡地带。这一模式从理论上阐明了激励、保健、去激励因素三者的相互联系、区别与转化。在实践中这一模式正在指导管理人员学会正确诊断组织中激励、保健、去激励因素的类别，并采取措施实现由去激励向激励因素的转化。下面具体阐述这三种理论的内涵及应用。

6.4.1　同步激励论

同步激励论是我国社会主义初级阶段的主要激励理论与模式。

鉴于我国社会主义初级阶段的特定历史条件、政治方向、经济基础和文化传统，只有将物质与精神激励，以及根据人的自然需要与社会需要而采取的激励措施有机、综合、同步地实施时，才能取得最大的激励效果。

这一理论用关系式可表示为：

激励力量=$\sum f$（物质激励×精神激励）

这一关系式表明，只有物质与精神激励都处于高值时才有最大的激励力量。两个维度中只要有一个维度处于低值，就不能获得最佳、最大的激励力量。

同步激励论认为，在我国社会主义初级阶段单纯使用一种管理理论或方法，或者交替使用X理论或Y理论的做法都是片面的、不切实际的。其强调物质与精神激励、人的自然与社会需要是统一的，互为前提与条件，不能对立、孤立运用，应该统一、综合、同步运用。

同步激励论与各种微观的激励理论和模式不存在矛盾、冲突，而是相互补充的。除了宏观的同步激励论外，我们还应当探寻各种具体的激励理论与激励模式，诸如如何提高物质与精神激励中单项激励措施的激励效果，以及各种有效激励的模式与理论。

同步激励论也不是一个单纯的时间概念，物质与精神激励在总体上是同步的，但这并不妨碍二者可以分阶段地进行。

该理论的提出只是一个开端，尚需在今后的实践中进一步充实、完善。

6.4.2 公平差别阈的理论模式与分配领域改革的方向

在分配领域的改革中，两种倾向曾长期困扰着人们：一种是"平均主义"的"大锅饭"分配方式；另一种是差别很大的社会不公平分配方式。

用什么理论模式来指导、解决这一迫切又现实的问题呢？相关研究人员借鉴亚当斯有关公平理论的合理部分，进一步提出了"公平差别阈"这一概念与理论模式。这一建立在实际论证、调查研究、理论概括基础上的概念与理论模式，有助于理解现实社会中的分配问题，并给出了解决问题的具体办法。

1.公平差别阈的理论模式与概念

（1）亚当斯的公平理论模式是强调条件相等时的公平感

亚当斯认为，人们总是要将自己所做的贡献和所得的报酬，与一个和自己条件相等的人的贡献与报酬进行比较，如果这两者之间的比值相等，双方就都有公平感。

（2）公平差别阈的理论模式是强调条件不相等时的公平感

现实生活中，既存在条件相等的情况，也存在条件不相等的情况，如工资、工龄、职务、劳动投入量等方面的差异。在这种情况下，无差距分配（按亚当斯的等式）不仅不能产生公平感，反而会产生不公平感。由此，公平应定义为，在两个人之间的条件不相等时，适宜的差距分配才能使人产生公平感。

同理，我们应该对公平理论的模式与概念进行新的理解，即当人们将自己所做的贡献和所得的报酬，与一个和自己条件不相等的人的贡献与报酬进行比较时，如果两者之间的比值保持适宜的差别，双方才会有公平感。

我们仍沿用亚当斯等式中的符号来阐明这一问题，即 $I_p \neq I_o$（贡献不等），而 $O_P=$

O_o（奖酬相等）时，人们会产生不公平感；反之，只有在 $O_P \neq O_o$ 时，人们才会产生公平感。

由此可见，在这种情况下，亚当斯的等式应改为：

(O_P/I_P) 甲 $<$ (O_o/I_o) 乙　公平

(O_P/I_P) 甲 $=$ (O_o/I_o) 乙　不公平

(O_P/I_P) 甲 $>$ (O_o/I_o) 乙　公平

简述为：

$O_P/I_P \neq O_o/I_o$

这说明，在两个条件不相等的人之间进行比较时，其贡献与报酬之间的比值不相等时，人们才会产生公平感。

事实上，按劳分配是一种不等量的分配，其实质是强调在不等量劳动时，人们要有不等量的、适宜差距的分配；反之，在不等量劳动时，人们获得了等量分配就会产生不公平感。

2.公平差别阈的概念

我们不能泛泛地说，收入差距会导致社会分配的不公平感，确切地说，应该是收入差距的不合理才会造成不公平感。这个不合理是指差距过大或差距过小，超越了人们心理承受力的范围。我们提倡在人们心理承受能力范围内的差距，这种合理差距才能使人们产生公平感。

这说明，当两个人的条件不相等时，无差别分配与悬殊差别分配都会产生不公平感，只有适宜差别分配才能产生公平感。而这个适宜、合理差距的量值，我们用"公平差别阈"的概念与值来表示，即能使两个条件不相等的人刚能产生公平感时的适宜差别的比值。公平差别阈可命名为 EDT（Equity Difference Threshold），是一个可以测量的值。

3.影响公平差别阈的主客观因素

公平差别阈是受客观因素制约的动态量值，随政治、经济、文化条件的变化而变化。

从主观因素看，个人对公平差别阈的容忍度有很大的个体差异。有人能容忍大的差距分配，有人则不能容忍哪怕是很小的差距分配，这与人的觉悟水平、社会经验、文化素养等有关。

总之，公平差别阈不是静止不变的，而是动态变化的，但这种动态发展的平均趋势可以测量。

6.4.3 激励与去激励因素的连续带模式及其在企业中的应用

为了持续调动广大员工的积极性与创造性，根据现阶段我国的实际情况，在人力资源的管理过程中，首先要区分哪些是调动员工积极性的激励因素，哪些只是防止员工出现不满意情况的保健因素，哪些是会挫伤员工积极性的去激励因素。在企业诊断的基础上，我们要采取措施，消除去激励因素，促进激励因素，使保健因素向激励因素转化，使员工的积极性得到持续提高。

在理论上，相关研究人员提出了激励与去激励因素的连续带模式，以此阐明激励、保健、去激励三因素的相互联系与区别；在实际操作上，区分了激励与去激励因素的类别，将其强度水平的等级进行排列，指出了激励、保健、去激励因素相互转化的关系。这项研究对在我国企业中如何调动员工积极性具有现实的指导意义。

1.激励、保健、去激励因素的含义

关于激励的概念，从心理学的观点看，是指持续激发动机的心理过程。但是，从企业管理广义的意义上说，激励应该带来人们的满意感，能提高人的积极性；从效果上看，应该能使人们工作效率提高。

赫茨伯格认为，保健因素是指使人不产生不满意感，能保护人的积极性，维持原状的因素。显然，保健因素不会使工作效率提高。而去激励（Demotivation）因素会引起人的不满意感，使人的积极性降低，从效果看会使工作效率降低。

激励因素、保健因素和去激励因素的含义差别见表6-3。

表6-3　　　　　　　　　**激励因素、保健因素和去激励因素的含义差别**

激励因素	保健因素	去激励因素
使人产生满意感	使人不产生不满意感	使人产生不满意感
使人提高积极性	保护人的积极性	使人的积极性降低
使工作效率提高	维持原状，不会使工作效率提高	使工作效率降低

可见，去激励因素是一种负激励因素，起积极的破坏作用。在此，对 Demotivation 一词不译为非激励因素，因为非激励因素不一定起消极的负面作用，也可能起中性的无关因素的作用。

企业中确实存在这三种因素，而且相互联系、相互影响。在我国，激励与去激励因素紧密联系，某项激励因素无实现条件或在实现过程中发生了偏差，那么，此项激励因素立刻就会转化为去激励因素。例如，职称评审是调动员工积极性的激励因素，如果不能按时评审或不公平评审，这一激励因素立刻会转化为挫伤员工积极性的去激励因素。

2.激励因素与去激励因素的连续带模式

激励因素与去激励因素存在于两个端点，是两种极端的情境。在这两种极端的激励与去激励因素之间，还存在许多种强弱不等的激励形式，它们构成了一个连续带，如图6-6所示。

图6-6 激励因素与去激励因素的连续带模式

由图6-6可见，在激励因素与去激励因素两个极端点之间还存在着不同强度的激励水平，从左向右为强激励、较强激励、较弱激励、弱激励四个强度水平；而从右向左为强去激励、较强去激励、较弱去激励、弱去激励四个强度水平。

事实上，企业中存在着许多既非强激励又非强去激励的因素，即处于中间过渡地带不同强度的激励或去激励因素。例如，工资调整中的"普加一级"，显然无强激励作用，而只能是强度较弱的激励。

3.保健因素在激励与去激励因素连续带中的位置

相关研究人员认为，完全可以在激励与去激励因素连续带模式中，找出激励、保健、去激励因素三者的联系。从图6-7中可见，保健因素在连续带中不起强激励或较强激励的作用，同样，也不属于去激励因素。从这一因素的作用看，它只能起到强度水平较低的弱激励的作用。为此，可将保健因素的位置列在较弱激励与弱激励的区域。

图6-7 保健因素在激励与去激励因素连续带中的位置

对于赫茨伯格的双因素理论及其研究方法——关键事件法（Critical Incidents Method）一直存在着争议。赫茨伯格将激励与满意感等同起来，满意时的各类因素称为激励因素，不满意时的各类因素称为保健因素，这一观点经常遭到非议。我们暂不对这一问题进行全面评价，但我们认为，在激励、去激励连续带模式中，这三个因素是可以统一区分的。激励因素引起强或较强激励，在员工心理上引起满意感；保健因素引起较弱或弱激励，在员工心理上不会产生不满意感，但也没有满意感；去激励因素则引起员工的不满意感。

总之，保健因素不是一个孤立的因素，它位于激励、去激励连续带模式的中间过渡区。

上述理论模式具有实际的指导意义，可促使各级企业管理人员学会对本单位激励与去激励因素进行诊断，并采取措施实现由去激励向激励的转化。

【延伸阅读】　　　绩效薪酬这块"蛋糕"你分对了吗？①

电影《天下无贼》中，葛优那句"人心散了，队伍不好带了"的台词，相信还有很多人记忆犹新。多元化的时代，多元化的思维，让人才管理这一企业管理的永恒话题，正在经受着前所未有的挑战。当前，人才管理创新是一个极具挑战性、极具探索性，同时也是极富建设性的大题目。

让内动力停不下来，人才管理创新才具实效

人才管理工作：我们的直接工作对象是"人"，选好人、培养人、用好人、激励人，这是我们直接作用于生产力最重要要素方面的工作。分配方式和生产过程中结成的人与人之间的关系，则是人力资源管理的重要内容。分配方式主要体现在薪酬制度上，而生产过程中结成的人与人之间的关系，很大程度上体现在组织架构和职位体系的设计，以及绩效创造过程中团队成员的相互关系及作用的发挥上。

既然人是生产力中最活跃、最具决定性的因素，那么我们进行的一切人才管理创新都要围绕激发人的积极性来开展。人的积极性包括两个方面：一是工作积极性；二是学习积极性。在现有的人才素质情况下，激发员工的工作积极性无疑会提升绩效，提高生产力水平；从长远来看，激发员工的学习积极性，会不断提升人才队伍的整体素质和能力，进而提升绩效，提高生产力水平。

"分匀蛋糕"——让公平感点燃组织活力

在实际工作中，我们面对的是既定的人才队伍，是一个人才群体，给谁不给谁，给多给少，对不对和准不准，用什么衡量呢？在面对一个"被激励对象群体"的时候，根本标准是一个"公平"问题，他们对公平的感觉如何，会直接影响部分人或整个群体的工作态度、工作和学习的积极性。

什么是人才管理中的公平？美国心理学家和行为科学家约翰·斯塔希·亚当斯的

① 杨岐服，诺姆四达集团微信公众号（ID：normstar 123），2015年4月。

公平理论认为：人的工作积极性不仅与个人实际报酬多少有关，而且与人们对报酬的分配是否感到公平更为密切。人们总会自觉或不自觉地将自己付出的劳动代价及所得到的报酬与他人进行比较，并对公平与否做出判断。

在人才管理的实践中我们发现，第一，报酬不仅仅局限于"报酬"，还可以包含工作或事业平台，职务晋升，物质、精神奖励，培养深造机会等整个所得。第二，所谓的公平本质是人才在与他人比较中的一种主观感觉，这种主观感觉是对人才管理政策与结果的主观反映。第三，绝对公平是不存在的，假定我们找到了一个完全公平的结果，但由于多数人总是夸大自己的投入与能力，同时又由于与他人信息不对称，往往缩小别人的投入与能力，因此即使找到了公平的结果，人们还是感觉不公平。

公平感的三大核心层面

如何增强人才的公平感？人才管理的实践告诉我们，公平包含三个方面：一是结果公平，这是基础；二是过程公平，这是关键；三是沟通公平，这是弥补。由于工作中我们根本找不到绝对公平的结果，即使找到了也还是不能从根本上解决公平感的问题，因此应该在过程公平上多花时间，在沟通公平上多做工作，尤其在对团队合作中的个体进行绩效管理中更应如此。

什么是过程公平呢？比如有五个人过生日，每人花同样的钱合伙买了五块口味不同的蛋糕，每人都要公平地吃到五种口味。这就需要把每块蛋糕公平地分成五份。怎么分才能公平呢？按照传统的分配模式分：

第一步，大家要选举一位德高望重的人，比如张三来主刀切分。

第二步，书记动员，向张三讲清分得均匀的重大意义和分不匀的危害，同时向大家讲清要正确对待分配结果，均匀是相对的，不均是绝对的，不要斤斤计较。

第三步，技术部门对张三进行技术培训，告诉他如何分匀的技术方法。

第四步，工会要求厂务公开，张三拟订分配方案，提交职代会讨论通过并当着大家的面来切分。

第五步，纪检监察部门派出人员进行监督。

第六步，张三动刀切分五块蛋糕，众人按大小个儿、姓氏笔画或工龄排序，从每个蛋糕中领取一块。

结果，每人心里想的是，别人领的蛋糕比自己的大，或比自己的那块好，或比自己先拿的人占了便宜。

从人才管理的角度进行分配：

制定规则，每人负责切自己买的那一块，每人负责切的蛋糕，自己最后拿，同时每人都有一次优先选取的机会。比如按以下顺序领取：

A蛋糕的领取顺序为EDCBA

B蛋糕的领取顺序为AEDCB

C蛋糕的领取顺序为BAEDC

D蛋糕的领取顺序为CBAED

E蛋糕的领取顺序为DCBAE

这就是过程公平的一种形式，也是通常说的机制。设想一下，在这种机制下，每个人都会千方百计地把蛋糕切匀。切得越匀，对自己越有利，而这正是组织所需要的。每人有这种动机后，如果再加上技术培训特别是书记动员，那就更好了。这就是沟通公平。只有两种人才有意切不匀：一是"不平凡"的人（这是一种难得的人才，我们要庆幸有这类人才）。二是"不正常"的人。但我们面对的绝大多数人才不是这样的。

任何举例都有局限性，分匀的要义不是平均，而是投入与所得的比值相等，因为大家花了同样的钱。如果每个人负责买的那种口味的蛋糕钱是不同的，那就该设计另一种使大家的投入与所得相等、体现过程公平的方法。

如果公平是一种感觉，那么过程公平就是关键。由张三来统一切分，可能比其中某个人切得均匀，但由张三切分很多人心里会觉得吃亏。按后一种方法切分，尽管结果未必一定比张三统一切得均匀，但大家心理上的公平感会大于前者。在结果公平上苦苦追求、上下求索虽然是必要的，但面对人才群体的时候，做到过程公平更重要。因为过程公平更容易实现，也只有过程公平才能逐步接近结果公平，过程公平更能提高人才的公平感。

过程公平并不是什么事情都要人人参加，人才管理有很多模块，有的可以大家参与，有的就不一定，但关键是规则透明、操作公平、机会均等，人们感觉没有"猫腻"，而且结果也大致符合多数人才在这种"比较关系"中产生的公平感觉。否则，忽略了这种"比较关系"，激励力度再大，如果当事人或其他人感觉不公，也达不到激励的效果。

本章小结

1.期望理论尝试解释奖励如何引发行为，如果人们相信自己的努力会产生绩效，绩效会获得奖励，奖励是人们想要的，那么人们就会去努力。

期望理论认识到激励是一个人的期望（为努力引导绩效产生）、工具性（绩效主导报酬的多少）与效价（对报酬的评价）的产物。当激励与技能、能力、角色认知、机会相结合时，它会对工作绩效产生积极的作用。

2.明确目标设置理论能提高工作绩效。一个设定好的目标能够影响一个人完成任务的信心（称为自我效能感）与个人目标，转而影响绩效。设置具体而有难度的目标，提供任务绩效的反馈，人们将会提高绩效。允许员工参与目标设置，员工接受目标任务将更容易。目标设置理论认为，人们的行为受意识的目标和目的的引导。

有四个重要因素决定了目标设置对工作绩效的影响程度。这四个因素为：目标承诺、对目标活动进展的反馈、目标难度以及目标具体性。

3. 公平与程序公平理论重视组织给予成员的公平和公正的待遇。亚当斯认为，人们希望在工作报酬（产出）与其工作贡献（投入）的比率和其他人的比率上达到平衡。报酬过高不公平与报酬过低不公平这两种不公平状态都会令人不快。这样就会激励人们采取措施达到公平状态。对不公平的反应既可能是行为上的（如提高或降低一个人的绩效），也可能是心理上的（如工作贡献方面的不同思考）。人们关心建立公平的关系与程序公平，也就是在进行决策时既考虑结构方面（决策过程中有发言权），也考虑人际关系方面（平等尊敬地对待每一个人）的因素。

4. 中国的激励理论及模式主要有三种：

同步激励论，强调物质与精神激励相结合，互为前提与条件，不能对立，应统一、综合、同步运用。

公平差别阈理论，其定义为能使两个条件不相同的人刚好能产生公平感时的适宜差别的比值。正确运用此理论，可克服无差距分配（平均分配），也可纠正差距分配所带来的社会分配上的不公平感。

激励与去激励因素连续带模式，又称三因素（激励、保健、去激励）理论。这一理论阐明了三因素的相互联系、区别与转化。这一理论将指导管理人员采取措施实现由去激励向激励的转化。

复习思考

1. 试举例说明运用期望理论对绩效产生的影响。
2. 试述目标设置的激励作用及对管理的意义。
3. 分析公平与公正感理论对树立社会公正感有何意义。
4. 公平差别阈理论对社会的公平分配有何意义？

第7章

员工心理健康

学习目标

1. 理解压力的概念，并将其与紧张相区分
2. 分析引起压力的主要组织和个人的原因
3. 定义倦怠及其与员工健康和幸福感的关系
4. 描述个体与组织的压力管理技巧

7.1　心理健康的一般概念

7.1.1　员工心理健康与职业健康心理学

由于世界各国（包括我国）对员工心理健康的日益关注，因而在心理学领域中诞生了一门新的学科，我们称之为职业健康心理学（Occupational Health Psychology），这门学科的重点是关注员工在工作中的健康、安全和幸福感。研究的领域包括影响健康的物理条件、职业压力、职业事故以及工作和家庭的矛盾与压力的负面影响和表现——倦怠。

在西方国家，企业中积极推广员工职业健康心理管理，提出了员工援助计划（Employee Assistance Program，EAP）以消除其心理困扰。员工援助计划是一项免费的专业心理援助服务，在绝对保障员工隐私的情况下，聘请心理咨询师提供心理辅导，为员工减压，帮助他们处理好个人和工作中的问题，挖掘员工潜力并制定职业规划。

7.1.2　心理健康的内涵与标准

1948 年，世界卫生组织（WHO）在其宪章中，对人的健康进行了这样的描述：

健康不仅是没有身体上的缺失和疾病，还要有完整的生理、心理状态和社会适应能力。这就是现代有关健康的"生理-心理-社会"模式。1989年，世界卫生组织又在对健康的描述中增加了道德健康的内容。由此可见，健康不仅指没有躯体疾病或不正常症状，而且指个体在生物层面、心理层面以及社会层面上能保持最佳的状态。

心理健康的综合标准有以下五个方面：认知正常、情感协调、意志健全、个性完整、适应良好。

认知正常是指对外界与自我认识正常。如果有认知变态、幻觉、妄想等心理就不健康。

情感协调是指情绪稳定，只有轻度焦虑，有幸福感的人会体验到自身的心理健康。

意志健全是指要有耐压力与耐挫折的能力与毅力。意志健全的人还表现为有较强的目的性、果断性、坚韧性与主动性。

个性完整是心理健康的重要内容。这主要表现为要有责任感、活动性、外向性与独立性。

适应良好是指对社会、人际环境都有很强的适应能力，这是心理健康的重要标志。

具体到一个人，心理健康的标准表现为以下几个方面：

（1）要有正确的自我意识和自知之明

对自己的需要、动机、情感、优缺点有客观的评价。

（2）要自尊自制

自己要有行为上的独立性和自主能力，能控制自己的心理与行为，有自己的行为标准，能抗拒干扰与诱惑。

（3）善于与人相处

人际交往、人际关系良好，较少人际冲突。

（4）情绪正常

心情愉快乐观，心怀坦荡，心胸开阔。个体活动与社会要求处于良好和谐状态，能保持心理活动的平衡与稳定。

（5）行为适度

行为具有自觉性、目的性，受意识的支配。行为具有一致性、连贯性，心理与行为和谐统一。

（6）乐于工作

对于工作意义和价值有正确的认识，愿意参加工作，并从工作中取得满足感、成就感。

7.2 心理健康的理论基础

1908年，美国人比尔斯（C. Beers，1876—1943）出版了一本名为《一颗自我发现的心》的著作。同年，他发起成立了世界上第一个心理卫生机构——康涅狄格州心理卫生协会，从事心理健康运动。

心理健康的理论基础包括四大理论：心理动力论、认知论、人本论、社会学习论。

1.心理动力论

该理论认为，人有本能的需求、欲望、冲动，当这种原始驱动力与现行社会规范、社会现实矛盾时，就会产生心理冲突，影响心理健康，从而产生焦虑与抑郁。根据心理动力论，人的人格动力中包含自我、本我、超我三种力量，我们要以坚强的自我来调解本我（原始冲动）与超我（现实社会）之间的矛盾，尽量使心理达到平衡。

2.认知论

这一理论认为，存在心理困扰的人是因为他们心中有非理性的想法，比如认为人应该是十全十美的、无缺点的，逃避比面对人生更为容易；在评估自己和未来时，往往使用自我责备和自我反对的模式，因此容易产生自卑感，即心理困扰与自我挫败的不健康心理。

3.人本论

这一理论认为，心理健康的人应该是一个自我实现的人，只有通过自我实现才能成为一个心理健康的人。

4.社会学习论

凡是心理健康的个体都应该具有与环境交互作用的最大技巧和能力，有学习潜能与认知能力。心理健康的人是通过社会学习、观察学习，学会与环境相融、与人和谐相处的。

7.3 工作压力与心理健康

工作压力已经成为全球性的人力资源管理的热点问题。美国的调查数据显示，约有25%的员工都遇到过各种各样由压力引起的问题。芝加哥国际调查研究组织对40万名员工所进行的调查报告显示，大约有40%的员工诉说其工作负荷过大，他们在工作中有太多"压力"。压力过大不仅削弱员工的工作能力，而且危害员工的身心健康，如导致或诱发冠心病、高血压、消化性溃疡、神经衰弱综合征等疾病，从而明显提高了缺勤率并降低了劳动效率，甚至导致意外事故的发生。

在我国，员工同样要面临来自外界环境和个体需求的压力。工业化社会带来的快节奏、高消耗，要求人们在有限的时间内做许多事情，因此，很少有时间分配给家庭与娱乐。由此可见，压力作为一种外部因素，是影响员工心理健康的重要原因之一。

7.3.1 压力的概念

压力是由英文"Stress"一词翻译而来。压力是指能造成生理、心理功能紊乱的紧张性刺激物。人在长期持续性压力或强度较高的压力下会出现许多不良反应。

工作压力又称职业紧张、职业压力或工作紧张，是指由于工作或与工作有关的因素所引起的压力。

7.3.2 员工对工作压力源的三种消极反应

工作压力源（Job Stressor）是指一种要求员工进行适应性反应的工作条件或工作情境，如员工被领导训斥或被解雇等。在这种情境下员工会产生消极性的生理、心理与行为反应，具体参见表7-1。

表7-1　　　　　　　　　工作压力源产生的消极的生理、心理、行为反应

生理反应	躯体症状：头疼、心跳加速、胃不适、心脏病等
心理反应	愤怒、焦虑、沮丧等情感反应，工作的不满意感
行为反应	反生产工作行为，药物滥用，事故，离职

由此可见，压力可定义为人们对外部需求做出的复杂反应，包括生理、心理和相关的行为、思维反应。这种外部需求被称为压力源。

紧张（Strain）是指压力的积累效应。长期处于压力事件中的个体会偏离正常状态，导致个体行为异常，甚至导致生理症状、行为变化、绩效降低。

例如，车辆行驶时产生的力量即压力会使桥面变形，出现压力反应，压力作用积累使桥面受损出现紧张反应（出现裂缝），但是这些因素是否会形成压力源仍需主体对压力源的认知评价来决定。比如，发生火灾时主体看到（感知）火并将此种情境评价为威胁，并认为此种情境人们无法自己处理与控制，在这种评价结果下可确定这就是压力源。

由此可见，压力源既有生理的也有心理的，当人们明显感到威胁且不能控制时，压力反应才会出现。压力会导致人们失去常态，出现生理紧张、情绪异常、工作异常等情况。

7.3.3 工作压力与生活事件压力

一般员工面临的压力源大致可分为两方面：一方面是来自组织与工作的压力，另一方面是来自个人的应激性生活事件压力。

1. 工作压力源

来自以下几方面的与工作相关的压力都会变成工作压力源。

（1）工作超载或欠载都会变成压力源

工作超载（Over Load）可分为两种情况：

一种是工作量超载，即个体被施加的工作量超过了他所能完成的工作量。此时主体就会感到有压力。

另一种是工作质超载，即主体缺少必要的技能去完成特定的工作。此时，主体也会感到有压力。

此外，工作量的欠载（Quantitative Under Load），如工作量太少而导致无聊，或工作质的欠载，如单调重复、缺少精神刺激等，这些都会变成工作压力源。总之，对主体来说，觉得工作负荷太多，或工作难度太大，或工作无聊过于清闲都会产生工作压力，使主体对工作不满意感增强，离职倾向增加，不健康症候突显。

（2）与某些工作职业要求相联系的工作较其他工作的压力更大

某些特定的职业需要持续地监视设备或物料，如调度员就需要注意力高度集中，并且要不停地根据情况做出新的决定与安排；证券交易所的工作人员则需要与他人保持不停息的信息交换；还有的人需要在令人不愉快的物理环境（危险、肮脏、黑暗）中工作……这些都会增大压力，增加主体的工作压力感。

（3）角色模糊和角色冲突造成工作压力

角色模糊（Role Ambiquity）是指不确定因素带来的压力，这是指员工不能确定他们的工作职责以及责任的程度，也就是说，员工不清楚自己应该做什么。

角色模糊必然会引起内部角色冲突，从而引起员工的低工作满意感、高焦虑、高紧张、高离职倾向。

（4）家庭责任与工作间的矛盾会引起工作压力感

现代社会工作上的快节奏使员工无法兼顾工作与家庭，因而造成了工作与家庭的矛盾。

2. 应激性生活事件压力

过度的生活压力会对员工的情绪造成不良影响，进而影响他们的工作积极性与工作效率。美国著名精神病学家赫姆斯（Helmes）根据对500多人的社会调查，列出了43件生活危机事件，并以生活变化单位（LCU）为指标对每一生活危机事件予以评分，编制了社会再适应评定量表（见表7-2）。赫姆斯指出，如果一年内LCU不超过150分，来年一般会比较健康；如果LCU在150~300分，来年患病的概率为50%；如果LCU超过300分，来年患病的概率达70%。调查表明，高LCU与心脏病猝死、心肌梗死、结核病、白血病、糖尿病等的关系明显。

生活压力源指应激起源于与员工个人生活有关的因素，具体包括四个方面：

（1）重要人员的影响

其包括员工家庭成员、师长、邻里或亲朋好友的期望与态度。

表7-2   社会再适应评定量表

生活危机事件	LCU	生活危机事件	LCU
1.配偶死亡	100	23.子女离家	29
2.离婚	78	24.司法纠纷	29
3.夫妻分居	65	25.个人成就突出	28
4.拘禁	63	26.妻子开始工作或离职	26
5.家庭成员死亡	63	27.上学或转业	26
6.外伤或生病	53	28.生活条件变化	25
7.结婚	50	29.个人习惯改变	24
8.解雇	47	30.与上级矛盾	23
9.复婚	45	31.工作时间或条件改变	20
10.退休	45	32.搬家	20
11.家庭成员患病	44	33.转学	20
12.怀孕	40	34.娱乐改变	19
13.性生活问题	39	35.宗教活动改变	18
14.家庭添员	39	36.改变社会活动	18
15.调换工作岗位	39	37.小量借贷	17
16.经济状况改变	38	38.睡眠习惯改变	15
17.好友死亡	37	39.家庭成员数量改变	13
18.工作性质改变	36	40.饮食习惯改变	13
19.夫妻不和	35	41.休假	12
20.中量借贷	31	42.过圣诞节	12
21.归还借贷	30	43.轻微的违法犯罪	11
22.职别改变	29		

（2）个人生活事件的影响

其包括结婚、离婚，家庭成员的出生、死亡等个人生活经历中的突发事件、重大变化，这些事件足以扰乱人们的生理与心理稳定。

（3）生活方式的变化

其主要体现为现代生活的节奏加快，使人们产生不适感，以及消费导向的迷惘感的压力、对生活质量的高期望值与实际生活之间的差异造成的失望感和压力等。

（4）经济收入压力

一方面，收入低会产生生活中入不敷出的压力；另一方面，收入高的人则可能有请客、救助甚至道德等方面的压力。人们在收入上常常习惯于进行横向社会比较，容易产生不公平感，导致经济收入不公平的压力。

7.3.4 压力影响的两重性

我们应该认识到，压力影响也是一把"双刃剑"。如前所述，压力过大会影响员工的身心健康。但是，没有压力生活中就没有挑战，没有困难需要克服，没有新领域需要开拓，这就无法加速运转人的头脑，提升人的能力。

压力本身并不一定有害，认识这一点是非常重要的。事实上，许多研究人员已经得出结论：适度的压力能够提高绩效并有益健康。如图7-1所示，压力达到极端状态（即压力过低或者过高）会使人苦恼，因为它们要么刺激不足，要么过度刺激。而理想水平的压力则具有挑战性，并使人产生向上的动力（即积极的感觉和高度投入工作），而不是苦恼。因此，必须对压力问题进行管理，以创造一种能够使个人和组织都发挥其最佳功能的平衡状态。

图7-1　压力对健康和绩效的影响

客观地评价，工作压力并不都是消极的。工作压力的心理反应有其积极的一面，表现为情绪的适度唤起、注意力的调整等，这些反应可以帮助人们有效地应对环境要求。

7.4　压力对员工的负面影响：倦怠

在压力的长期影响下，员工的心理健康会损害，员工的工作绩效会降低。压力对员工的负面影响最明显的表现是，在长期压力状态下，员工会出现倦怠。倦怠是员工长时期从事某种工作后可能会体验到的一种低落的心理状态。

倦怠主要包括三个要素：情感耗竭、人格解体、个人成就感低落。

情感耗竭是一种生理上的情感耗尽的严重状态。此时的员工会感觉自己毫无生气，疲惫不堪，因而不能满足工作的需要。其后果为，员工经常感觉疲劳，时常不在工作岗位。

人格解体表现为玩世不恭地对待自己所从事的职业与工作，甚至表现出愤世嫉俗、麻木不仁和冷漠的态度。更有甚者，对待客户和其他人也表现出冷淡、漠不关心，甚至敌意。

个人成就感低落表现为评估自己工作成就感时持消极的态度，即消极评价自己的成就，表现出低动机、低绩效的倾向。

倦怠最终会导致员工的缺勤、不满，出现不健康症候，工作低绩效，最终导致离职。

倦怠是员工长期面临强烈的与工作相关的压力而造成的。倦怠中的员工担心会失去工作资源，失去社会支持、自主性、参与决策与提升的机会。

面对工作压力已产生倦怠的员工，要学会身心的自我调解，降低倦怠水平。

7.5　工作压力的个人调适

工作压力的个人调适可以分为两种类型：问题解决法与情绪调节法。

问题解决法指直接改变压力源的方法，如离开一个工作岗位，寻找新的职业；情绪调节法则是指改变自己，使压力的意义产生变化，从而减轻或消除压力源。

问题解决法是直接的调适方法，而情绪调节法是间接的调适方法，它们各有长处和短处，具体可见表7–3。

表7–3　　　　　　　　　　问题解决法与情绪调节法的利弊

调适方法	有利的方面	不利的方面
问题解决法	1.你的行为可能适宜地消除压力源 2.可以消除你的不良情绪 3.可以弥补未发现的损失 4.可以提高自尊心 5.可以提高控制感	1.可能陷入事与愿违的忧虑 2.可能错误地诊断问题 3.可能增加行动不当带来的烦恼
情绪调节法	1.可能降低自己的情绪反应 2.可以维持增长的希望和勇气 3.可以重新获得自尊	1.防卫机制可能干扰适宜的行为 2.可能变得情感麻木 3.意识到威胁可能干扰后续行为 4.可能维持对症状与原因之间的关系的无知

1.问题解决法

问题解决法是一种通过直接排除应激物而消除应激影响的方法。从一般意义上讲，它比以改变自己的看法来摆脱应激带来的困扰要有效得多。问题解决法能在采取适宜行动的基础上直接排除应激物，可以使应激引起的不良情绪最直接、最快速地得以消解，可以及时弥补我们也许还来不及发现的损失，可以提高自己的满意感和自尊心，使自己体会到解决问题的胜任感和控制感。

但是，如果直接行动有悖于社会规范，则可能给他人和自己都带来不利的后果。例如，某人造成了你的经济损失，最直接的应对行动就是夺取他的财产，让他受损失，然而，这样做的后果有可能使你违背道德规范或触犯法律。

因此，在使用问题解决法应对应激带来的问题时，必须要考虑拟采取的行动的社会文化可能性（是否符合社会文化、习惯的要求）、道德可能性、法律可能性和现实条件可能性（即能否办得到）等。

2.情绪调节法

情绪调节法是一种间接的调节方法。在不改变应激物的情况下，个人通过改变自己的观念或行为反应来削弱或消除应激所带来的不利影响，在弱化应激情绪反应的基础上，个人可以继续维持自己的希望和勇气并重新恢复自尊。在应激物无法改变或没有必要改变的情况下，情绪调节法的效果是理想的。

但是，如果应激物有可能改变，而且不改变无法保证真正摆脱应激困扰，情绪调节法就显得无力了。在这种情况下，情绪调节法不但不能解决应激带来的消极后果，还可能带来新的应激因素。

情绪调节法也不完全都是情绪的，其中也有大量对情绪起转移作用和抑制作用的行为方式。从紧张时扶扶眼镜、拉拉衣角到大量抽烟、酗酒、使用药物等，都是情绪调节中常见的方法。美国临床心理学家施瓦茨（Garry Schwartz，1977）把抽烟、酗酒、使用药物等调节方式称为"反调节因素"，长期使用这些反调节因素会不断干扰甚至最后破坏大脑皮层的调节功能，因此，要有节制地使用。

7.6 　　　　对员工的心理健康教育

心理健康教育中应更多地采用心理学的原理、原则和方法，这样的心理健康教育才会取得更好的效果。

首先，要确立心理健康的标准（如五项综合标准——认知、情感、意志、个性、适应性），按照标准区分心理健康与不健康的员工。

其次，要用科学的"诊断"方法，如焦虑自评量表（SAS）、抑郁自评量表（SDS）等确定员工心理不健康的程度。

最后，对不同的心理健康症状要采用不同的心理治疗方法与行为矫正方式。对于

第7章　员工心理健康

因压力、应激而产生的心理健康问题，采取的应对策略是问题解决法与情绪调节法；对于因挫折而产生的心理健康问题，应采取积极的心理疏导法，建立积极的心理防卫机制。此外，我们还可以通过心理咨询与心理疏导进行个性化的心理健康教育。

心理疏导是指运用一定的心理诱导的策略和方法使受挫者在别人的引导下发挥内在潜力，达到消除心理障碍、明确前进方向、排除不良情绪和行为的目的。

心理疏导要在三个层面上进行：一为找寻诱发心理健康的诱因层面（内、外诱因）；二为确定心理健康引起的心理反应的层面（表现层面）；三为探寻认知根源的层面（深层的认知、归因层面）。

心理疏导的原则是优化员工的心理防卫机制。

【延伸阅读】　企业管理者接受心理健康培训或能提高员工出勤率[①]

澳大利亚和英国研究人员2017年在英国《柳叶刀·精神病学》杂志上发布的一项研究表明，企业管理者接受基本的心理健康培训能提高员工的心理健康状况，降低员工请病假的概率，提高出勤率。

澳大利亚新南威尔士大学等机构的研究人员与英国同行合作，将参与研究的88名团队管理者随机分为两组，一组接受了心理健康培训，另一组作为对照组未接受培训。6个月后，研究人员评估了两组管理者所管理的几千名员工的病假率。

结果显示，接受培训的管理者，其员工此前的病假率为1.56%，管理者接受培训后，员工病假率下降了0.28%，相当于6个月内每名员工请病假的时间减少了6个多小时。对照组管理者所管理的员工此前的病假率为0.95%，半年后的病假率上升了0.28%。

研究负责人、新南威尔士大学的塞缪尔·哈维表示，管理者应负起员工心理健康的责任，因为心理疾病会干扰人们的日常工作。未来他们会进一步验证此次试验的结果，也会研究这些结果是否适用于其他工作环境。

本章小结

1.心理健康的综合标准有五个方面：认知正常、情感协调、意志健全、个性完整、适应良好。

2.压力是指能造成生理、心理功能紊乱的紧张性刺激物，员工对工作压力源会产生消极性的生理、心理、行为反应。员工面临的压力源可分为两方面：一方面为来自组织与工作的压力，工作超载与欠载都会变成压力源；另一方面来自个人的应激性生活事件。

3.压力的影响具有两重性，压力过大会影响员工身心健康，没有压力生活中就没有挑战。只有适度的压力才能提高绩效、有益健康。

[①] 欧阳华，刘文静. 后备人才培养：人盯人模式过时了！[EB/OL]. [2014-10-28]. http://www.1000plan.org/qrih/article/58177.

4.倦怠是员工长期从事某种工作后可能会体验到的一种低落的心理状态。倦怠的组成要素为情感耗竭、人格解体、个人成就感低落。面对工作压力已产生倦怠的员工，要学会身心的自我调节，降低倦怠水平。

5.对员工的工作压力要进行个人调适（问题解决法、情绪调节法），要定时对员工进行心理健康教育，并对员工进行心理疏导。

复习思考

1.解释心理健康的内涵与标准。

2.说明压力的概念，并将其与紧张相区分。

3.分析引起压力的主要组织与个人原因。

4.阐述倦怠及其与员工健康和幸福感的关系。

5.试述如何对员工进行心理健康教育。

第 8 章

群体与团队

学习目标

1. 为群体下定义，并解释它与人的组合有什么不同
2. 描述群体的不同类型及群体发生、发展的生命周期
3. 解释群体结构动力学的四个概念：角色、地位、规范与凝聚力
4. 正确区分群体中的不同个人绩效：社会助长作用与社会惰化作用
5. 定义工作团队，解释其与群体的区别
6. 分析如何才能创立成功的工作团队

8.1 群体的概念与组成要素

8.1.1 群体的定义

群体可定义为两个或两个以上相互交流的个体的组合，他们之间有一种固定的关系模式，分享共同的目标，并且把他们自己看做一个群体。

要想成为一个群体，必须符合以下四个标准：

（1）有两个或两个以上相互交流的人。

（2）分享共同的目标。

（3）有一种固定的群体结构。

（4）个体必须把他们自己看做一个群体。

由此可见，作为一个群体的基本特性是社会交互性、稳定性，有共同的兴趣或目标，以及对群体的认可性。

推而广之，工作群体（Work Group）是指两个或两个以上相互影响，并拥有相关联任务目标的一群个体，其中相互关联与相互影响是区分工作群体与单纯一群人的标志。

8.1.2　群体的组成要素

心理学家霍曼斯（G. C. Homans）认为，任何一个群体中，都存在着相互联系的三个组成要素：活动、相互作用和感情。

一个组织能够持续存在，必须有种种的活动、相互作用及感情。因为，工作（活动）要靠人们一起来完成（相互作用），在相互作用中又会产生感情。

图8-1显示了群体的组成要素。从图中可见，存在于群体中的活动（人们所从事的工作）、相互作用（从事这些工作时发生的人与人之间的行为）和感情（人与群体间的态度）这三者是相互关联的。

图8-1　群体的组成要素

8.2　群体的类型与发展

8.2.1　群体的类型

群体的类型分为两种：正式群体、非正式群体（见图8-2）。

图8-2　群体的类型

正式群体（Formal Group）是指由组织产生并且特意用来引导成员完成一些重要组织目标的群体，其中包括任务型群体与命令型群体。任务型群体（Task Group）是指由特殊的任务目标所构成的群体；命令型群体（Command Group）则是由正式组织的成员之间的关系所决定的一个群体，一般是由几个主管及其下属所组成。

非正式群体（Informal Group）是指组织的个体之间自然发展起来的，而且没有任何管理方面指导的群体。其中如兴趣型群体（Interest Group）是由人们共同的兴趣而产生的，友谊型群体（Friendship Group）则是由社会需求而引起的，如打球、打扑克。

8.2.2 群体的形成与发展

毛萧德（K. Mossholder）与格列芬（K. Griffin）于1995年提出了一个群体发展生命周期的模型图（如图8-3所示）。由此图可见，群体经历了形成、发展、成熟、衰老和死亡五个阶段。

图8-3 群体发展生命周期的模型图

第一阶段为区分群体的类型和形成群体的阶段。

第二阶段为群体按步骤发展（四个步骤）的阶段，此时群体的发展受到了结构、规模、规范和凝聚力程度的影响。

第三阶段为群体成熟的阶段，这一阶段的群体与其成员有其明显的特点，能形成群体决策，并与其他群体相互作用。

第四阶段为群体的衰老阶段，并有明显的消极特征。

第五阶段为群体的死亡阶段，由于群体成员的目标差异破坏了群体共同的规范，从而群体解体。

8.3　工作群体的结构动力学

在工作群体或团队中，不同的成员肩负着不同的任务和责任。

群体结构动力学中的内涵包括角色、规范、地位与凝聚力等。

8.3.1　角色

在群体中每个人都扮演着不同的角色（Role），称为角色扮演者（Role Incubent），我们对扮演角色的人期待其有特定的行为，这就是角色期望（Role Expectation）。在社会结构中，不同的人扮演着不同的角色，称为角色分工（Role Differentiation），有的扮演任务导向角色（Task-Oriented Role），有的扮演社会情感角色（Social Emotion Role），有的扮演自我导向角色（Self-Orientation Role）

正式组织角色是指由组织确立并且是正式描述的一部分。

8.3.2　规范

规范（Norm）是指对群体不言自明的规则。

这种不言自明的规则虽然指的是大家共同接受的引导群体成员行为的非正式规则，但它代表了群体成员看待世界的共同方式。

规范包括规定性规范（Prescriptive Norm）与禁止性规范（Prohibitive Norm）两种，差不多等同于潜规则，是为群体成员广为接受的不成文规定。规范的内容包括着装、言谈举止、工作方式等。违反规范者会受到提醒、指责、惩罚、除名等。

8.3.3　地位

地位（Status）是指群体以外的人对群体或群体成员的位置或层次的一种社会性的界定。

地位也分为两种——正式地位与非正式地位。

正式地位是组织给予员工的再现职权差异的地位标志，如办公室与停车位的差异。

8.3.4　凝聚力

凝聚力（Group Cohesiveness）首先表现为团队精神，体现对群体的归属感。

凝聚力是一种使成员想留在群体中的力量。高凝聚力的群体其成员间相互吸引、相互帮助，接受同一目标；而低凝聚力的群体，其成员互相排斥，各自接受的目标不同。

凝聚力也是一把"双刃剑"，其影响力可能有益，也可能有害，因为凝聚力是群体对其成员的吸引力以及保持群体完整的各种力量的总和，只有在群体目标正确的前提下提高凝聚力才是有益的、有积极意义的，而在群体目标不正确的情况下，提高凝聚力反而是无益的，甚至是消极的。

8.4　群体中的两种个人绩效：社会助长作用与社会惰化作用

在群体面前，个人可能会提高绩效，这被称为社会助长作用；个人的绩效也可能会降低，这被称为社会惰化作用。

8.4.1　社会助长作用

社会助长作用是指他人在场时会提高个体唤醒水平，因而提高了个体绩效，这种现象被称为社会助长（Social Facilitation）作用。

从图8-4中可见，产生社会助长作用的原因在于情绪唤起（紧张、兴奋）增加了优势反应。

图8-4　社会助长作用

显然，如果遇到不熟练的复杂任务，为解决问题，则需要提高唤起水平；否则，绩效就会降低，从而产生社会抵制作用。

8.4.2　社会惰化作用

如果每个人与其他人一起工作时都会"自由放松"，那么每个人的贡献都会和其他人的贡献累加在一起。对累加性任务做出贡献的人越多，每个人的付出就越少，这种现象就被称为社会惰化（Social Loafing）作用。

在美国，因为崇尚个人主义（文化），人们单独工作时的绩效要比集体工作时的绩效高些，这就是社会惰化作用在起作用。在中国、以色列等集体主义文化中，人们作为群体成员工作时，其绩效要比单独工作时高，文化在其中同样扮演重要的角色。

总之，社会惰化作用表明，人们在群体中工作时，不会发挥出与单独工作时等量的努力，而且群体越大，每个人付出的努力越少。

8.5　团队的性质及建设

8.5.1　团队的含义

团队是一种特殊的群体，其成员有互补的技能并且承诺于一个共同的目标或一系列绩效目标，他们认为自己应该为这些目标共同负责。

团队与群体在性质与特点上还存在不少差别，见表8-1。

表8-1　　　　　　　　　　　　　团队与群体的对比

项目	团队	群体
绩效依赖	个人贡献和集体的工作产物	个人的贡献
对成果的责任性依赖	共同的成果	个人的成果
群体成员的兴趣	共同目标及对目标的承诺	共同的目标
管理的特点	某种程度上的自我管理	对管理人员的命令绝对服从

8.5.2　工作团队的特性

工作团队（Work Team）是工作群体的一种，有以下三个特性：

（1）每个成员的行动必须相互依赖和相互协调；

（2）每个成员必须担当一个特定的角色；

（3）每个成员必须拥有相同的任务目标。

显然，所有工作团队都是工作群体，但并不是所有的工作群体都是工作团队。

区别群体和团队的重要标志是任务相互依赖性，这是指人们在完成任务时，要求相互之间共享资源或共同协作的程度，而群体成员之间就不必非常依赖。

8.5.3　团队类型

根据性质、目标、使命、时间、自主化程度、职权结构等的不同，可以将团队划分为不同的类型。

按目标或使命可将团队划分为工作团队与改善型团队两种。工作团队主要关心产品与服务，而改善型团队主要关心方案有效性的提高。

按时间区分可将团队划分为临时性团队与永久性团队。临时性团队只在一个有限的时期内存在，而永久性团队只要组织存在它就保持运转。

按自主化程度可将团队划分为工作群体与自我管理型团队。工作群体中仍由领导为群体成员做出决策，而自我管理型团队中团队成员可以自由地独立做出关键决策，其中包括负责生产产品，减少投入资源，减少管理资源以实现自我管理。

按职权结构可将团队划分为完整型团队与跨职能型团队，前者可在自己特殊的领域内工作，后者指团队由来自不同专业领域的成员组成。

综上所述，团队类型可归纳为表8-2所示的几种。

表8-2　　　　　　　　　　　　团队的类型

划分标准	团队类型
按目标与使命	工作团队 改善型团队
按时间区分	临时性团队 永久性团队
按自主化程度	工作群体 自我管理型团队
按职权结构	完整型团队 跨职能型团队

8.5.4　团队的发展阶段

有效团队的形成并不是自发的。在团队的发展过程中将出现各种导致成功或失败的情况。为了展示这些情况，我们提供了一个团队经历的基本发展序列，在这里，团队的发展经过了形成阶段、震荡阶段、稳定阶段、运行阶段和整休阶段，如图8-5所示。

图8-5　团队发展的各阶段

在团队发展的各个阶段中都有成熟与不成熟两个方向。总体看来，团队自形成阶段开始都是朝成熟方向渐进的。但进入第二阶段、第三阶段时，因为各种内外的因素对团队的影响加大，有失败的可能，这时，团队就进入不了下一个发展阶段。如果团队顺利发展到第四个阶段，团队的发展则进一步出现三个可能的方向：一是朝更成熟的方向上升；二是团队发展出现停滞不前的现象；三是团队发展受挫折，面临失败。

在形成阶段，团队的成员首次相聚到一起，这时大家对任务不甚明了，成员相互之间也不是很了解，更不知彼此的兴趣爱好是什么。一般情况下，团队内部成员之间都比较礼貌，也比较疏远，彼此的交往有限。因此，在这一阶段，成员对领导者表现出较高的依赖性。

进入震荡阶段，团队中每个成员开始有自己的发现。成员之间开始不断产生冲突，对彼此的角色地位和责任有了不同的看法。团队的成员会经常争夺在团队内的地位与权力。这个时候，人们不易接受彼此的差异，团队的领导者容易受到各方的攻击。成员的反依赖性出现，但依赖性依然存在。领导者在本阶段的中心任务是领导或引导成员之间进行对话和相互理解。

在稳定阶段，成员之间经过前两个阶段的磨合，开始能够理解对立和差异，对不同的观点或看法可以容忍。信息在团队内部得到分享，同时开始形成一种共同的责任感。合作成了团队的核心，协作比较顺利，决策容易在一致的情况下产生。团队的内聚力增强，同时团队从以前的紧张状态中解脱出来。需要注意的是，在这一阶段的最后时期，作为对轻松的状态以及对权威的反应，一种不安定的情绪有可能出现。这时，领导者要能够接受各方对自己的挑战，并且要想办法激励团队在理性的范围内确定标准，使团队进入到下一个阶段。

第四个阶段是运行阶段，这是可以取得上佳业绩的阶段。在这个时期，团队成员已经确定了各自的角色定位，包括领导者的角色。他们相互讨论团队的成就，寻找改进工作的措施与方法。成员大都对自己的表现负责。这一阶段是一个团队的"黄金阶段"。

整休阶段被视为第五阶段。此时团队的存在在时间上实际是有限的，因为随着时间的推移，一些成员离开团队而被新的成员替代。团队结构的改变通常暗含着退回到前面的某一个阶段。这种转换的比率依赖于改变的范围与程度。这一阶段团队中一般会出现两种人，一种人倾向于向前看，另一种人则倾向于回顾往日时光。前者趋向开拓，后者较为保守。组织理论研究表明，组织结构的改变可以使一个团队保持开放的精神，因为新的成员在思想意识上可能十分新颖，他们一般不坚持以前的团队所发展起来的陈规陋习，使团队有机会重新考虑那些无人质疑的旧的做法，实际上也给予了团队一个继续学习的机会。

8.5.5 加强团队建设——团队承诺与团队胜任

有计划地进行团队建设的过程中有一点需要特别强调，即团队承诺（Team Commitment）。团队承诺是指要加深团队成员在团队中的"卷入"程度，这是个体对团队目标的认同、为团队努力工作的意志、留在团队中的意愿的总和。

只有团队承诺高，团队绩效才会高，离职倾向才会低，才会产生高的满意感。

此外，要加强团队成员的胜任力，提高团队成员的胜任素质和可预测的团队工作绩效。其中的核心内容包括：

（1）团队成员掌握团队合作的知识，个体如何在团队中有效工作，搞好、保持成员之间的良好工作关系；

（2）团队成员要关心社交，与人交流以及影响他人；

（3）团队成员应该具备集体主义的人格特征。

8.5.6　创建成功团队的条件与障碍

1.创建成功团队的条件

根据大量的试验，在团队的规模上，一般认为，保持小的团队规模是明智之举，10～20个成员的团队最为理想。

要选择合适的团队成员。由于团队经常会面临新的情况，为此要不断地进行培训、培训、再培训。通过培训，向团队成员阐明目标，阐明团队行为的规则，对于受训的团队成员的培训效果要进行合适的绩效评估，对于优秀的成员要给予奖励。

在培训中，要重点地突出培养团队精神，促进相互信任，鼓励参与。

2.创建成功团队的潜在障碍

在创建团队的过程中最大的障碍是团队成员不愿意合作，也没有得到管理人员的支持，领导者也不愿意放弃控制权，也不能与其他团队合作。

创建团队中的另一障碍被称为"过程损失（Process Loss）"，即团队成员在与工作绩效没有直接联系的活动中所花费的时间和精力。这些精力和时间主要用来解决群体维系问题。由于群体内部个体相互干扰，产生过程损失，因而群体绩效未必优于个体与个体之和。

【延伸阅读】　　　　　　　　　　基于人才库的人才梯队建设①

一、基于岗位的后备人才管理模式日渐式微

基于岗位的后备人才管理是指以岗位为核心，围绕着岗位找到一批高潜力的人才，然后依次做梯队划分和培养。其特点是岗位的要求是明确、固定的，只有少数特定的群体能够进入后备人才的培养计划，所有的培养计划都为这一明确的岗位服务。通常的做法是先做岗位分析，列出企业目前及未来三年到五年的关键岗位；然后在岗位条线上通过绩效考核或者能力素质测评找到高潜力人才；最后对高潜力人才进行培养，一旦关键岗位出现人员空缺，便从后备人才中找替补。这种做法看起来很严谨，过去也确实得到了较好的应用，解决了部分企业的实际问题，但从当前企业发展的趋势来看，有诸多弊端：

第一，在日趋复杂多变的商业环境下，组织变革和调整随时可能发生，曾经的关键岗位也可能在一夜之间不复存在，基于岗位的人才储备也可能在瞬间土崩瓦解。

第二，以岗位为核心的后备人才管理过于关注企业对人才的需求，忽视了人才自身的发展需要。

第三，以某些特定岗位为目标的人才储备使得员工的发展通道过于单一，无法满足员工多元化发展的需求，也会造成企业人才浪费现象的发生。有些企业，接班人已经具备接班的资格和能力了，可是现任还将长期在岗。

---

① 欧阳华，刘文静. 后备人才培养：人盯人模式过时了！[EB/OL].[2014-10-28]. http://www.1000plan.org/qrih/article/58177.

第四，通常基于岗位的后备人才管理，在梳理了关键岗位后就会从这个岗位条线上去"抓重点"，找高潜力人才。当职位条线或分公司之间出现人员配备不均衡的时候，"旱的旱死，涝的涝死"，从企业整体层面上造成人才浪费。

第五，只针对少数特定群体的发展计划打击其他员工的工作积极性。被选上的员工短期内可能工作积极性会大大提升，但是没被选上的员工由于没有其他的发展机会，工作积极性就被打击了。

第六，企业在做这种人盯人的梯队建设时，如果思想统一不好，现任会对后备产生误解，认为是对自己的威胁，可能会影响团队的合作。

二、基于人才库的人才梯队建设

基于人才库的人才梯队建设是指以企业发展和人才发展需要为核心，充分挖掘个人潜质和可能的发展方向，并基于企业长远的战略发展需要，通过长期跟踪、评价和发展，为企业提供多元化的、持续的人才供应。具体做法是将所有员工纳入统一的人才管理平台，在平台上为员工提供多种职业发展通道和各类人才发展计划，通过人才评价和盘点发现员工的潜力和短板，并根据员工的特点提供人才发展计划，一名员工可以参加多个计划以提升自己各方面的能力，对人才的盘点和发展是一个长期追踪、循环往复的过程，当企业在某个岗位上出现空缺时，可以在整个平台范围内寻找合适的人才。

相比基于岗位的后备人才管理，基于人才库的人才梯队建设有着其明显的优势。

第一，基于人才库的人才梯队建设将企业所有员工纳入企业人才管理平台，给予了所有员工同等的发展机会，这不仅可以保证优秀人才"无一人漏网"，更可以让所有员工感到被尊重和被重视。

第二，企业为员工提供多种职业发展通道和各类人才发展计划，能够使员工有更多的机会展示和提升自己，真正做到人才各尽其能，也满足了新生代员工实现自我价值的需求。

第三，基于人才库的人才梯队建设强调对人才的长期追踪、评价和发展，不仅将人才视为可培养、可发展的资源，更可以避免仅凭一次考试来进行人事决策的风险，真正做到"全面、辩证看干部，注重一贯表现和全部工作"。

第四，当企业出现人员空缺时可以在平台范围内寻找到合适的人才，这不仅夯实了企业人才供应的基础，也让员工感受到只要自己足够优秀就有机会获得提拔和晋升，实现自己的"职业梦"。

三、人才梯队建设六步组合法

通常进行基于人才库的人才梯队建设分为以下六个步骤（见图8-6）：

图8-6　人才梯队建设的步骤

步骤一：规划人才池

在人才池规划方面，除了为员工制定多元化的发展通道外，也可以设置各类人才发展计划，如创新人才计划、新员工启航计划。这些计划并不针对特定岗位，却能使有潜力的员工快速获得企业发展所需的能力，尽可能地挖掘人才可能发展的方向，为企业三年、五年甚至五年以上的发展目标奠定能力基础。

步骤二：制定人才标准

由于基于人才库的人才计划并不针对某一特定岗位，所以制定的标准也会与传统的岗位胜任力有所区别。如今，当岗位的确定性发生了动摇，重点就不是个人是否具备某种能力，而是学习能力和潜力。因此，关注人才的潜力，是未来企业制定人才标准的一大趋势。

步骤三：人才盘点和C会议

传统的基于岗位的后备人才，往往与岗位的需求密切相关，因此人才盘点常常是临时性、突发性的，而基于人才库的人才梯队建设关注的是企业人才的长期供应，并且人才盘点与人才发展的目的是有针对性地追踪、挖掘员工潜力，是一项循环往复的工作，因此需要有保障机制确保人才盘点能够定期、长期地坚持下去。

步骤四：人才的培养、使用、追踪、预警

在对人才的优势和劣势进行了解之后，需要制订针对员工个人的发展计划，并且坚持贯彻下去。目前许多企业都采用了一些员工培养方法，如行动学习、导师制、轮岗计划、教练培训、公开课程等，这些都是可以参考的。

步骤五：任用决策会

当企业发生人员空缺时，能够在整个人才管理平台上寻找到符合要求的人才。有时候符合要求的人才数量会超过所需人员数量，这时，为了尊重人才自身的发展意愿，就需要开任用决策会，以确保将合适的人才放到合适的岗位上。

步骤六：人才退出

经过一段时间的培养之后，有部分员工没有明显的提升或自身的意愿发生了变化，也有可能是其某些条件已经无法满足人才发展计划的要求，那么这些员工就需要退出计划。

本章小结

1.群体可定义为两个或两个以上相互交流的个体的组合，他们之间有一种固定的关系模式，分享共同的目标，并且把他们自己看做一个群体。

2.组织内有两种主要的群体：正式群体，它包括命令型群体和任务型群体；非正式群体，包括兴趣型群体、友谊型群体等。群体五阶段的生命周期理论包括形成阶段、震荡阶段、稳定阶段、运行阶段和整休阶段（即形成、震荡、规范、运作、中止）。

3.群体结构动力学中的角色是对个体在群体中特定的位置做了细分，群体结构中不同的内部角色具有各不相同的典型的行为模式；规范是指普遍赞同的非正式规则，是群体成员的行为标准、准则、群体威望；凝聚力是群体成员聚拢在一起的各种力量的总和，即凝聚力群体应遵守群体规范。

4.工作绩效受其他群体在场的影响，一个人在他人面前有时绩效会提高，有时会降低，这被称为社会助长作用。在累加任务方面发生了社会惰化作用，从事一项任务的人越多，每个人付出的越少。

5.工作团队是工作群体的一种，团队中成员的任务相互协调、相互联系，在团队中扮演不同的角色，有一个共同的目标。

6.团队依据目标与使命可分为工作团队与改善型团队；按职权结构可分为完整型团队与跨职能型团队。团队形成的步骤为：工作前阶段、创建绩效阶段、形成与建立团队阶段以及继续提供帮助阶段。

复习思考

1.区分正式群体与非正式群体的不同特征。

2.解释群体动力学中的四个不同概念：角色、规范、地位、凝聚力。

3.举例说明群体中的两种个人绩效：社会助长作用与社会惰化作用。

4.试述创建成功团队的条件与障碍。

第9章

领导心理

学习目标

1. 解释领导的概念
2. 说明领导者与管理者的联系与区别
3. 认识领导者的权力与影响力
4. 了解领导者有效性的品质理论
5. 分析领导者有效性的行为理论
6. 掌握领导者有效性的权变理论
7. 描述魅力型领导的特征
8. 明确变革型领导的特征
9. 说明交易型领导的特征
10. 解释道德型领导的特征

9.1 领导的一般概念

9.1.1 领导的概念

在过去的几十年里，对"领导"这一概念的定义数量与对其加以研究的数量相等，可以说有多少种研究，就有多少个对"领导"的定义。其实，不同的研究者是从不同的角度定义"领导"的概念的，其内涵与外延都不同，甚至可以归纳为多达65种不同的分类体系。这些研究角度包括目标、权力影响、个性与组织角度，以及品质、行为影响、互动模式、角色关系、行政职位等。

目标角度是指领导者是实现目标的手段。上到一个国家，下到一个基层组织，都要由领导者带领才能实现既定目标。权力影响角度是指领导者是权力影响者，借此可对别人产生影响。组织角度是指领导是组织变化和活动中心，领导体现组织的愿望。个性角度是指领导应拥有能带领组织与群体、个人完成任务的特质。

尽管对"领导"的概念存在着许多不同的观点与提法，但以下一些观点是共同的：领导产生于一定的组织中，又服务于一定的组织；领导是一种统御和指引他人的行为过程；领导是从管理中分化出来的高层次的管理组织活动；领导是两个人或更多人之间的一种关系，在这种关系中影响力和权力不是均等分配的。

此外，还存在以下的共同观点，即领导概念的核心要素包括以下四方面：领导是一个过程；领导具有影响力与控制力；领导是发生在群体中的；领导的愿景是关注和实现目标。

9.1.2 领导是一个行动过程

领导是指一个过程，是指引导与影响个体、群体等，使之在一定条件下实现既定目标的行动过程。领导过程的范围包括选择所追求的目标和战略；鼓励组织成员去实现；进行组织工作；促进成员之间的相互信任和合作；发展成员的技能和自信；在成员中学习和分享新知识；在外围人员中谋求支持和合作。

领导这个概念实质上包含动态的过程，在一个组织中要实现某种目标，完成整个的领导过程，其中不仅需要有领导者，还要有被领导者以及包括目标在内不变的方针和原则。领导着力追求整个组织乃至全社会的效益。领导是指领导者为实现一定的目标，统御和指引被领导者的社会管理活动。

领导的目标和功能是产生变化和运动，寻求对环境变化的适应性，并能及早做出建设性的变化。

领导者是指致力于实现领导过程的引导者与影响者，致力于实现这个过程的领导班子，被称为领导者群体。

领导者是实现领导过程的特定人物。

领导者是一个被委派到某一职位上，具有职权、责任和义务来实现和达到组织目标与目的的人。

在英语中，领导（Leadership）与领导者（Leader）是两个词，而在汉语里"领导"这个词既是名词又可作动词。通常人们习惯地把领导人与领导过程都称为"领导"。

区别领导与领导者概念的意义在于，任何领导者只是在无限领导过程的有限时段发挥了一定的作用，要完成一定的目标任务就需要领导者前赴后继地完成任务，才能最终实现目标。

将领导看做一个过程，在这个过程中，从事领导的人被称为领导者，领导活动直接指向的个体被称为追随者（Followers）。"追随者"是这样一群人，他们承认工作的主要指导来源是上级领导者，而不论这个领导者实际上有多少正式权威。领导者力图使追随者相信，他们的最佳利益是在实现共同的任务目标时进行合作的过程中实现的。领导过程实际上是帮助一群个体（追随者）实现目标的一种影响过程。

9.1.3　领导者与管理者的联系与区别

1.领导者与管理者在概念内涵上的区别

从领导者与管理者两个概念的内涵来分析，领导者和管理者应该有不同的价值观和工作方法及操作程序。

作为管理者，如经理的价值观是要使组织（如企业）稳定、有序和高效。但是作为领导者，如厂长的价值观的核心是创新、灵活性和适应社会与市场。

显然，经理关心的是如何把事情搞定，如何使人们做得更好。但是，作为厂长，关心的是什么事情对人们是最重要的、有意义的，领导者要使下属相信，他们所做的正是最重要的事。

由此可见，管理者是正确做事的人，而领导者是做正确事的人。

2.领导者与管理者在性质与职能上的区别

领导研究早在古希腊亚里士多德时期就已开始，而管理研究只是在19世纪末20世纪初工业化社会到来时才开始的。

管理是指在权力的范围内对事物的管束和处理过程。管，在我国古代是指锁匙，引申为管辖、管制之意。理，本意是治玉，引申为整理或处理。管理是为了实现一个确定目标，对人力、物力和其他资源进行整理和处理的过程。管理偏重执行政策、组织力量、实现组织目标。

管理的目标和功能是产生秩序和一致性。保证秩序和稳定是压倒一切的任务。

3.领导者与管理者在工作方法与操作程序上的区别

管理者与领导者的工作方法与操作程序有以下差异：

管理者采用以下方法产生预见性和秩序：正确确定所选择的目标，制订带有时间表的行动计划及合理地分配资源；合理地组织和配置人员，建立合理的组织结构，给人们分配工作；有效地监控结果和解决实际问题。

领导者采用以下方法产生组织性变化：

（1）确定未来愿景和促使战略的必要变化。

（2）注意与下属沟通并解释愿景。

（3）鼓励与激励人们去实现这个愿景。

管理者与领导者的共同点都涉及决定去做什么，并进一步创造"去做"的关系网络，并能预测将要发生的事情。

当然，过分强有力的管理者可能会妨碍创新与冒险。同样，过分强有力的领导者可能会破坏秩序与效率。

仅有强有力的管理可能建立一个没有目的的官僚体系；同样，仅有强有力的领导则可能导致变革不能付诸实践。

总之，管理与领导两个过程对一个组织的成功都是必需的。两个过程的相对重要性以及整合它们的最佳方式取决于现实情境。

9.2　权力与影响力

9.2.1　权力的内涵

权力是一种影响力、控制力，存在于人与人的相互关系之中。单独的个人无所谓权力。权力作为一种影响力、控制力只表现在"命令–服从"的人际关系中。协商、合作、冲突的关系都不是权力关系。

权力作为影响力可以影响他人的态度、信仰和行为。为此，我们可以将权力称为一些人对另一些人造成他们所希望和预定的影响的能力。

9.2.2　权力的来源与基础

权力的来源被划分为权力的制度来源说与受影响者的接受来源说。

制度来源说强调权力不是来源于财产私有制，而是来源于法律、制度与组织。受影响者的接受来源说认为，权力来源于群体成员自愿或不自愿的服从。只有当接受命令或指示的人把这种命令或指示作为具有权威性命令或指示予以接受时，权力才会存在。

在我国，领导干部要树立正确的权力观，即"权为民所赋，权为民所用"。

9.2.3　权力的形式与类型

根据弗伦奇和雷文（French & Raven，1959）的权力分类，组织中的权力可以分为两大类：一类为职位权力（Position Power）；另一类为个人权力（Personal Power），又称人格权力。

职位权力是指从正规组织系统的特定职位或头衔中衍生出来的权力。这种权力又被称为合法性权力，是因为它是通过正式授予而获得的，是由国家的法律、法令和主管部门的决议、命令直接任命与决定的。任何合法性权力都是通过领导者的职权来体现的，如企业中的厂长、经理等。要使领导者履行所在岗位的职责，必须赋予其一定的权力，这种权力是他们推行决策、指导下属行动的依据。

弗伦奇和雷文根据职位和个人权力的综合特点提出了五种权力类型，分为奖励权力、威胁权力、合法性权力、专业权力和参考权力。现分述如下：

1. 奖励权力（Reward Power）

奖励权力是指领导者控制下属所需求的重要资源和奖励，下属要顺从才能获得领导者所控制的资源和奖励。

领导者在实施奖励权力时，要注意以下几点：提供公正和道德的奖励；不要做出超过你能给予的允诺；解释给予奖励的标准，并使之简单化；如果目标得以实现，立即提供许诺的奖励。

2. 威胁权力（Coercive Power）

威胁权力是指组织成员要以顺从来避免领导者所控制的惩罚。威胁权力是一种强制力，是领导者可以行使的一种特殊权力。强制力包括威胁、惩罚、纪律处分、罚款、解雇或降薪等消极手段。

领导者在使用威胁权力时，要注意以下几点：解释规则和要求，确定人们理解违反纪律的严重后果；在运用指责或惩罚之前，通过调查获得事实，从而避免仓促做出结论和草率指责。出现严重错误时，在惩罚之前，要提供充分的口头或书面警告；威胁警告后依然不服从的，要处以行政处罚，维护纪律的严肃性；要运用合法、公正的惩罚，否则会有负面效应。

3. 合法性权力（Legitimate Power）

合法性权力是指来自正式权威工作活动的权力。认同、顺从组织的成员会顺从合法性规则和请求。一个经理的权威范围通常由文件规定，如组织章程、书面的工作描述或一份雇用合同。权威通常以口头或书面形式行使，如一个请求、命令或指标。

领导者在行使合法性权力时应注意以下几点：做出礼貌的、清晰的请求，并解释请求的原因；不要超出自己权威的范围；沿着合适的渠道证实权威的必要性；如果合适要证实并坚持成员顺从。

4. 专业权力（Expert Power）

并非只有具有行政职务的领导者才拥有权力，具有一定专业知识和经验的专业人士也可以获得权力与影响力。专家、学者，如大学教授以及专业的工程技术人员，获得一定专业资质的医生等，这些人士的专家地位与专业知识可以增强其被感知的专家权力，因为人们相信这些专业人士的指导是正确的。

具有专业知识的人士在运用专业权力时要注意以下几点：要让人们感到自己是可靠的信息和建议的来源；能够提供令人信服的证明或建议的证据；不要做出轻率的、粗心的、不一致的声明；在危机时以自信和果断的方式行动；不要夸张或误导事实。

5. 参考权力（Referent Power）

参考权力是领导者能对下属、同级、上级产生影响的一个重要来源。行使参考权力的一种方式是运用"角色榜样"。榜样的力量是无穷的。领导者要力争使自己成为下属的榜样。一位友好、有吸引力、有魅力、忠诚的领导者对下属有重大的"榜样与参考作用"，下属对这样的领导者会显示出强烈的羡慕和忠诚。

领导者要获得和保持参考权力，需要注意以下几点：对下属要采取支持性和帮助性行动；要有忠诚、正直的品格，甚至要以自我牺牲的形式保护和支持他人；主动帮忙；遵守诺言。

除以上五种权力类型外，在现代社会中还要附加两种权力类型，即信息权力

（Information Power）与生态权力（Ecological Power）。信息权力是指在现代社会中，领导者要学会接受信息，有控制信息传播的能力。信息权力也是当今社会中一个不容忽视的权力来源。生态权力是指领导者要根据环境中机会与约束的变化，微妙地重组与改变情境，故又被称为"情境工程"与"生态控制"。

上述不同类型的权力会产生不同的领导效能。理性奖励和理性惩罚会给领导者带来正面的绩效以提高领导效能。合法性、专业与参考权力会使下属产生支持态度，会使下属满意从而产生正面的绩效，领导效能也随之提高。

9.2.4 领导者应有正确的权力观

1.正确认识追求权力是手段，不是目的

众所周知，有权比无权更能实现自己的欲望，权力还能使领导者赢得他人的尊敬，因而有些领导者将权力作为目的，当作获取私利与个人荣誉的阶梯。有这种权力欲的领导者必然会产生各种消极与负面的结果，如以权谋私产生贪污腐化等劣迹，以致身败名裂。

权力欲若要成为有益的动机，必须与权力以外的某种目的（事业与工作目标）联系，那就是"权力为民所用"，权力欲所追求的只能是更好地为民服务。对于领导者的权力欲不必采取绝对否定的态度，而是要引导人们追求权力时抱有正确的动机，即追求权力不是目的，避免成为"有权就有一切"的权力至上主义者，要将权力看成工具、手段，最终目的是"为民"掌权，这是应该鼓励的。总之，权力是达到交往与成就的手段，而不是追求的目的本身。

2.要正确使用权力，防止权力的滥用

（1）要正确使用权力

正确使用权力会产生高绩效的组织与团队，会得到下属的支持与服从，从而使领导者个人获得更大的信任、尊严、尊敬，从而其领导地位更加巩固，在群众中的威信更高。如果滥用权力，就会导致下属的怨恨，甚至反抗、憎恨，从而导致谴责、尊严与地位的丧失。由此可见，领导者的成败在于其权力的使用方式。

权力不是领导者用来凌驾于他人之上以达到自身目的的工具，而是应该有助于领导者与下属依此来实现他们的共同目标。

（2）防止权力的滥用

有效领导者需要一定数量的权力，并且需要不同类型权力的组合。但是，过多的职位权力与过少的职位权力一样是有害的。权力过分集中在少数领导者手中，一旦决策失误会造成很大的损失。同时，权力过分集中在少数领导者手中，权力过多过大也会导致权力滥用，权力缺乏监督更是出现权力腐败的原因。当然，领导者手中的权力太少，也会使决策很难落实。

无数领导者的腐败案例表明，权力腐败与职位权力相关。在拥有相应职位权力后，人极容易利用职位进行权力寻租。这说明，职位权力会轻易地腐化领导者。对于领导者而言，这是一个权力的道德应用问题。

3.要正确进行权力教育

目前，我们在对儿童与青少年进行权力教育的过程中存在一些误区。例如，灌输服从命令就是"懂事"，不服从命令就是"任性"，在两个合作者之间唯一可能的关系，只能是一个人指挥另一个人服从的关系，并向他们展示"当官"与拥有权力者会获得愉快与极大的利益，即所谓"为官就有一切""无官丧失一切"的观念。这种教育理念会培养青少年总想"我怎样才能居于一切人之上"的专横型理想人格。另一种教育理念就是要求孩子们顺从，追随领导者，做一个服从领袖的安分守己的老百姓。有些父母和学校从一开始就企图教育儿童和青少年要绝对服从，这种教育必然会产生奴化思想或相反的叛逆心理。而两种人都不是民主政治所需要的。权力教育，不应当灌输主人与仆人的意识，而是应该让孩子们建立起平等合作的理念。

9.2.5 领导者影响力的构成

领导者的影响力是由权力性影响力与非权力性影响力两部分组成的。现分述如下：

1.权力性影响力

权力性影响力属于强制性影响力的一种，强制性表现为对他人的影响带有强迫性、不可抗拒性，以外部压力的形式发生作用。被影响者表现为被动、服从。正因如此，权力性影响力的影响作用是有限的。

权力性影响力的因素主要包括传统因素、职位因素和资历因素。

（1）传统因素

数千年的中国传统文化显示，要对领导者产生服从感。对领导者的服从感可能出自钦佩领导者的权威，也可能因害怕权威而产生。领导者本身追求权威与下级对自己的服从感有着积极与消极两种意义。积极意义表现为，如果下属"不听话"，没有服从感，则领导者的工作难以顺利开展。但是，如果领导者一味追求权威，最终有可能发展至要求下级对自己产生个人迷信与个人崇拜，这就使事物走向了反面。

在服从感的问题上，我们反对盲目服从，在强调下级对上级的服从是符合组织纪律性的同时，反对领导者一味追求个人权威与个人崇拜。

（2）职位因素

领导者的职位会使被领导者产生敬畏感。领导者的职位越高、权力越大，人们对他的敬畏感也越甚，其影响力也越大。领导者的职位越高，其影响范围与强度也越大、越强。

职位因素造成的影响力与领导者本人的素质没有直接关系，纯粹是社会组织赋予领导者的力量。

（3）资历因素

领导者的经历与资格也是产生影响力的因素。反映一个人的生活阅历与经验的资历是一种历史的产物。人们对一位资历较深的领导者往往会产生一种敬重感。

我们不能把资历因素看得过分绝对化。一个资历深但实际工作中表现很差的领导者仍会使群众失望，仍会失去群众的敬重；反之，一个资历虽浅，但在工作中表现出很强的领导能力的领导者，仍会受到依赖与敬重。

2.非权力性影响力

非权力性影响力属于自然性的影响力，这种影响力表面上并没有合法性权力那种明显的约束力，但能发挥权力性影响力所不能发挥的作用。

非权力性影响力没有正式的规范，也没有上级授予的形式。权力性影响力强调的是命令与服从，而非权力性影响力强调的则是顺服与依赖。

构成非权力性影响力的要素是：品格因素、能力因素、知识因素和感情因素。

（1）品格因素

品格因素是领导者的道德、品行、人格作风等的总称，它反映在领导者的一切言行之中。优秀的品格会给领导者带来巨大的影响力，使人产生敬爱感。无论职位多高的领导者，倘若在品格上出了问题，那他的影响力就会荡然无存。现在的许多领导者因为不能守住道德底线，以权谋私，变成了贪污腐化分子，因而他们也就丧失了对群众的影响力。群众最反对的就是言行不一、表里不一、品格低劣的领导者。群众对领导者缺乏非品格因素，如能力、知识、经验等是可以原谅的，但对于品格上出了问题的领导，那是绝对不能原谅的。

（2）能力因素

一个有才能的领导者会给组织带来成功的希望，使人们产生敬佩感。敬佩感是一种心理磁石，它会吸引人们自觉地去接受影响。

在现实生活中会出现位高才低的无能领导者。在这种情况下，工作中的"人"与"事"不能达到最佳匹配，而是发生了"人"与"岗位"的错位。为此，我们在进行人-事安排时，要使领导者的名实相符。如果让一个领导者去担任他完全力不从心的职务，那么，在这样的岗位上一定显示不出他的才能，也不会得到群众的敬佩，最终只会失去群众的信任。

（3）知识因素

一个领导者具有了某种知识专长，他便拥有了专业权力，因而会对别人产生更大的影响力。领导者在合法权力之外，充分发挥专业权力的作用可以大大提高领导效能。一个没有专业权力的领导者由于缺乏业务知识，可能在许多问题上一筹莫展。

在当前全球化的高科技时代，要树立领导者在行政领导与生产指挥中的真正权威，就必须提高领导者的业务知识能力，这是一项重大的历史任务。

（4）感情因素

感情是人对客观事物（包括人）好恶倾向的内在反映。人际建立了良好的感情关系，便能产生亲密感。人际关系疏远，双方就会产生心理排斥力、对抗力，对领导就会产生负面影响力，其结果是使领导效能大大降低。领导者仅依靠职位权力、专业权力、行政命令而没有感情的影响力，仍然不能最大限度地发挥领导者的作用。

当前，我国正在建设和谐社会，其中包括要实现民主法治、公平正义、诚信友爱等美好目标。而要构建和谐社会，就需要不断正视矛盾、化解矛盾，最大限度地增加和谐因素，减少不和谐因素。为此，领导者在新时期要发挥感情因素的作用，真正做到从感情入手，动之以情、晓之以理，在感情上与群众建立真诚的沟通，要使群众心悦诚服，不仅要使他们听从领导者的指挥，更要使他们在感情上与领导者忧乐与共、心心相印，真正发挥领导者感情的影响力。

在上述四项非权力性因素中要注意主次关系，即要以品格、能力因素为主，知识、感情因素为次。一个领导者的品格因素如果发生问题，成了负值，那么，其他因素必然会受到严重影响，其影响力的总和可能是零甚至是负值。例如，一位领导者的道德素质差，以权谋私、贪污受贿、违法犯罪，那么他的非权力性影响力就等于零，甚至是负数。

综上所述，我们可以用图9-1概括地显示权力性影响力与非权力性影响力的实质内涵及意义。

图9-1　领导影响力的组成

9.3　领导者的品质理论

9.3.1　领导者的品质理论概述

领导者的品质理论又名特质理论，品质与特质的概念在此处的内涵是相同的。领导者的品质理论主要是指领导者要有一定的品质与特质，借此，才能将有效领导者与无效领导者区别开来。

品质理论的发展已经历了近百年的历史，品质的因素构成也有了很大的变化。

1.早期的品质因素研究

心理学家斯托格迪尔（R. M. Stogdill）于1948年在其所写论文——《与领导有关的个人因素：文献调查》中全面地总结了这方面的文献之后，将与领导有关的品质因素归纳为八要素：智力水平、应变能力、洞察力、责任感、创新精神、坚韧性、自信心和社会交往能力。

1974年，斯托格迪尔再度研究领导者的品质，在其所著《领导手册》一书中进一步提出了领导者品质特征十要素：才智、强烈的责任心和完成任务的内驱力、坚持追求目标的性格、大胆主动的独创精神、自信心、合作性、乐意承担决策和行动的结果、能忍受挫折、社交和影响别人的能力及处理事务的能力。

与此同时，心理学家曼恩（R. D. Mann）提出了六要素的领导者品质特征：智力水平、男子气、适应能力、支配能力、外向特质和自控能力。另一名美国心理学家吉伯（C. A. Gibb）在1969年的研究报告中则提出天才的领导者应具备七项天生的品质特征：善言辞、外表英俊潇洒、智力过人、具有自信心、心理健康、有支配他人的倾向、外向而敏感。

早期的品质理论，从调查研究与心理测验两方面概括地描述了领导者的许多品质特征，让我们看到有效领导者与某些品质特征相联系，这无疑是一个进步，但传统品质理论在理论观点上存在一定的片面性，如过于强调领导者的天生品质特征，忽视了教育、环境因素在形成、培养、发展和造就领导者品质中的决定作用，这就有可能滑入遗传决定论的泥坑。

2.后期的品质因素研究

1971年，美国心理学家爱德温·吉色利（Edwin E. Chiselli）密切联系管理实践，改进了研究方法，从动态的角度深入研究领导者的品质特征，并出版了《管理才能探索》一书。在书中，他提出了领导品质可以分为三大类13个因素的研究成果。

领导品质的三大类13个因素分别是：能力类，其中包括管理能力、智力和创造性；个性品质类，其中包括自我督导、决策、成熟性、工作班子亲和力、男女性别差异；激励类，其中包括职业成就需要、自我实现需要、权力需要、高金钱奖励需要和工作安全需要。

进一步分析吉色利提出的这13个品质因素，其重要性并不是等价的，图9-2的排列显示了这13个品质因素的相对重要程度。保证领导者有效性的最强有力的6个品质因素的等级顺序为：管理能力、职业成就需要、智力、自我实现需要、自我督导与决策。其他7个品质因素不是很重要，其等级顺序为：工作安全需要、工作班子亲和力、创造性、高金钱奖励需要、权力需要、成熟性和男女性别差异。

重要性

100	管理能力
90	职业成就需要与智力
80	自我实现需要
70	自我督导与决策
60	工作安全需要
50	工作班子亲和力
40	创造性
30	高金钱奖励需要
20	权力需要与成熟性
10	男女性别差异
0	

图9-2 13个品质因素的相对重要性

3.现代品质因素研究

随着时代的发展，对领导者的品质需要增加了许多新的因素，如道德层面因素的内涵。另外，一般的领导者个人品质与领导效能不一定直接有关，为此，需要探索与领导效能直接相关的领导者品质因素。

自1991年起，柯克帕特切克（Kirkpatrick）和洛克（Locke）提出了领导者的品质因素由繁化简的现代五项，分别为智力水平、自信心、决心、正直及社会交往能力。

有关智力水平的要求，历来都认为领导者的智力水平应高于被领导者，但是也有一种看法，认为领导者与追随者之间的智力水平相差太大也会有负面作用。因为领导者的思想太超前，与追随者交往会发生困难，为此，两者要加强沟通与交流。

自信心包括自尊感、自信感，领导者应该有超越一般人的信念。

决心是领导者完成某项工作的愿望，并使工作具有创新性。决心还表现为对工作有内驱力、支配欲，能坚持到底等特点。

正直是领导者道德层面的特质。其内涵包括诚实、值得下属信赖、有原则性和责任感等。正直的领导者会使下属相信领导者具有忠实、可靠、不欺骗人的道德品质。

社会交往能力是指领导者很友好、礼貌、得体和老练。

9.3.2 与领导效能相关的领导者品质

现代研究的结果表明，与领导效能相关的领导者品质有以下八项：

1.高的能量等级和忍耐力

这一品质与管理效能直接相关联。因为领导者也时刻面临着紧张的人际环境，如严厉的老板、麻烦的下级、不合作的同级、不友好的客户等，在这种环境下面对压力与角色冲突，领导者应保持镇定而不慌乱。

2.自信

这与领导效能也呈正相关，因为自尊与自信能提高自我效能。但是，自信又不能超过合适的限度；否则就成了自负甚至刚愎自用，就不能成为参与式领导。

3.内在聚焦的控制导向

与控制导向外在聚焦者相反，其情境并非由机会或命运所决定，而是由自己的行动所决定。为此，控制导向内在聚焦者可提高管理效能。

4.感情稳定和成熟

感情稳定和成熟者以自我管理导向为主，关心他人而不以自我为中心，更少冲动，有稳定的情感，不会突然发火。这种领导者能保持与上下级、同级的合作关系，因而会取得好的管理效能。

但是，也要避免任用有过于自恋主义倾向的领导者，他们极端需求权力和自尊（特权、地位、注意），漠视其他人的需要和福利，自我控制软弱。

5.正直

正直是指一个人的行为和其所主张的价值取向一致，他是诚实的、道德的和可信的。领导者的行为与其价值观应该是一致的，即做到言行一致。正直的主要指标是诚实和忠实，而不是欺骗。正直的另一指标是信守诺言，敢于担责，对下属也表现出诚信。

6.扩大社会权力导向

领导者不应该无限制地扩大个人权力导向，夸大自己，将权力看成个人权力的象征，以满足对尊严和地位的追求。领导者应该以社会权力导向为指导，一切为了他人利益，要有长远眼光，在实践中采用参与、指导的管理方式，而不是专断、威胁的手段。领导者只有具备扩大社会权力的导向，才能带来有效领导，提高领导效能。

7.适度的高成就导向

成就动机与管理效能之间的关系并非直线关系。一般来说，低成就动机的领导者没有机会去寻求带有挑战性的和风险性的目标，很少主动确认问题和承担解决问题的责任。同样，高成就动机的领导者，因为仅有个人努力方向，而不是团队、组织的方向，仅靠个人单独完成任务，不能发展下属的责任意识，不能使领导责任分散在管理队伍中，因而也很难有效工作。这样的领导者只注意努力促使自己成为一个快速上升的新星。当一个领导者过于具有雄心和过度竞争时，就会制造过多的有力的敌人，这种追求短期利益的行为只会使组织的长期利益与绩效受到损失，其结果可能是最初效益有所提升，但最终会失败。这样的领导者尽管最初有可能会得到提升，但最终多半都不得不离职。

由此可见，领导者的成就动机应该是适度的，中等程度的成就动机的领导者更为有效。

8.适度的亲和需求

亲和关系度低的领导者不能发展有效的人际技能。但是，高度重视亲和关系的领导者也是无能的，因为他们关心的是关系，而不是任务。他们总认为，不要让工作干涉和谐的关系，他们尽量避免冲突，而不是勇敢地面对真正的分歧。由此可见，高亲和与管理效能之间也呈负相关。

适度的亲和动机应是中低程度的，而不是很高或极低。

9.3.3 要善于识别不称职领导者的品质因素

1.不称职领导者的表现

领导者不仅要善于将具有优秀品质的下属提拔到领导岗位，而且要识别那些并不具备领导者品质的领导者，并将其及时调离领导岗位。

不称职领导者往往具有以下一些品质特征及表现：

（1）身在其位而名不副实

在现实生活中，存在着职位与实际才能的错位，即职位高才能低。这些领导者名不副实，经常做出错误的决策，不能按时完成任务，也不能与其他部门保持有效的协调。有些领导者终日忙于事务性工作，发挥不了作为领导者应有的职能作用。这些人只能做一个事务员而担当不了领导者的重任。

（2）身居要职却不谋其政，安于现状、事业心不强

有些人将职位看成一种既得利益，为了谋取职位而努力工作，但一旦取得了某个较高的职位，便安于现状、不求上进，绞尽脑汁地维护既得利益。这种领导者的精神状态是阻碍事业顺利发展的绊脚石。

（3）对本职工作兴趣不大，在工作中不能知难而进

有些领导者对本职工作兴趣不大，而乐于从事迎来送往等礼节性的社交活动，目的是使自己能抛头露面，在社会上有些名气。他们对本职工作的兴趣、热情不大，没有通过工作实践来发展自己才能的欲望，也缺乏面对困难接受挑战的热情。

（4）缺乏组织管理和协调人际关系的能力

有的领导者主观上工作热情很高，但缺乏应有的组织管理与人际关系协调的能力。有的领导者工作抓不住重点，样样都想抓都想管，却都抓不住。有的领导者在领导方式上偏重专制型，自以为是、专制武断，有事不和群众商量。有的领导者处理人际关系简单化，因而效果也不好。

不称职的领导者存在的原因有三：其一，不能适应新形势的要求，表现为能力退化；其二，领导者本身并非无能之辈，而是将精力用在了消极方面；其三，缺乏领导与管理的知识与经验。

我们应该将能力退化者坚决将其从现有岗位上撤下来，或者调到适宜的岗位上去；对将精力消耗在消极方面者，应加强教育，教育后仍不改者，也应该将其调离岗位；对缺少管理办法的领导者，让他们有学习与提高的机会，以改进领导方式、方法，提高领导的有效性。

2.领导者品质的培养

领导者品质因素能否真正发挥作用，同个人的主观努力与自我修养的程度是分不开的，但环境因素也是一个重要条件。例如，上级领导是否关心、是否放手、是否信任，这都是直接影响下属积极性与能力发挥的重要因素。

就品质中的能力因素而言，人的能力是可以通过实际工作锻炼而得到发展的。领导者对有十分能力的下属，要给予十二分的权限，只有通过扩大职权范围，给予超过本人能力的职务、权限和课题，才能使下属迅速地成长起来，因为一个人如果身上有了担子，就会充分运用自己的能力，并抱有强烈的责任感。

此外，我们要通过实践来培养领导者的品质因素，如谋求各种品质因素之间的相互补充。必要的岗位经历对于新领导者取得直接的领导经验是有益的。有些领导者专业知识甚佳，但在行政领导能力、人际关系协调能力等方面较差，为此我们建议，这些领导者可以先在政工部门工作一段时间，以便使他们的各种领导品质因素得到补充。凡是在政工部门工作过的技术干部，当他们走上党政领导岗位后，一般都能很快适应，工作也能较为顺利地开展。

现代领导者应具有多方面的知识。知识面越广，眼界越开阔，就越有利于实现从"专才到通才，微观到宏观，局部到全局"的转变。对于各级领导者，都要进行系统化、条理化的能力训练，以培养他们的各种品质因素，以便他们在领导岗位上能够更好地处理各种问题。

总之，培养、开发领导者的品质因素要采取综合性的措施，这样才能真正见到实效。

9.4　领导者的行为理论

9.4.1　领导者行为研究概况

20世纪四五十年代，以美国密歇根大学和俄亥俄州立大学为首的机构的学者，对领导者的行为及其测定进行了系统的研究，并提出了领导行为四分图模式、管理坐标图等经典理论与研究方法。沿着这一方向，日本九州大学教授、大阪大学名誉教授——三隅二不二又提出了领导行为PM类型的理论模型。下面我们就介绍这些有代表性的领导者行为理论。

1.领导行为四分图模式

1945年，俄亥俄州立大学的学者经过不断提炼概括，把领导者的行为特征最后归纳为"关心工作"和"关心人"两个维度。他们认为,这两种行为在不同领导者身上表现的高低强弱并不一致,可归纳为四种组合,即高"抓工作"与高"关心人",高"抓工作"但低"关心人",低"抓工作"但高"关心人",以及低"抓工作"与低"关心人",并设计出了著名的"领导行为四分图模式"(如图9-3所示),由此规范了领导行为的内容:抓两件事——关心工作与关心人,这是两个并不互相排斥的维度。

图9-3 领导行为四分图模式

2.管理坐标图

管理坐标图是1964年由美国得克萨斯大学的两位学者——罗伯特·布莱克(Robert R. Blake)和简·莫顿(Jane S. Mouton)提出来的。管理坐标图是一种采用图示和量表方式来衡量一个企业领导人的管理是否高效率的方法与手段。管理坐标图的理论依据是,最有效的领导者应该是一位既关心工作同时又关心人的管理者。一个管理者可能对生产高度关心而对人不关心,或者相反,也可能是居中。如果把这两种维度用坐标图表示出来,就可以画出一种方格图,它不仅可以清晰地显示出领导者每天行为的类型组合,还可以揭示出他每天"关心"的愿望组合。

布莱克和莫顿绘制了一种管理坐标图(如图9-4所示),图中的横坐标为"对生产的关心"这一维度,纵坐标为"对人的关心"这一维度,又将两个坐标轴都划成9个刻度,这样,便组成了能表示81种领导方式的图像,其适用性更强,准确度也更高了。

布莱克和莫顿在图9-4的基础上提出了五种领导行为的类型:

9.1型领导行为类型,又称"任务型管理者"。这种领导行为在短期内可能取得较高的生产效率,但由于不关心人,不讲究提高员工的士气,因而长期内会使生产效率下降。

1.9型领导行为类型,又称"俱乐部型管理者"。这一类型的管理者只强调关心人,而不激励人去生产,单纯地讨好员工,想以此来获得员工的支持与拥戴。无论从短期还是长期来看,这种类型的领导者也不可能获得较高的绩效与领导效能。

1.1型领导行为类型,又称"贫乏型管理者"。这种类型的管理者既不关心生产,也不关心人。这类管理者胸无大志,又逃避责任和义务。他们虽然与人与世无争,所求不多,但因得过且过,因而所做出的贡献也甚微。其结果是无论其组织绩效还是领导效能,预期都是最低的。

图9-4 管理坐标图

5.5型领导行为类型，又称为"中间型管理者"。这种类型的管理者推崇对问题的"折中"处理，寻求一种平衡的解决方式。在追求目标上，他们不是去寻找对生产和人都应有的高度，而是去寻求两者可以妥协的方向，如将生产目标降低到人们乐于接受的水平等。这种类型的领导者不是力争上游，而是甘居中庸，因而也只能取得平平的领导效能与组织绩效。

9.9型的领导行为类型，又称"战斗式团队型管理者"。这种类型的管理者既十分关心生产，又十分关心人的因素，把关心生产与关心人协调起来，使之一体化。

很明显，持9.9型管理方式的领导者既能形成和谐的组织内的人际环境，又能实现最高的工作目标，最终使组织绩效与效能最大化。

显然，9.9型领导行为类型是最好的，也是值得提倡的；9.1与1.9型领导行为类型具有极大的片面性，应该纠正；1.1型领导行为类型是最差的，对于这样的领导者不但要予以批评，还要杜绝这样的任用；5.5型领导需要不断鼓励他们进取。

3. PM领导类型理论

沿着上述关心生产与关心人的研究方向，三隅二不二教授将领导行为分为两种类型：一类是以执行任务为主的领导方式，简称P型（Performance-Directed）领导；另一类是以维持群体关系为主的领导方式，简称M型（Maintenance-Directed）领导。

P型行为的特征是将组织中的每一个成员的注意力引向目标，使问题明确化，拟定工作程序，运用专门的知识评定工作的成果等。

M型行为的特征是维持和谐的人际关系，调解成员之间的纠纷，为少数派提供发言的机会，促进成员的自觉性与自主性，增进成员之间的相互了解与交流。

由此，可将领导方式区分为目标达成型，即执行任务型（P型）、群体关系维持型（M型），或者两者兼备型（PM型）。对领导行为的这种分析方法就称为PM分析。

PM领导类型可细分为以下四种类型（详见图9-5）：

①PM型领导行为。这种类型领导可导致最高的生产效率，下属对领导者的信赖度最高，领导对下属的亲和力也最高。

②Pm型领导行为。这种类型领导可导致中等的生产效率，下属对领导者的信赖度占第二位，领导对下属的亲和力占第三位。

③pM型领导行为。这种类型领导可导致中等的生产效率，下属对领导的信赖度占第三位，领导对下属的亲和力占第二位。

④pm型领导行为。这种类型领导可导致最低的生产效率，下属对领导的信赖度最低，领导对下属的亲和力同样也最低。

图9-5 PM领导类型图

四种领导行为的PM类型的管理效果详见表9-1。

表9-1 四种领导行为的PM类型的管理效果

领导行为的PM类型	生产效率	对组织的信赖度	亲和力
PM	最高	最高	最高
Pm	中间	第二位	第三位
pM	中间	第三位	第二位
pm	最低	最低	最低

9.4.2 任务与关系导向型领导的关键行为

20世纪50年代至80年代中期，领导行为模式分为任务导向型与关系导向型两种。

1.任务导向型领导的关键行为

任务导向型领导的行为，其主要目标涉及任务的实现，有效运用人力和资源，进行有秩序的管理和可信赖的操作。

任务导向型领导的关键行为是计划、阐明、监督。

（1）计划

计划是一个有宽泛定义的行为，其中包括计划的目的是促使工作单位有效组织、协调活动以及有效运用资源。计划工作活动中要确定计划决定做什么、如何去做、谁去做、什么时候去做。计划是一个涉及信息处理、分析决策的理性活动。初级计划中首先包括目标的决策，具有优先性与战略性。然后是工作组织，分配责任，安排活动，分配资源。次级计划中包括操作计划、行动计划。操作计划包括对随后几天甚至一周日常工作和任务的安排；行动计划包括制定详细的行动步骤，安排新政策，完成一个项目。此外，针对潜在问题、灾难还需要有应急计划。

总之，计划是指决定目标和优先性，明确战略和资源分配，委派责任，安排活动并分配时间。

（2）阐明

阐明是计划、政策和角色期望的沟通。首先要阐明工作责任和需求，其中包括解释重要的工作责任，阐明个人的权威范围，解释工作与单位的使命关系，解释重要的政策、规则和需求。对指派的工作要明确地解释和分配任务，解释每一个任务的原因，阐明工作的优先性和期限，检查对工作的理解情况。确立绩效目标时要确立清晰和特殊的目标，确立具有挑战性但又具有现实性的目标，确立实现每个目标的既定时间。

总之，阐明是指通过沟通说明委派的任务，解释工作责任，解释角色，确立特别的绩效目标和期限，指示如何工作。

（3）监督

监督是指获取所需信息去评价工作单位的操作和下属的个人绩效。监督的操作过程包括收集组织单位的动作信息，如工作过程、下属绩效、生产与服务质量、工程项目的成功率等。监督操作中要注意：监督关键的过程变量及产量；测定与计划和预算相对的进展；开发有关绩效的独立的信息来源；在可能的情况下直接观察操作；询问关于工作的特殊问题；鼓励报告问题和错误；引入定期的进展评论会议。

2.关系导向型领导的关键行为

关系导向型领导行为，其主要目标是改进关系和帮助他人，增进团队合作，增加下属的工作满意度，建立对组织的认同。

关系导向型领导的关键行为是支持、发展、认同。

（1）支持

支持是指领导要深思熟虑，接受、关心他人的需要和感情以取得友谊和忠诚、合作与支持。支持型领导有助于建立和保持有效的个人之间的关系。支持行为还应包括：表示接受并主动问候；亲切地、关心地对待他人，不粗鲁和傲慢；分别地对待每个下属；记住个人的重要细节；在作解释或指示时是耐心和帮助性的；当人们焦虑或沮丧时，提供同情和支持；在任务困难时，表达对个人的信任；在必要时提供工作协助；愿意帮助解决个人的问题。

（2）发展

发展是指增加工作相关技能的行为，以利于个人工作的调整和职位的提升。发展主要通过指导、培训、监督、职业咨询等途径实现。在进行培训时要用提问题或建议的方法作仔细考察，帮助分析绩效；对个人展示的有效和无效的行为，提供建设性的反馈；提出能帮助改进个人绩效的特殊事项；展示更好的方式，去完成一个复杂的任务或程序；对人们能够完成一个更复杂的任务或程序表示信任；提示个人如何解决一个问题，而不仅仅是提供答案；在被用于工作之前，为人们提供操作这一程序的机会。监督主要显示对每个人发展的关心，帮助个人确认技能的缺陷，帮助人们发现获得必要技能的方式；鼓励员工参加相关的训练课程，为他们提供在工作中展示和提高技能的机会，提供有益的职业建议；帮助员工提升个人声誉，作为一个角色楷模。

（3）认同

认同是对他人对组织的贡献给予赞扬和表示欣赏。要强化合乎需要的员工行为，改进个人关系，增加员工对工作的满意感，就要及时认同。认同就是指对他人的绩效、巨大成就、贡献等，进行表扬、奖励，以认同的形式表示赞扬和欣赏。领导者应该认同各种贡献和成就，积极寻找下属的贡献加以认同，要认同特别的贡献和成就，要认同绩效的改进；对虽失败但已付出的努力也要表示认同，给予表扬。提供真诚及时的认同非常重要。总之，领导者要善于运用适合个人的情境的认同形式。

3.关心人与关心工作领导行为的效果

关心人与关心工作领导行为的效果是很复杂的。总的说来，关心人的领导行为可以提高下属心理上的满意度，因而两者是正相关的。此外，增加关心人的程度可以使下属的不满程度（牢骚度）降低，但两者不为线性相关。

关心人的领导行为可以取得较高的工作绩效，但是其前提条件是，领导者不仅要关心人，而且要设置目标，保证完成工作任务。对不同类型的下属采用同一种领导行为，或者在不同情境条件下对同类型的下属使用同一种领导作为，都不一定能取得好的工作效果。

关心工作的领导者对下属的满意度与工作效果之间的关系也是复杂的，带有不确定性。在各种不同的情境下，分别表现为正相关、负相关或不相关。面向生产的领导者注重生产与技术，把下属作为简单的"劳动工具"，这样可能使工作很有成效，但会使下属心理上的满意感降低，更不会产生亲切感与融洽感。

9.4.3 领导者的领导风格与工作作风

关心人与关心工作的领导行为决定了领导者的领导风格。与这两种领导行为维度相联系，可以产生一系列典型的领导风格。有的领导者较多地关心人，是一种亲密型的风格；有的领导者偏重关心工作，可称为创造结构型风格。一般来说，关心人的领导风格容易使下属满意，关心工作的领导风格会促成工作目标的实现。为此，领导者应该兼具关心人与关心工作的两种领导风格。

领导者在领导活动中比较固定和经常使用的行为方式与方法的总和，称为领导者的工作作风。领导者的工作作风表现出领导者的个性特点。有的领导者在工作中大胆泼辣，但又主观武断、粗暴专行；有的领导者胆小怕事、没有主见。这说明，每一位领导者都有自己的固定了的行为模式。领导者的工作作风影响他所领导的工作群体的作风，从而影响工作群体的工作效率。

领导者的领导方式可分为专制式的集权领导方式、开明式的集权领导方式、协商式的民主领导方式、参与式的民主领导方式四种。

1. 专制式的集权领导方式

在这种领导方式下，领导者会自行做出决定后下达给下属，必要时强制下属执行。领导者与下属之间存在一种互不信任的气氛，组织目标难以实现。

2. 开明式的集权领导方式

在这种领导方式下，领导者对下属比较和气，领导者做出决策时也听取下属的意见反馈，执行决定的过程中能够奖惩并用。但上下级之间的沟通是表面的、肤浅的，领导者对下属并不十分信任，下属对领导者也心存畏惧，工作的主动性有限。

3. 协商式的民主领导方式

在这种领导方式下，领导者对下属比较信任，充分听取下属的意见，做出决定时均能取得下属的同意。上下级之间沟通的程度比较深入，双方彼此信任，执行决策时则能够相互支持。

4. 参与式的民主领导方式

在这种领导方式下，领导者对下属充分信任，在规定范围内，授予下属自行决策权。领导者根据工作群体目标，向下级提出具体要求，不过多地干涉下属的工作。上下级之间不仅充分地沟通与相互信任，而且能够建立起一定的友谊。

显然，采用参与式的民主领导方式效果最好，采用专制式的集权领导方式效果最差。

9.4.4 我国领导者的行为特征

我国领导者的基本行为特征应是一种三维领导模式，即"抓工作"、"关心人"和"率先垂范"。抓工作和关心人两个维度具有世界性的共同特征。在我国，领导者自身行为对员工有较大的影响。在中国传统文化里，注重修身与个人人格的完善，并以此作为成为领导者的基本条件，即所谓正心而后修身，身修而后齐家，家齐而后治国，国治而后平天下。修身为本，把个人道德水准与治国相联系。由此，产生了"领导者吃苦在前、享受在后，身教重于言教""领导者的行为就是无声的命令""榜样的力量是无穷的"等一系列强调领导者自身行为的为官理念。在此，领导者与被领导者之间的指挥与服从模范表率作用，在很大程度上取决于领导者自身的示范效应。

率先垂范起着一种模范表率作用，关心人、关心工作是领导职能中的直接影响力，而率先垂范则是领导者的间接影响力。一方面，领导者的模范表率行为可使被领导者在工作中的不满得到解除，从而获得心理上的平衡和公正感；另一方面，领导者的模范表率行为，通过角色的认同和内化作用，可激发被领导者的内在工作动机，使其努力实现目标。领导者的率先垂范行为是一种无声的命令，其影响力胜于命令、指挥、控制和监督。

就我国目前的具体情况而言，领导者关心人的领导行为应该集中体现在关心群众生活、关心百姓民主权益上。关心人不是一句空话，要从分析群众心理入手，切实解决人民群众的实际困难，如房价过高、物价上升过快等。为了实现和谐社会的建设目标，领导者要通过家访等形式了解群众的真实思想与实际存在的问题，并用心地谋求逐步解决。

9.5　领导者的权变理论

实际上，并不存在一成不变的领导方式与领导风格。领导者应该根据情况的变化采取随机应变的领导方式与领导风格。更确切地说，领导者的有效性是领导者、被领导者与情境三者的最佳配合关系。我们可以用简单的公式表示如下：

领导有效性=f（领导者·被领导者·情境）

为此，领导者的有效行为应该随着领导者、被领导者、情境的变化而有所不同。领导者要不断观察情境，并评价如何使他们的行为适应这种情境。领导者要灵活并不断创新以适应变化的情境。

有关领导者权变的理论多种多样，下面介绍几种关键的理论与模式。

9.5.1　领导方式与下属成熟度匹配理论

这一理论是由美国俄亥俄州立大学的卡门（Karman）首先提出来的。它的要点是领导者的行为要与下属的成熟度相适应，随着被领导者成熟度的逐步提高，领导的方式也要做出相应的调整。

这里所指的"成熟度"是指心理的成熟度，而非生理的成熟度，指的是有成就感、有负责任的意愿和能力、有工作经验和受过一定的教育和培训等。下属的成熟度有一个发展的过程并经历一定的阶段，一般说来有四个阶段：不成熟阶段、初步成熟阶段、比较成熟阶段和成熟阶段。领导者在下属不同的心理成熟阶段要采取不同的领导方式与之匹配，这样才能取得最佳的领导效能，故称领导方式和下属成熟度匹配理论，又称生命周期论。

图9-6显示了这种生命周期论的模式。

管理心理学

图9-6 生命周期论模式图

从图9-6中可见，当下属处于不成熟阶段时，领导者应该采取高任务、低关系的领导方式，即命令式最有效。此时，领导者以单向沟通方式对下级规定任务，明确干什么、怎么干，这就是图中第一象限所表示出的命令式的领导方式。

当下属的成熟度进入初步成熟阶段时，领导者宜采取任务行为、关系行为均略高的方式，即采用说服式的领导方式最有效。此时，领导者与下属通过双向沟通方式，相互交流信息，相互支持，这就是图中第二象限所表示出的高任务与高关系的说服式领导方式。

当下属发展到比较成熟阶段时，领导者则应该采取低任务但关系行为加强的方式，即采取参与式领导行为最为有效。此时，领导者与下属之间仍要通过双向沟通方式，相互交流信息，相互支持，但领导的任务行为有所弱化，这就是图中第三象限所表示出的高关系与低任务的参与式领导方式。

当下属发展到成熟阶段时，领导者就应采取低任务、低关系的领导方式，即授权式的领导方式最为有效。此时，领导者给下属权力，自己只起监督作用，让下属"自行其是"，这就是图中第四象限所表示出的低任务与低关系的授权式的领导方式。

综上所述，对不同成熟度的下属，应该采取不同的领导方式，才能获得最大的领导绩效。在领导工作中要创造条件，让下属在工作过程中更快地趋向成熟，把使用与培养结合起来，注重人力资源的开发。

9.5.2 领导权变模式

弗雷德·费德勒（Fred Fiedler）提出了有效领导的权变模式。该模式认为有效领导的行为抉择是由三个特征决定的，这三个特征是：领导与成员的关系、职位权力与任务结构。

领导与成员的关系是指领导与下属是否相处融洽以及下属支持领导者的程度。当领导者与成员之间关系融洽时，就很少发生摩擦，工作任务就能顺利完成。当领导者与员工关系不融洽，甚至经常容易发生冲突时，工作任务就很难完成。

职位权力是指领导者拥有的权力与影响力，包括给予奖励和处罚的权力。一般来说，领导者都具有强制性的合法性权力。

任务结构是指下属的工作任务被清晰而明确界定的程度。有的工作任务很单调，因而具有明确的目标，只由几步或几个程序组成，这样的任务结构相对是良好的，按日常的基本方法就能完成。这是常规、例行性的任务。而有的任务可能没有明确的目标或其目标是动态变化的，因而完成任务也有多种途径，这类任务就是非常规、非结构化的工作任务。

根据上述三种情境特征，并根据这三种特征导致的截然不同的情况——领导者与被领导者关系的好与差，工作任务的明确与不明确，工作任务的结构化与非结构化，职位权力的强与弱，领导者应该采取不同的领导方式。表9-2显示，根据三种情境特征的不同情况，可以有六种领导方式，其可归纳为两种领导类型：任务导向型和人际关系型。

表9-2 **情境特征与领导方式之间的权变关系**

领导者与被领导者之间的关系	任务结构	职位权力	领导方式
良好	结构化	强	任务导向型
良好	结构化	弱	任务导向型
良好	非结构化	强	任务导向型
良好	非结构化	弱	人际关系型
差	结构化	强	人际关系型
差	非结构化	弱	任务导向型

从表9-2中可见，在情境特征（上下级关系、任务结构及职位权力）极有利或极不利的情况下，领导者采用任务导向型（偏向于任务行为的领导风格）、指挥型（领导者的特征是指挥、控制的，对事不对人）的领导行为与方式最为有效。

在情境特征（上下级关系、任务结构及职位权力）较差的情况下，领导者采用人际关系导向型（偏重关系行为的领导风格）、允许型（领导者的特征是宽恕的、容忍的）的领导行为与方式最为有效。

总之，一个领导-成员关系良好，下属任务高度结构化，并且拥有高职位权力的领导者，会有高度的情境控制；而一个领导-成员关系恶劣，下属任务结构化程度低，并且职位权力较低的领导者对情境的控制程度也会较低。

9.6　通路-目标的权变理论

加拿大多伦多大学的心理学家豪斯（R.J.House）认为，领导者要向下属说明工作的意义、方向、内容，即向下属说明实现工作目标的"通路"，并以体贴精神使下属在"通路"上容易通过。具体说来，如果下属思想上对工作认识不清，领导者应该说明走向工作的"通路"，即通过工作任务引导下属走向程序化的工作目标。如果下属对"通路"已经清楚，那么领导者应该有更多的体贴精神，通过人际关系，使下属得到更多的满足，使之更快通过"通路"。

通路-目标权变理论的基本概念可由图9-7加以示意。

图9-7　通路-目标理论下的领导行为示意图

通路-目标理论下的领导行为的主要内涵为：确定目标，指明路径，消除障碍，提供支持。

领导者选择哪种领导行为要根据下属的工作是否程序化而定。在工作任务模糊不清、非程序化的情况下，下属无所适从之时，他们希望有高工作关系的领导者帮助他们对工作做出明确的规划和安排。在工作任务已经明确、程序化了，或都是例行性工作的时候，下属只希望有高人际关系的领导者，这样才能使他们得到精神上的满足。

同样，领导者选择怎样的领导风格也要根据被领导者的工作是否明确、程序化而定。

领导者的领导风格可以分为四种：支持型风格、指导型风格、参与型风格和成就型风格。

支持型风格是对下属的要求和福利表示关注；指导型风格会为下属将工作任务结构化并让他们知道工作要求是什么；参与型风格是指征询下属的意见并让他们参与决策；成就型风格强调成就和工作绩效，它包括设定富有挑战性的任务目标以及强调高水平的绩效标准。

显然，选择支持型的领导行为对担负重复性任务的下属最为有效；选择指导型的领导行为对不明确工作任务的下属最为有效；选择参与型的领导行为对任务不明确、自我控制能力较强的下属最为有效；选择成就型的领导行为对承担具有挑战性任务的下属最为有效。

通路–目标理论强调工作环境和下属特征与领导风格的相应关系。

领导者要选择适当的领导风格以提高下属对成功的期望和满意度，让下属感到能胜任工作，能得到奖赏，因而工作中的付出是值得的。

这一理论强调，只有最恰当的领导风格才能满足下属的积极性的需要，激励下属的创造性，提高下属的工作满意度。

由此可见，领导有效性取决于领导者行为与下属特征和任务特征的"吻合"程度。

这一理论运用在实践中，可以通过指导、辅导和培训下属，帮助下属实现目标。当任务结构性不强、下属缺乏经验时，指导型风格是最适合的，因为下属不能确定该做什么。一个指导型领导者会通过告诉下属工作要求是什么以及他们该做什么，在明确任务后让下属用自己觉得最合适的方式完成工作，减少指示，要将控制权授予下属，避免不必要的支持影响与干扰下属的工作进程。

由此可见，按照情境理论，领导者要在任务情境中精确地判断下属的发展水平，选择相应的领导行为类型，才能实现有效领导。

总之，情境领导理论说明，没有"最好"的领导类型，关键是领导者要有灵活性，领导方式要与情境相适应。情境领导模式是训练领导者的实用方法和行动方案，也是培训领导方法的标准之一。

9.7　魅力型领导

9.7.1　魅力

魅力（Charisma）是一个希腊词汇，意指"神灵的礼物"，诸如能够实现奇迹或预见未来事件。

韦伯（1947）用这个词汇描述一种形式的影响，它不是基于传统或正式权威，而是追随者认为的领导者所具有的超凡品质。当存在社会危机时，领导者吸引追随者相信愿景，经历一些成功使得愿景更有吸引力，以及追随者认为领导者超常时，领导者就有了魅力。

魅力型领导强调感情过程与理性过程一样重要，符号行动与制度行为一样重要。领导的某些品质与技能，如自信、强烈的说服力、镇静、演说能力、戏剧性的资质都有被归因于魅力的可能。当有一个吸引人的愿景时，领导者会增强追随者实现它的信心，在追随者之间激发热情和支持。当达到的愿景和战略是创新的，而领导者采取了个人的冒险行动去推动和促成它们的实现并明显获得成功时，更可能出现对领导者的魅力归因。

9.7.2　领导者的魅力归因

追随者将魅力品质归因于领导者的品质、行为、技能等因素。魅力型领导会提出一个不同于现状的愿景，但这个愿景仍然在追随者接受的范围之内，因为追随者不接受过于激进的愿景。没有魅力的领导表现为支持现状，热衷于渐进性的变化。魅力型领导常以非常规的方式实现愿景。为实现愿景，魅力型领导还会做出自我牺牲，不考虑自己的利益，甚至冒个人在地位、金钱、领导职位或组织成员上的巨大损失等风险。

魅力型领导对目标有着明显的自信。自信与热情也增加了对追随者的感染力。魅力型领导更可能出现在危机之时，此时领导者会表达对现状不满，但同时会提供更美好的愿景。魅力型领导善于应用愿景和劝导诉求。当实现了愿景和战略并明显成功之时，追随者更可能出现对领导者的魅力归因。

魅力型领导的个性特征包括：支配性，影响他人的强烈欲望，自信与坚定的价值观。

魅力型领导的行为表现为如下特征：能为追随者树立鲜明的角色榜样；显示出卓越的能力；清晰表达目标，寄予高期望，表露信心，唤起动机。

在企业界，尽管魅力型领导会对组织有巨大影响，但有的企业家具有个人权力导向，其行动专断、自私，最终可能导致公司倒闭。这些企业家强调追随者对自己的忠诚，而不是对组织、价值观和意识形态的忠诚。这样的领导即便有些魅力，其对组织的作用仍是负面的。

9.7.3 正面及负面魅力型领导的特征

正面魅力型领导的特征主要是实行社会化的权力导向，强调对意识形态的忠诚而不是对个人的忠诚；实施价值内在化，而不是个人认同；在内部，决策参与受鼓励；善于委托，信息公开分享；奖励用于加强与组织使命一致的行为；关心追随者及其福利。

负面魅力型领导的主要特征是实行具有个人权力的导向。负面魅力型领导强调的是个人的认同，而不是价值内在化，强调别人对自己的忠诚，而不是对理想的忠诚，并寻求统治和支配追随者，强调对领导的依赖。这些领导者将决策权威集中于自身，认为奖励、惩罚是用于操纵、控制追随者的工具。这些领导者还自我吹嘘，维持对权力的关心，不关心追随者的福利，并试图保持领导者不会失败的形象。

负面魅力型领导必然导致以下的负面结果：

（1）对领导者的敬畏降低了追随者提出好的建议的愿望。

（2）追随者只寻求得到领导者的认可，因而妨碍了批评建议的提出。

（3）追随者只会奉承领导者，制造了领导者不会出错的幻觉。

（4）过于自信和乐观，使领导者无视真正的危险。

（5）否认问题的存在，往往错失改进与发展的机会。

（6）对领导者的过分依赖，抑制了继承者的能力的发展。

（7）培养继承者的失败将导致最终的领导危机。

归纳一下，正面魅力型领导与负面魅力型领导的差别详见表9-3。

表9-3 **正面魅力型领导与负面魅力型领导的区别**

正面魅力型领导	负面魅力型领导
社会化权力导向	个人权力导向
价值内在化	个人认同
对意识形态、理想的忠诚	对自己的忠诚
决策参与受鼓励	决策权威集中于领导者
委托、信息公开分享	寻求统治和支配追随者
奖励用于加强与组织使命相一致的行为	奖励、惩罚用于操纵、控制追随者
关心追随者及其福利	自我吹嘘，关心维持权力，不关心追随者福利

作为魅力型领导，第一，当他们希望追随者具有什么信念和价值观时，他们本身就是这些信念和价值观的坚定的秉持者。这就是领导者的率先垂范作用。榜样的力量是无穷的，要让下属做到的，领导者首先要自己做到。第二，在追随者看来，魅力型领导是很有能力的。第三，魅力型领导会明确表达带有道德色彩的理想目标。美国的马丁·路德·金（Martin Luther King, Jr.）的著名演讲《我有一个梦》正是这种魅力行为的例子。第四，魅力型领导对追随者提出了很高的期望，并且表示相信追随者有能力达到这些期望。这种行为的影响结果是增强了追随者对自身能力和自我效能的认识，从而进一步提高他们的绩效。第五，魅力型领导能唤起追随者完成工作任务时所需要的各种动机，其中包括权力动机、亲和动机和尊敬动机。美国前总统肯尼迪为了唤起美国人民的价值观曾说："不要问你的国家能为你做什么，而要问你能为你的国家做什么。"

魅力型领导对追随者的影响表现在：追随者信任魅力型领导的理念；追随者与领导者的信仰相近；追随者无怀疑地接受领导者并喜欢领导者；追随者表现出服从和认同领导者；对领导者所指的目标的情感使追随者提升了目标，增强了实现目标的信心。当追随者处于困境中时，领导者的魅力和影响力更有可能产生效果，因为在困境中追随者会指望领导者帮助他们摆脱困境。

此外，魅力型领导改变了追随者的自我概念，试图在追随者的认同和组织的集体认同之间建立联系。魅力型领导建立联系的方式是：重视工作的内在奖赏，减少外在奖励，希望追随者将工作看成表现自己的方式；同时，领导者对追随者表示出很高的期望，帮助他们获得自信感和自我效能感。

总之，魅力型领导可以将追随者的自我概念与组织认同联系在一起。

9.7.4 魅力型领导的正面与负面影响

魅力分为正面与负面两种。

魅力是一种领导者的个人特质，具有魅力的领导者的领导行为必须与人类进步与社会发展一致，这时，领导者的魅力就会发挥正面作用，起到推动人类进步与社会发展的作用；反之，领导者的行为与人类进步、社会发展背道而驰，那么，这些领导者的魅力就会起到负面作用。

在世界范围内，就现代史而言，就有很多正面魅力型和负面魅力型的领导者。

美国第 32 任总统富兰克林·罗斯福（1882—1945，1933—1945 年任美国总统，是美国历史上唯一一位连续三届当选总统的人）就是正面魅力型领导的代表之一，他领导美国摆脱了经济大萧条，推行了 20 世纪 30 年代的社会改革项目，参与了第二次世界大战，并带领盟国获得胜利。

而德国的阿道夫·希特勒（1889—1945）则是负面魅力型领导的代表。他挑起了欧洲战争，点燃了第二次世界大战的战火，导致生灵涂炭，犯下了令人发指的法西斯罪行。

9.8 变革型领导

9.8.1 变革型领导概述

变革型领导的研究者是伯恩斯（Burns，1978）、巴斯（Bass，1985），以及本尼斯、纳拉斯（Bennis，Nanus，1985）。

变革型领导能够有效激励他人使其设定较高目标并努力实现。变革型领导通过为团队明确地描绘愿景，鼓励并支持追随者或以身作则来激励他人。变革型领导的实质是提出、展开、实施重大变革。领导者能提出和清晰地表达组织愿景，激励和授权追随者完成和实现更高目标，最终使追随者产生认同感，使他们对领导者有坚强的信念，确信领导者有创造性、变革性，强大而值得信赖，坚信只有跟着这样的领导者才能实现愿景。在西方国家，人们推崇林肯、丘吉尔、肯尼迪等为变革型领导的典范。

变革型领导可以促使组织产生较高水平的工作绩效，并使员工有较高水平的工作满意感、组织公民行为、组织承诺和组织公平感。与此同时，员工的离职倾向会降低。

总之，变革型领导的领导效能高。至于变革的内容，则是指改变价值观，发挥追随者的潜能，提高领导者的热情与道德意识。

变革型领导的特点可以概括为：关注领导者激励追随者实现目标的过程；理解并迎合追随者的需要和动机；是变革的代表和良好行为的榜样；能提出和清晰表达组织的愿景；授权追随者实现更高目标；变革型领导的处事方式使人对他更加信任。

9.8.2 变革型领导的领导因素的构成

构成变革型领导的领导因素有魅力或理想化影响、鼓舞干劲、个别化关怀、智力激发四大项目，现分述如下：

1.魅力或理想化影响（Idealized Influence）

这是指领导者通过言辞和高标准的示范行为对追随者产生较高程度的激励作用。

变革型领导向追随者描绘目标愿景、使命感，领导者自身也是高道德标准的领导者，因而等于为追随者树立了榜样，使追随者认同并仿效他们，从而使追随者也具有了较高的道德标准和道德行为。这样的领导者也会受到追随者的尊重。

2. 鼓舞干劲（Inspirational Motivation）

鼓舞干劲是指变革型领导会阐述一个吸引人的愿景，通过愿景使追随者有一个高的期望，以此实现动机激励；与此同时，这类领导会加强信念与情绪感染力，增强凝聚力量、团队精神以实现组织愿景。

变革型领导促使追随者认同团队或组织利益超越个人兴趣或个人利益，从而提高追随者对理想目标重要性和价值的意识水平。总之，要鼓励追随者提出更高需求，有效激励追随者实现最大利益，而不仅是个人利益。

3. 个别化关怀（Individualized Consideration）

变革型领导为追随者提供支持、鼓励和教导，同时对追随者的发展和幸福给予关注。在实践中，变革型领导要充当教练和建议者的角色，同时要聆听个别追随者的要求，创造支持性的氛围。总之，他们要发挥追随者的最大潜能，使其具有强烈的内在价值与观念体系。

4. 智力激发（Intellectual Stimulation）

变革型领导会激发追随者的创造与革新能力，激励追随者反思现状，并思考更佳的做事方法，即这类领导者支持追随者积极革新，独立思考、解决问题，对过时的领导方式、组织信念与价值观提出质疑。

9.8.3 变革型领导的行为特征

变革型领导提供清晰的组织愿景。愿景简洁、易懂、有益、富有生机和活力，出自整个组织的需要并得到了组织全体成员的肯定。

变革型领导，其行为表现为组织的社会设计师。他们指明了组织的价值观和规范的变革方向。变革型领导认同新理念，以这种新的成员共享的理念去创造某种新的形态或结构。我国改革开放的总设计师邓小平就是一位典范性的变革型领导，他为中国设计了一条改革开放的道路，使中国社会走上变革的轨道。

变革型领导总是明确地坚持自己的观点，在组织中建立信任感。追随者对变革型领导的信任是完全可预期的和可依赖的，从而使整个组织形成整体感和同一性的意识。

变革型领导提倡在积极的自我关注过程中创造性地发展自我，由此，追随者对变革型领导会产生高度的信任和期望。

9.8.4 变革型领导与魅力型领导的区别与联系

变革型领导的领导因素包括以下四大项目：

魅力 + 鼓舞干劲 + 个别化关怀 + 智力激发

由此可见，魅力是变革型领导的必要因素，一个领导者可以是有魅力的但不一定是变革型的。魅力型领导更多的是塑造超常能力的形象，而变革型领导的本质明显是激励和授权。变革型领导会促进授权，发展下属的技能和自信，有利于促进创造自我和管理团队。

变革型领导使追随者对工作的重要性和价值更为敏感，促使追随者为了组织利益转变自己的利益诉求。变革型领导关心发展追随者的技能和信心，让他们在一个授权组织中承担更多责任。变革型领导将提供支持与鼓励，使下属面对障碍、困难、失败时保持热情与努力。其结果是下属更加信任和尊敬变革型领导，做比原先期望做的要多得多的工作。

9.9　交易型领导

交易型领导是通过与下属交换有价值的东西来满足他们自己的和下属的需求。在此，领导者与追随者之间是一种交换的关系，在交换过程中，员工的努力可以换得特定的奖励。交易型领导具有影响力是因为，员工为了自身的利益而去完成领导者希望的事情。在此，领导者可以就追随者需要做什么、完成工作之后有什么报酬，与追随者达成一致。

9.9.1　交易型领导与魅力型领导的比较

交易型与魅力型领导特征的差别见表9-4。

表9-4　　　　　　　　　　交易型与魅力型领导特征的对比

维度	交易型领导	魅力型领导
权力的主要来源	报酬、回报、合法	超常能力与表现
激励下属的基础	外部的/经济上的	内部的/情感上的
下属的绩效目标	狭隘的、定量的、特定职位的	宽广、定性；特定的领导者与愿景
情感上对目标的依附度	低	高
预期的下属行为	遵守规章制度	通过社会准则与团队压力形成
下属对领导者与愿景的承诺	低或中	高
管理者策略印象	低运用	高运用

由表9-4可见，交易型领导的权力主要来源于报酬、回报，而魅力型领导的权力主要来源于超常的能力与表现。交易型领导激励下属的基础是外部的、经济上的原因，而魅力型领导激励下属的基础是内部的、情感上的原因。交易型领导对下属的绩效目标锁定在狭隘的、定量的、特定的职位上，而魅力型领导对下属的绩效目标则具有宽广性，包括在特定的领导者提出的愿景范围内。交易型领导预期的下属行为是遵守规章制度，魅力型领导预期的下属行为要通过社会准则与团队压力来形成。交易型领导要求下属对领导者与愿景的承诺是低或中等程度的，而魅力型领导要求下属的承诺是高等程度的。交易型领导只是低程度地运用了管理者的策略印象，而魅力型领导

是高度运用了管理者的策略印象。

第一，变革型领导能很好地理解并迎合追随者的需要和动机。变革型领导是变革的代表、良好的榜样。他们提出和清晰表达组织的愿景，能授权追随者实现更高的目标，其为人处世的方式使别人对他产生信任感。

变革型领导吸收了魅力型领导的魅力因素。

第二，变革型领导是唤起追随者的精神价值，而交易型领导是唤起追随者的自我利益。

变革型领导唤起追随者的精神价值，力求提升他们的道德意识，激发他们的能量、潜力与资源，并实现革新与变革。

交易型领导鼓动追随者诉诸他们的自我利益。领导以职位、津贴、利润合同交换选票，用工资和地位交换工作者的努力。

第三，变革型领导关注追随者的价值和感情过程，而交易型领导则关注追随者顺从领导者需要的交换过程。

领导关注追随者价值和感情的过程是现代组织中变革和愿景领导的核心特征。领导要促使追随者为了组织或团体利益改变自我得益的想法，激活他们对更高秩序的需要，鼓励追随者使他们对任务结果的重要性更为重视和为之努力。总之，要使追随者对变革型领导感到更信任、羡慕、忠诚和尊敬。

交易型领导仅关心追随者顺从领导者的交换过程，因而不可能使他们产生对任务目标的热情和支持。

第四，变革型领导与交易型领导处于一个领导连续体的不同点上，它们不是彼此独立的，如图9-8所示。

领导连续体

变革型领导　　　　　　交易型领导　　　　　　放任型领导

图9-8　领导连续体上的变革型与交易型领导

由图9-8可见，变革型领导与交易型领导以及放任型领导之间是可以转化的。加强交易型领导的各项品质特征可以使其实现向变革型领导的转化；反之，弱化变革型领导的各项品质特征也可以使其转化为交易型领导。

9.9.2　交易型领导的特点

变革型领导与交易型领导之间既存在区别，也存在联系，从二者的差别中更可看出交易型领导的特点：

交易型领导关注的是领导与追随者之间的"交易"，而变革型领导则时刻关注、激励追随者达成目标的过程。

交易型领导一旦"交易"成功，就会提拔达成目标的职员。交易范围广泛，所有类型组织在不同水平上都有交易。交易型领导既不区别对待下属的个别需求，也不重视下属的个人发展。交易型领导具有影响力是因为员工为了自身的利益去完成领导者希望他去完成的事情。

9.10　道德型领导

在社会体制转型时期，缺乏道德的自我约束会使人们迷失经济和社会的发展方向。当社会已进入市场经济后，被激发的物欲冲动急需道德的规范和约束。为此，继承我国传统优秀道德理念与现代人类文明的道德成果是我们急需探讨的课题。

经过长期的研究，领导科学与领导心理学提出了多种领导类型，如任务导向型领导、关系导向型领导、权变型领导等，直到20世纪的最后10年才提出道德型领导（Ethical Leadership）的研究方向。

9.10.1　领导者的"德商"

要成为高效能的领导，必须具备三个商数：智商（Intelligent Quotient，IQ）、情商（Emotional Intelligence Quotient，EQ）和德商（Moral Intelligence Quotient，MQ）。智商反映一个人的智力发展水平，情商反映一个人的情绪管理水平，而德商则反映一个人的道德水平。在这三商当中，德商最为重要。

美国学者道格·莱尼克（Doug Lennick）和弗雷德·基尔（Fred Kiel）在他们2005年出版的《德商：提高业绩，加强领导》一书中，将德商定义为"一种精神、智力上的能力，它决定我们如何将人类普遍适用的一些原则（正直、责任感、同情心和宽恕等）运用到我们个人的价值观、目标和行动中去"。莱尼克在20世纪90年代帮助美国运通集团等大公司企业经理人和员工发展情商过程中的一些发现和思考概括起来是这样的：虽然情商可以使人具有高度的自制力和人际交往能力，但它在大多数情况下是价值中立的，不能帮助人区分"吃饭"与"错"，让人避免做错事，而领导首先要保证的就是"做正确的事"，然后才是"正确做事"，并"帮助别人正确做事"。安然公司事件以及随后的大量财务丑闻更是充分说明，高情商并不能使公司避免安然、安达信那样的错误，而这样的错误一旦发生，就可能给企业带来致命性的打击。

德商的内容包括体贴、同情、尊重、容忍、宽容、诚实、正直、负责、平和、忠心、礼貌等各种美德。领导者应加强这些美德的培养。

9.10.2　领导者要树立道德权威

领导者权威来自各个方面，其中有科层权威、心理权威、技术–理性权威、专业权威以及道德权威等。

科层权威是指在等级制的结构中必须强调强制与服从，下级必须服从上级，具体表现在等级制度、规章与规则、指令以及角色期望中。领导者树立科层权威的结果是使组织处于一定的监控之下，下属只能执行既定的决策，并对此做出相应的反应，因而其活动空间受到一定限制。

心理权威是指领导者与追随者之间尽管目标、利益不同，但可能通过交易使双方各取所需。领导者可使用各种激励技术、人际技能、人际关系使员工更易相处，善于合作。但是，领导者使用心理权威的结果只能使下级的投入是等价交换的，只有获得奖赏，追随者才会按照领导者的要求做出回应。

技术–理性权威是指领导者要求员工服从标准化的工作方法与程序，在工作过程中要遵章守则。这样，领导者发挥技术–理性权威的结果使员工始终处于被监控之下，并按照既定的程序和步骤进行操作。

专业权威是指领导者本身要有精湛的技艺、广博的知识和个人专长。这些技艺、知识和专长不是外来的，而是来自领导者自身，来自培训和经验。领导者发挥专业权威的结果是使员工做出对专业规范的响应，领导者能给员工提供支持与帮助以及专业发展的机会。

道德权威是领导者与员工有共同的价值观、信念和组织承诺的核心界定，因为员工与领导者的责任感和义务感来自共同的价值观、理想和信念。在组织内要明确什么是对的、什么是错的，什么是好的、什么是不好的。领导者的道德权威就是要确认组织的核心价值观和信念，把价值观和信念转化为驾驭行为的不成文的规范。此外，道德权威还强调团队精神，将团队精神作为内化了的感受和受道德驱动的美德，并依靠相互依赖关系来推进，这就要依靠员工的能力去回应责任和义务。领导者树立道德权威的结果将使员工由于道德原因而对组织的价值观做出反应。员工的工作将变成集体性的活动，他们的表现舞台得以延展，且稳固而持久。

值得强调的是，我国的领导者要牢记"以德治企""以德治校"的理念，要始终突出树立道德权威。领导者要提升自己的"德商"，首先要有自己的道德观、信仰和理想，将自己置身于较高的道德层面上。领导者的行动和决定既受价值观和信念的影响，也会受到自利思想的影响，当两者发生冲突时，价值观和信念通常应该胜过自利思想。此外，领导者与员工之间要有共同的价值观和信念，这样也就建立了组织的共同规范。规范是一种强有力的工具，组织的共同规范可以充当直接的"领导者"，甚至成为领导的替身。人类是以道德判断来审核他们自己的欲望的，道德的承诺可以解释与判断人们所做的决定和外显行为。

可见，领导者既要依赖科层权威、心理权威、技术–理性权威、专业权威来领导组织与员工，更要特别强调树立道德权威来提升自己的德商，以利于领导者职能的发挥和组织目标的实现。

9.10.3 领导者的道德观

关于领导者的道德观，主要有三种代表性的观点：服务式领导、帮助追随者的领导、增进人们道德意识的领导。现分述如下：

1.做一个服务式领导

格林里夫（Greenleaf，1977）认为，服务于追随者是领导者的主要责任和道德领导的本质。伟大的领导者首先是一个服务者。服务式领导需要倾听追随者，了解他们的渴求，分享他们的痛苦与挫折。

服务式领导也是一种公仆式领导，同时也具有利他主义。要做一个领导者，首先要做一个公仆，同时做一个真正的利他主义者。

公仆式领导要关注弱势群体，要平等地看待他们。领导者少用权力控制别人，把权力还给被领导者。要注重倾听、移情和无条件接受别人。

服务式领导是通过服务于他人来实施的，最终目的是把自己和其他负有责任的人置于理念服务的位置。

2.做一个全面帮助追随者的领导

海费茨（Heifetz，1994）认为，领导者的主要角色是帮助追随者面对冲突和提出有建设性的处理方法。领导者要用信任、培养和移情来营造让追随者感到得到支持的环境，并在这种环境中获得安全感。领导者要运用权力来动员人们去面对棘手的问题。领导者的职责在于帮助追随者努力奋斗，以适应环境变化，并促进个人成长。

3.做一个增进人们道德意识的领导

伯恩斯（Burns，1978）认为，领导者的一个主要角色或功能是增强道德意识，帮助人们解决价值冲突。领导者应呼吁理想和道德价值，给予人们自由、平等、正义、和平、人道主义等积极向上的道德意识，而不是给予惧怕、贪婪、嫉妒、憎恨等消极意识。总之，领导者要努力把追随者的道德责任推向一个更高的水平。

9.10.4　领导者的道德标准

领导者要始终坚守行为的道德标准。

1.道德的内涵

道德是一种行为规范。"道""德"词源的含义即为行为规范。"道"为外在规范，"德"为内在规范，即已转化为个体心理的社会规范。

人们对于对社会具有有利或有害效用的行为需要进行规范，如诚实与欺骗、公正与不公正等。此外，对于对社会、他人以及自己有利或有害的行为也要进行规范，如应正确对待自己的追求幸福、提升智慧、自尊等行为。

总之，道德规范是具有社会效用的行为。这些行为会造成对社会、他人、自己、自然界的正面积极效应或负面消极效应。良好、高尚的行为是促进社会进步、人际和谐、个人幸福、人与自然界顺应的动力；反之，不道德的行为会产生使社会倒退、人际冲突、个人遭灾、自然灾害等的悲剧性后果。

2.道德的性质

道德通过社会舆论对人们产生强制性。行为的善恶标准，在人们心理的天平上是很明确的。尽管如此，道德仍是一种非权力规范。道德是社会制定或认可的关于人们具有社会效用（有利或有害于他人或自己）的行为应该而非必须如何的非权力规范。

道德是一种不创造财富的权力管理，或称舆论管理，也称"德治"。德治的规范就是道德。

道德的本性是一种必要的"恶"，即道德要求依靠舆论、教育，规范人的一切具有社会效用的行为，使不正当的愿望和不道德的行为受阻，这样才能使社会的正义与公平得以长存，和谐社会才能存在，个人的合法权利才能得到必要充分的满足。道德首先是社会之德，治国的规范，法只是道德的某种体现与实现。道德对人的影响还会触及人的灵魂。当前，对经济生活中的不道德现象的揭发与批判，使人们在灵魂深处对区别"假、恶、丑"与"真、善、美"的行为受到了一次洗礼。

3.道德的标准

什么是道德的，什么是不道德的，这就是道德的标准问题。

（1）绝对的道德标准

绝对的道德标准是指道德的终极目的。道德的最终目的是保障社会的存续和发展，增加每个人的利益，实现每个人的幸福。为此，道德的终极标准就是增加或减少社会和每个人的利益问题，即绝对的道德原则。当人的行为不损害任何一个人的利益而能增加全社会和每个人的利益时，如"为己利他"的行为，因能造福于社会、个人，因而也是道德的。

（2）最大多数人的最大幸福原则

行为是否道德还应该以是否符合"最大多数人的最大幸福"的原则来衡量。这是约翰·斯图加特·密尔（1806—1873）提出的。他认为，自我牺牲在能给他人或人类增加幸福的时候才是有价值的。当然，这种自我牺牲只有在特定社会条件下才是必要的和不可缺少的。"自我牺牲"和"无私奉献"的高尚行为往往在个人利益与社会利益不一致、产生了冲突时才会发生。当个人利益与社会利益一致时的"奉献"行为只能称为"为己利人"，因为这种行为既增加了个人利益也增加了社会利益，这被称为"不损害一人地增加每个人利益的原则"。

领导者的行为从道德层面可划分为六大伦理行为类型：无私利他、为己利他、单纯利己、纯粹害他、损人利己、纯粹害己。

其中，无私利他、为己利他、单纯利己都符合道德的终极标准，因而都是善的，只不过无私利他为最高的善，为己利他为基本的善，单纯利己为最低的善。

至于纯粹害他、损人利己、纯粹害己的行为是不符合道德的终极标准的，因而是恶的，纯粹害他为最高的恶，损人利己为基本的恶，纯粹害己为最低的恶。

领导者的行为应尽量做到无私利他，至少做到为己利他，决不能有纯粹害他、损人利己的行为，这是极其不道德的。

【延伸阅读】　　　　　　如何判断一个人是否具有管理的潜力？[①]

一、看一个人是否具有抓住工作重点的能力，是否有明确的工作思路

抓重点是指能快速地将纷繁复杂的各种表面现象归纳总结为结构清晰的事物特征，抓住事物的根本、问题的关键，并确定工作重心的能力。管理工作涉及的环境和对象很复杂，随着范围和规模的扩大，复杂度就呈几何级数上升。所以，"抓重点"是管理者必须具有的一项能力。

抓重点能力弱的管理人员，在工作上的表现往往是没有主见和工作思路，左右摇摆，拿不定主意，力气使不到点上，他可能很努力、很辛苦，团队成员跟着他不停地东奔西跑，但基本上是瞎忙活，因为没有结果和成绩。古人说的"将帅无能，累死三军"就是指这种情况。时间一长，团队成员就会失去对管理者的信心，这时候必须更换管理者了。

判断一个人是否具有抓重点的能力，首先看他的思维是否具有结构性，能否对较为繁杂的事物进行归纳和分类，其次判断他的分类标准和原则是否正确，与解决问题的方向是否相符。前者比较容易判断，但往往被人们忽略，第二个方面则需要具有一定的行业或管理经验才能判断他的分类原则是否准确可行。我在很多单位担任过竞聘上岗的主考官，一般都会给应聘者3～5分钟时间作自我介绍和谈论对目标岗位的理解，有的候选人时间过半了还在报流水账式地介绍自己的工作经历，我对这样的人基本上会做出否定判断，显然他抓重点的能力很差，对管理者来说，抓重点这个能力可以实行一票否决。

如果你想成为一名优秀的管理者，需要训练自己结构化的思考能力，简单地说就是归纳、概括和总结的能力。普通人关注的是思维的逻辑性，讲的是前后的连续性和流畅性，而管理者需要具有较强的结构化思考能力。

二、看一个人是否具有强烈的目标导向和结果导向意识

结果导向也就是目标导向，是杰出管理者最突出的思维特征。管理是为了达成目标，而且是团队或组织的目标，不能达成预期目标的管理者一定不是好的管理者，优秀管理者一定是目标感很强的人。

结果导向意识就是以终为始，高度关注和聚焦目标和结果，将团队或组织的核心资源、策略都指向目标的达成，所有行动都必须是对目标达成有高度贡献的。这种管理者给外部的印象就是目标清晰、执行力很强。

之所以目标导向特别重要，是因为有很多人出发的时候有目标，在路途中往往忘了或偏离了目标，或者被一些新鲜好奇的事物所吸引，或者是因为碰到了困难、挫折，受了苦或委屈，放弃了既定的目标。优秀管理者设定目标的时候很慎

[①]　作者苏永华，诺姆四达集团微信公众号（ID：normstar123），2016年7月。

重，一旦确立了目标，就会坚定不移、不受任何干扰地向着目标前行，直到达成为止。

专业技术人才向管理者转型时遇到的最大障碍就是结果导向思维模式的建立。因为长期的技术工作训练了他们的技术思维方式。技术人员的思维方式和管理人员的思维方式有根本的不同。技术人员的思维是直线式思维，由始到终，就是从已知条件推导出结果，一旦已知条件项缺少时，就无法推出结果，他们就会很焦虑。把这种思维带到管理中，最典型的表现是他们会跟上级要求很多条件，因为在他们的思维中只有当条件足够时才能得到结果，而当结果没有达成时，他们给出的理由都是上级给的条件不充分或者环境改变、对手太快，责任不在他们。而管理者的思维是结果导向的，以终为始，从目标开始考虑需要什么条件，然后主动想办法去创造条件从而解决问题，技术思维者往往是被动地等待条件成熟。

三、看一个人是否具有快速发现规律和预测结果的能力

在当今快速变化的时代，管理者所面对的环境瞬息万变，这要求管理者能够快速做出判断，也就是通常所说的要具有快速反应、灵活应变的能力。

快速反应、灵活应变只是一种行为表现，其背后的能力是什么呢？实际上是管理者善于并快速发现事物的运行规律并能够对事情的发展结果进行准确预测。如果不能把握事物的运行规律并做出准确预测，就容易做出错误的判断，影响管理目标的达成。

仔细观察就不难发现，在同一家企业，有的团队的运转节奏快、效率高，有的团队的运转节奏慢、效率低，其背后的原因十有八九是这两个团队的领导在发现规律和预测结果的能力上有差异。此项能力弱的管理者，为了做出正确的判断，需要做大量的调查、研究，查资料、开会、讨论，团队领导决策效率的下降导致整个团队的工作节奏变慢，工作效率降低。

有的人将这种能力称为直觉，即不需要思考就能判断的能力，并认为这是天生的能力。从表面观察看，直觉思维很强的人在紧急情况下快速判断，似乎没有经过思考，然而当我们对他们的决策过程进行深入分析时，就会发现他们的大脑中实际上存储了有关事物运行的基本原理、原则等相关概念，他们提取的速度很快，使我们感觉不到他们的思考过程。这种能力强的人有一个共同的特点，就是他们知识面比较广，而且这些知识是经过整理以后以他们自己的方式存储的，所以提取和加工起来很快。要练就这种能力，必须加强学习，不是简单地死记硬背一些知识，而是以自己便于记忆和提取的方式进行学习。这种能力也是可以培养的，但要靠知识和经验的有效积累。优秀的管理者的思维具有很强的辩证思维的特征。

四、看一个人是否拥有大格局和整体观

有些人工作后很快就走上基层主管岗位，他们雄心勃勃，非常努力，表现很好，执行力很强，任务完成得也不错，但当他们到了中层岗位后，尽管做得很努力、很辛

苦，但业绩反而会往下走，要么苦苦支撑，要么被撤换掉。我分析了很多这样的人，发现他们有一定的共同问题，就是大局观不够。

大局观指能够全面地、系统地、前瞻性地看问题、思考问题，能够从整体上把握事物发展的趋势和规律。具有大局观的人，一般都会站得比较高，能够从高处俯瞰事物，视野开阔，能够看到事物的全部，这样在思考时遗漏就很少，决策的错误就会减少。缺乏大局观的人往往只会抓住眼前或局部一点猛攻，但常常顾此失彼，对于公司和上级的战略意图，他们难于理解，要么简单执行，要么曲解打折扣地执行。

经常有学生这样提问："老师，大局观能改进吗？怎样才能提高我的大局观呢？"我举一个例子："你看《新闻联播》吗？你喜欢看吗？你长期坚持看吗？"如果你的回答都是"是"，至少你的大局观不会太差。

具有大局观的人具有很强的历史观，他们往往能够从历史的角度来分析事物的发展演变规律，具有历史观的人看问题具有穿透力，能够看到未来，从而具有前瞻性。

自我中心主义、私心、"小九九"是制约一个人大局观的重要因素，要培养大局观，就要把个人的小我和私心放下，把个人的利益放到一边，这样视野才会变得开阔，全局观就会提高。大局观决定一个人的层次，而决定一个人大局观的是他的志向。

五、看一个人是否具有突破常规思考的能力

拥有和多数人相同的问题解决思考逻辑属于常规思考，多数人都能想到的方案、通用做法都属于常规办法。首先要肯定，一种思路或办法能够成为常规，说明这个思路和办法对解决问题是有一定效果的，至少在过去是有效的，否则它不会成为常规。但是，当新问题出现或问题中新元素越来越多的时候，常规思路和方法就会开始失效，而且效果会越来越差，必须另辟蹊径才能有效解决问题。

突破常规是指管理者在面对复杂棘手的问题时，常常以不寻常的思维方式提出一些意想不到的观点、策略和措施，而且这种思路和办法是有效的，能够切实解决问题。

判断是否突破了常规，有两个基本标志。一是新颖性，别人没有做过的，或者说在已知的圈子里没有人这么想或这么做过，这是基本点。但并不是所有新的想法都可以算作管理上的突破常规，它还必须具备第二个特征，即有效性，就是用这种方法比其他已知的方法都有效得多。真正高水平的突破常规者往往能够做到出奇效，即构思精巧，抓住了关键环节和杠杆点，具有四两拨千斤之力，投入少，产出大，一题解则百难消，令人赞叹和称奇。

突破常规并不是别出心裁、为求新而求异。我们不能忘了管理的根本任务是面对事实、解决问题、达成目标，所以有效性是第一原则。突破常规也是有底线的，就是法律和道德伦理的底线。那些踩红线、打擦边球的做法并不是突破常规的思维，而是存在侥幸心理。

突破常规就是不走寻常路，从思维特征上看它具有逆向思维、发散思维的特点。那些爱思考、善于总结、不盲从的人突破常规的能力较强。突破常规建立在对事物规律和人性本质的深刻洞察之上，它与投机取巧、耍小聪明是有根本差别的。

突破常规需要开放的心态，一个封闭的、自我保护很严的人，是不可能提升这项能力的。

六、看一个人是否具有创设沟通平台的能力

沟通能力对处于现代开放社会的成员来说十分重要，每个人都在不断提升自己的沟通能力，管理者也不例外，甚至要求更高。人们通常所说的沟通能力主要是指人际沟通能力，市面上绝大多数的沟通培训课程也都是为了提高管理者的人际沟通能力而设计的。

对一个组织来说，管理者的最大价值是能够做出正确的决策，指明前行和胜利的方向。因此，必须使管理者的意图、思想、决定得到准确的理解和彻底的执行，否则，管理者所具有的思维优势、判断决策优势就没有意义了。所以，对于管理者来说，仅有人际沟通技能是不够的，因为人际沟通的效率和范围是有限的，在组织规模扩大后，他必须具备很好的管理沟通能力才能管理好组织，我们把这种能力称为创设沟通平台的能力。组织规模越大，管理层级越高，对这个能力要求也越高，即使在组织扁平化、团队小型化成为流行趋势的今天，这种能力要求也是越来越高，因为你的沟通不仅限于你的团队内部，团队外部沟通会越来越多，当你的决策涉及很多部门、很多地区、很多管理层级、很多人员时，仅有人际沟通能力显然是不够的。

所谓沟通平台，简单地说就是建立沟通的机制、渠道和制度。在一个正式组织内部，都有一定的沟通渠道和机制、制度，但当你做出一个新的决定时，可能原有的渠道和机制不起作用了，或者，它的效率和效果达不到你想要的水平，这时候，你就要创设新的沟通平台来打通信息的渠道。

创设沟通平台时，首先必须明白你的决定需要告知的对象，这些对象的链条有多长，现有渠道的弱点是什么，用什么方式可以打通，而且让这种沟通成为一种机制。比如，周会制度、晨会制度、联席会议制度等，这些都是比较好的管理沟通方式，遗憾的是很多管理者对此认识并不深刻，没有认识到会议的沟通价值。当然，必须是有效的会议，而要使会议有效则需要会议管理的技能。沟通平台绝不仅仅限于常规的会议方式，管理者还要熟悉各种管理沟通工具，包括现代移动互联通信工具如微信等。

本章小结

1.领导是指一个人影响其他组织成员实现既定群体或组织目标的过程。领导通常使用非强制性影响力的形式。领导者要确定群体或组织的任务,并提出完成任务的策略,直至协助策略的执行和任务的完成。

2.权力这一概念是指以期望的方式改变他人行为或者态度的能力。

组织中的权力分为职位权力与个人权力两种类型。职位权力是一种随某人在组织中拥有的正式职位而来的权力,它包括奖励性权力和强制性权力,也就是分别掌控奖励和惩罚的权力。法定(合法)性权力是组织中个人因其组织职位而获得认可的权力。信息性权力是因握有特殊数据和掌握知识而获得的权力。

个人权力是因具有独特品质或特征而获得的权力,理性说服就是用有逻辑性的论述和事实论据让他人信服某一观点可以接受。专家性权力就是知识、技能、经验为他人认可所获得的权力。参照性权力是指自己受他人仰慕而拥有影响力,领袖魅力也属于这一方面。

3.存在两种基本的领导行为形式——员工导向型和生产导向型。前者关心员工与维持良好的人际关系,后者偏重关心工作绩效。方格训练是通过培训管理者的沟通技能和决策技能来提高他们对员工和生产的关心程度的一种系统培训方法。

4.领导效力的权变理论认为,并不存在一种最好的领导风格,最有效的领导风格通常被认为决定于领导者所面临的特殊情境。领导方式与下属成熟度匹配理论表明,领导者的行为要与下属的成熟度相适应。领导权变模式表明,有效的领导行为的抉择是由以下三个特征决定的:领导与成员的关系、职位权力与任务结构。

5.领导者品质理论又称伟人论。成功领导者拥有与普通人不同的特质。这些人在动机、驱动力、诚实、自信心方面都高于常人,也表现出更强的灵活性。领导者的领导风格需不断调整以适应被领导者与特殊情境的需要。

6.通路-目标理论认为,领导者的行为如果在一定程度上能帮助员工达成他们自己的有价值的目标,就能被员工接受,大大增强他们的积极动机。同样,在工作环境不明的情况下,领导者若能引导,则其行为易被接受。

7.魅力型领导与变革型领导相比较,魅力型领导会对被领导者的信仰、认知及行动产生深远的影响。这类领导能激励下属取得高绩效,保持忠诚度、高热情。这种领导有高度自信心,会提出明确、清晰的愿景,行为不循规蹈矩,通常他们被认为是变革的代言人,对环境的限制非常敏感。变革型领导除了具有领袖的魅力外,还能变革与革新组织。这类领导通常具备向下属提供智力激发、个人关怀、感召力等特征,他们的领导更有效。

8.道德型领导要树立道德权威、要做一个服务式的领导,还要做帮助追随者和增进人们道德意识的领导。领导者要始终坚守行为的道德标准。

复习思考

1.试述领导概念的核心内涵。

第9章 领导心理

2.举例说明职位权力与个人权力的五种类型。使用这些权力时应注意哪些要点?

3.与领导者效能相关的领导者品质因素有哪些?

4.掌握任务导向型与关系导向型领导各自关键行为的内涵。

5.正确认识通路-目标权变理论的实质及其意义。

6.举例说明什么是正面魅力型领导,什么是负面魅力型领导。

7.比较变革型领导、交易型领导、魅力型领导的区别与联系。

8.明确道德的性质及领导者应遵守的道德标准。

第10章

领导者的领导艺术与技巧

学习目标

1. 解释授权的含义、内容与方式
2. 了解授权过程中的心理倾向与心理障碍
3. 阐述领导者如何做才能具有人际吸引力
4. 明确领导者–下属交换理论（LMX）及其意义
5. 区分程序性决策与非程序性决策、确定性决策与不确定性决策
6. 认识决策风格的个体差异
7. 评价群体决策的优缺点

10.1 领导者的授权

10.1.1 授权的含义

授权（Delegation of Power or Authority）是指由上级主管或权力拥有者授予下属一定的责任与权力，使其能相当自主地处理问题与行动。简言之，授权就是将权力与责任授予下级，使下级在一定的监督下有较大的行动自主权。但是，授权者对被授权者保持指挥和监督之权，而被授权者对授权者负有报告完成工作情况之责。领导者的任务主要是去达成目标，但并非都靠自己去做才能实现，所以，领导者的功能在于成事，而不在于做事，而授权乃成事的分身术。

综上所述，授权的性质可由图10-1概述之。

授权乃管理者成事的分身术	管理者的功能在于成事，但不是全由自己去做事
授权不忘指挥与监督权	被授权者对授权者负有报告其完成工作情况之责
授权不授责	权力下放，向下分散 责任向上集中 士卒犯错，罪及主帅

图10-1　授权的性质

10.1.2　授权含义的界定

授权的含义应该严格界定，有些关系，如分工、代理、助理就不属于授权的范围。

首先，授权与分工不同。分工是在领导班子内部进行的，是在同一个领导层的同级之间进行的，各个成员之间没有隶属关系，只是按其分工各负其责。而授权者与被授权者是正式的上下级的隶属关系。

其次，授权与代理职务不同。代理职务是在某一特定时期依法或受命代替某人执行公务，比如代总理在总理出国期间依法行使总理的职权，而不是总理授一部分权力和责任给代总理。

最后，授权与助理职务不同。助理是帮助领导者工作，协助领导者处理有关事务，但不承担责任。授权则不然，授权者有责任，被授权者更应承担相应责任。

明确授权与其他几个概念的区别有助于我们理解授权的准确含义，也有助于我们懂得授权的作用，掌握授权的艺术。

领导者在授权时要明确，现代领导体制的特点是权力要向下分散，而责任要向上集中。这种趋势说明，权力可以分散给下属，但上级领导的责任并未减轻，这就是"士卒犯过，罪及主帅"的原因。这也就是我们常说的"要负领导责任"的含义。领导者要牢记"授权不授责"才是正确的。

10.1.3　授权的意义

1.授权对领导者的意义

授权体现领导者是严格按照分组管理的原则行事的。领导者授予下属职权，让各级管理者拥有一定范围的决策权与指挥权，使他们各执其事、各司其职、各尽其才、各得其所，从而提高对下级的驾驭能力。

授权体现领导者能够摆脱具体事务，为实现大目标分身有术的能力。领导者通过授权将具体工作交给下级管理人员和普通员工去做，就可以从具体琐碎的事务中分身，从而集中精力专心致志地搞调查研究，去发现大问题、寻找大目标、制定大蓝图、谋划大思路、决策重要工作，即做长远规划与战略决策上的研究。领导者只要站在高处，气势自然雄浑，便不易被一些日常琐屑事务缠住。

授权还体现领导者关心下属的才干、智能和素质的培养。通过授权要下属独当一面，出点子、想办法去完成任务，这样可大大提高下属的才干、智能和素质，有利于下属的成长与人才培养。

授权会使领导者得到下属的尊敬。相信下属而且让他们处理属于其工作范围内的问题，将得到他们的尊敬和信任。在这种情况下，并不需要过多监督，下属就能尽其所能地办好事情。

2.授权对下属的意义

授权有利于发挥下属的创造力和聪明才智。让下属有机会去做属于他们职责范围以内的工作而不加干涉，对于这种信任感，下属是满意的，这将有助于下属发挥聪明才智，充分运用其想象力和创造力把事情办好。下属的成长和发展在很大程度上取决于他们是否有机会去承担需要更多技巧和能力的工作任务。授予的职权越大，越能培养下属的领导能力。

授权有利于充分发挥员工的专长，弥补领导者自身才干、智能的不足。对技术性很强的工作，领导者自身也不一定很熟悉，这时就可以授权技术内行的普通员工去完成。凡是下级有积极性做的事，尽量给他们一个发挥自己才干、显示自己能力的机会，从而达到培养干部、储备人才的目的。

授权有利于发挥员工的积极性，增强员工的责任感与工作热情，激励员工奋发向上的动机，进而促使他们努力工作。

授权有利于提高人事效率，提升工作热情。领导者授权可以有效地减少领导机关的人数，精简不必要的机构，提高办事效率。

总之，有效授权的双重意义是：一方面，它使领导者摆脱其他事务而从事有助于他自己成长和发展的更为重要的工作；另一方面，它是促进下级成长和发展的一种必要措施。

10.1.4 授权的内容与方式

1.授权的内容

领导者的工作千头万绪，究竟哪些应由其亲自去做，哪些可以授权下属去做呢？

（1）领导者职责范围内的大事是不能授权的

领导者应该明确，哪些是领导者职责范围内的大事，只能由领导者亲自去做，而不能授权下属去做。下面这些事务就是不便授权的：确定组织目标、政策；制订组织的计划；核定工作成果；培养与激励干部；考核与奖励工作人员；与下属进行有计划的接触等。如果这些重大事情授权让下属去做，就会造成领导者的"大权旁落"。此外，也绝不能将自己职责范围以外或界限不明的工作授权给下属去做，这也会造成相互扯皮、责任推诿、越权争权、闹不团结等问题。

（2）从时间维度上领导者可以授权的内容

领导活动的过程，从时间维度上可以分为四个阶段：一是认知，包括调查现状，预测未来；二是决策；三是组织实施；四是检查评价。这四个阶段中，决策是关键，应由领导者亲自去做。但决策是一个漫长的过程，其中包括问题诊断、拟订方案、认证研究等过程，这些都可以授权下属和参谋人员去做，但确定目标、选择方案则必须由领导亲自去做。其中认知、组织实施、检查评价三个阶段中的许多工作都可以授权下属去做。但是，领导者也要抓其中的关键环节。

在认知阶段，领导者要抓调查研究的组织工作，包括确定调查研究的内容、时间、地点及调查研究人员。调查之前不要授意调查人员先定调子，一切结果应产生于调查之后。

在决策的组织实施阶段，许多工作也都可授权普通员工去抓。领导者的责任主要是组织他们去实施。重点在"组织"二字，比如建立机构、选用干部、指挥协调等。

检查评价阶段是整个领导过程中承上启下的一个阶段，领导者要用较多的精力去抓好。其中具体的检查督促、定量考核等工作可让下级去做。

（3）从空间维度上领导者可以授权的内容

一般说来，事关全局的工作、中心工作应由领导者亲自去抓，而部门工作、局部工作应授权下级管理人员和普通员工去做。众多的日常工作，包括迎来送往、日常的管理可以授权下级去做，有章可循的问题一律授权下级处理，领导者则应集中精力处理重大问题和突发问题，处理那些无章可循、下级不知如何处理的例外问题、困难问题。

领导者应该把下级管理人员和普通员工感兴趣、乐意去做而又有能力去做的工作授权他们去做。授权者应考虑被授权者的能力和体力的界限，低于他们的能力和体力起不到激励作用，大大超过他们的能力和体力则使他们无法完成任务，最好是把稍稍高于他们的能力和体力的工作授权他们去做，以利于提高工作效率。

2.授权的种类

授权的种类很多，可以说人、财、物皆可作为授权内容，甚至责任本身也可作为授权内容。下面列举几种具体的授权形式：

（1）事业部制授权形式

西方国家推行的事业部制也是一种授权形式。事业部制的实质是强调"集中决策，分散管理"，将经营决策与具体管理区别开来，使经理阶层摆脱日常的管理事务，从而致力于研究和制定各种经营政策，而各个事业部负责日常的生产、销售等具体管理工作。

（2）利润计算中心的授权形式

它是在企业中强调"以利润计算为中心"的授权。因为企业比较强调经济效益，因而企业领导者可以建立几个"利润计算中心"授权个人与组织。以"利润计算中心"授权，即授权下属拥有对收入与成本项目的决策权。因为利润等于收入减去成本后的余额，控制了收入与成本，也就是控制了利润。此种授权行为是最高程度的授权。

此外，在教育、事业单位可以主要推行"以责任为中心"的授权形式，此时，被授权者只有完成该项工作的责任及权力。

总之，要按照组织的性质确定授权的种类与内容。

3.授权的方式

授权的目的在于使组织内部的人力资源能够在其所担负的组织层级上发挥最有效率的能力，以实现组织的远大目标。

授权的方式方法应视任务的重要程度及被授权者的工作能力和管理水平而定，具体有以下几种方式：

（1）充分授权。

充分授权是在任务下达后，允许下属自己决定行动方案，并创造所需要的一切条件。

（2）不完全授权。

不完全授权是指有些行动方案与需要的条件是事先规定好的。

（3）弹性授权。

弹性授权是将某项重要职权分解后，授予两个或多个子系统，使子系统之间互相制约、互相补充，共同作用，避免出错，协同完成授予的职权。

（4）任务式命令。

授权命令是要明确做什么，如何做则由被授权人自己去考虑。授权的前提是告知要完成的任务、要解决的问题、必要的限制、可利用的资源等。

10.1.5 授权过程的四个阶段

授权过程可分为以下四个阶段：

第一阶段，授权者得到反馈信息。授权者得到下属已理解所授权责的反馈信息，领导者有责任肯定接受授权的人已经正确地理解和解释了被授予的任务，确切地知道了期望他的成果是什么、在什么时候完成。在任何情况下，都要让接受授权、指示或信息的人把他对授予任务的解释，以及他所承担的领导所期望的结果的责任，以恰当的形式复述一下。

第二阶段，形成目标定式。领导者在授权时，往往是向下级讲解了许多完成任务的细节，但忽略了阐明与提出"最终目标""最终成果"。被授权者只知细节、具体措施而不知终极目标，那么，这项授权的效果将是很差的。反之，在详细讨论授予任务的细节之前，以明确的语言阐明所要达到的最终结果，那么，这项授权常常有效得多。从心理学的角度来看，这就是有无目标定式的问题。有了心理上的对一定目标的准备，其行为的目的性与效果就好，反之则差。

第三阶段，放手让下属去做。放手让下属"自己动手做（Do It Yourself）"，他会觉得自己对自己的工作命运握有若干控制权，从中可获得更大的独立感（Sense of Independence）。当已经授权给下级，下级已经承担了取得成果的责任，知道了时间进度要求、进展报告的要点、所期望绩效的标准等，领导就应该尽可能地放手让下级自己去工作。在此，授责不授权的做法是错误的。"放手"的意思就是要授责又授权，否则就谈不上放手。

授予下属的权力要同肩负的责任相称，绝不能既要人家履行职责又不给人家必要的权力，这就是权力和职责的不对等。为了有效地授予权力，赋予下级的权力必须对等于所分配的职责。

当然，放手并不等于放任不管、不加监督。放手以后仍要授权留责，如果出了什么大事，仍保留领导者的责任。

第四阶段，不断跟踪考评。当下级理解并承担了取得成果的责任后，接下去取得绩效的代价便是接受持续不断的跟踪检查。领导者始终有必要进行定期的跟踪检查，以便确定工作的进展是否同已定的时间进度和标准相符合，有无必要对工作做某些调整，要采取怎样的创新措施或怎样的纠正措施。

如果有些领导对自己所做的授权疏于检查，那么其结果就会是下级的松弛、懈怠，工作就被"拖延"下来。

由于授权中领导与下属为单一隶属关系，即每一下属仅对一个领导负责，因而领导下授的权力是确定的，而接受权力的下属也负明确的责任，考核时权责也是明确的。出了什么大事，仍要追究领导者的责任。

10.1.6　领导者在授权中的两种心理倾向

领导者在授权中易产生两种不正确的心理倾向：授权不足与授权过度。

1.授权不足的心理倾向

授权不足或者根本不授权的领导者是常见的。他们自己事必躬亲，不懂得怎样有条不紊地分层次管理人与事。他们宁肯自己负责过重，而使下属处在无所事事和事事请求的状态中。这种心理既不利于人才培养和储备，更危及事业。

2.授权过度的心理倾向

授权过度等于放弃权力，领导者必须仔细考虑事权轻重，某些权责必须自己保留，其他权责方可下授。

领导者要懂得责任的绝对性。虽然职责可以被分派给下级，但自己对上级的责任既不能分派也不能委派，领导者要保留自己的权责才不至于产生授权过度的倾向。

针对授权过程中领导者的授权不足与授权过度两种心理倾向，领导者要做到"大事不糊涂，小事别找我"。前者是指，重大事件下属要及时向领导请示汇报；后者是指，下属在职权范围内要自行处理问题。这样做，既防止了授权过度，也避免了授权不足的缺陷。

10.1.7　领导者在授权中的心理障碍

对授权进行的心理分析表明，能否搞好授权的关键是领导者能否清除自身主观心理上的障碍。

1.越权型领导者的心理障碍

这些领导者忘了自己的身份，总是越俎代庖地插手下属的工作。他们经常到基层指手画脚，甚至亲自动手去做那些有人负责的工作。

这些领导者好包揽一切，讨厌下属在自己职权范围内负责地、主动地做一些工作。

领导者越权其实质是不相信下属的能力与表现，过于相信自己而不相信别人，其具体的思想与行为表现为：太自信，自以为高明，让别人干不放心；死抱权力不放，认为权力一下放，就要失去一切。这就是"有权就有一切，无权丧失一切"的观念在作怪。这样的领导者没有勇气进行人才投资，使下属更好地发挥作用；他们担心把下属培养成了能干的人才，会威胁到自己的"宝座"。

总之，身居高位的领导者，如果不相信下属，他就根本培养不出人才来，因而也无法搞好工作。

2.疑人型领导者的心理障碍

授权本身是领导者与下属之间相互信任的表现。有的领导虽然授了权，但又不愿意相信下级，因而被称为疑人型领导者。

用人多疑，从形式上看表现虽然多种多样，但从原因上看，不外乎三种：第一种认为，人有缺点，不堪重任；第二种认为，人有过失，不能信任；第三种则是领导者从权术的角度考虑认为，人有野心，自己会大权旁落。

疑人型领导者有明显的危害性，会扰乱公务，影响下属决断力。疑人型领导者经常信不过所用的人，派自己信得过的人当"监军"，或不间断地派"调查组""蹲点组"下去贯彻"精神"；时常否定下属报告上来的成绩，这就会让下属有掣肘的感觉。长此以往，就会使上下级间产生隔阂，矛盾日趋恶化。上下级之间全靠相互信任、相互支持这根支柱维系着，倘若上级对下级产生忌疑，势必使下属缺乏安全感，进而产生强烈的不安，于是双方戒心甚严，矛盾尖锐。

消除以上心理障碍的关键是要让领导者做到"疑人不用，用人不疑"。

当然，除领导者本身的心理障碍之外，也存在着来自下级对授权的心理障碍，其主要表现为：想走捷径，不愿承担责任，凡事找领导决策；害怕被批评；缺乏训练，有畏难情绪等。

10.2　领导者的人际关系

人际关系是指在共同的活动过程中可以直接观察到的人与人之间的关系。两个人之间的关系可以是亲密的、疏远的、敌对的。显然，不同的人际关系会引起不同的情感体验，影响领导者与下属的心理距离。

领导者通过管理、指挥、劝告、教育等行为会使下属产生尊重和服从的反应，通过帮助、支持、同情等行为会使下属产生信任和接受的反应，从而缩短领导者与下属的心理距离。反之，若领导者对下属采取攻击、惩罚等不友好的行为，就会引起敌对、反抗、拒绝、不信任、自卑等反应，从而使领导者与下属之间的心理距离拉大。总之，在人际关系中，领导者应以正确的行为来引发下属积极的反应，力求避免错误行为导致下属的消极行为反应。

10.2.1　领导者的人际吸引

领导者应该具有很强的人际吸引力，能使周围的人们感受到来自领导者的关怀，从而缩短领导者与被领导者之间的心理距离，融洽上下级关系。

领导者是否具有较强的人际吸引力，同领导者的个性特征有关。领导者在实际工作中，在处理人际关系上，应该具有人缘型的个性特征。这些特征表现为：尊重他人，关心他人，对人一视同仁，富有同情心；热心事业，对工作认真负责；持重，耐心，忠厚；热情开朗，喜欢交往，待人真诚；重视自己的独立性，有谦逊的品质；有多方面的兴趣与爱好；有审美的眼光和幽默感；温文尔雅，端庄。

领导者要用自己的才能去吸引下属，只有当下属对领导者的才能非常欣赏，并产生发自内心的钦佩时，才愿意与之接近，这时的领导者才具有真正的吸引力。

领导者要想使自己具备更强、更广泛的吸引力，就应该多与群众接触与交流。但是，领导者往往容易同空间距离较近的人成为知己。而作为一个领导者，如果其人际关系的接触面太狭窄，仅局限于空间距离较近的，是很不恰当的。领导者同不同层次的下属的心理距离是不相等的，因而远离领导者的下属会有"领导者高高在上，缺乏吸引力"的感觉。改进的办法是领导者尽一切可能增加人际接触与交流面。

10.2.2　领导者与下属的人际关系

1.下属的支持是巩固领导地位的重要因素

领导地位能否巩固取决于下属是否支持，其重要性几乎占到了70%。有时，虽然领导者本人的能力极为平凡，但由于他能非凡地发挥部下的能力，而最终成为流芳百世的历史名人。一个理想的领导者，应该让各方面的专门人才成为自己所在组织的优秀带头人，并使能力比自己强十倍的人都能很好地团结在自己的周围，让他们心情舒畅地工作，以集体的力量和他们的支持来成就自己的事业。

由此，我们可以认识到，只要得到部下的支持，即使平庸之辈也能当上出色的领导，而失去了部下的支持，无论多么了不起的人物，都将从英雄的宝座上坠落下来。

美国钢铁大王卡内基的墓志铭上写有这样一段话："这里长眠着一位善于同才干高于自己的人一道工作的强人。"

2.领导者与下属间的依存性与行使权威的关系

在现代社会的工作群体中,领导者与下属的依存程度极高。下属要依靠他们的上级领导,才能满足自己的需要,实现自己的目标;领导者也要依靠下属才能实现自己个人的目标与组织的目标。个人对他人的依存,会使个人心理上得到一种满足感,个人能够受到充分的照顾,就会产生安全感。但是,在上下级之间,既要有依存性的一面,又要有独立性的一面。下级对上级要有依存性,要服从权威、服从组织命令,这样才能贯彻上级意图,执行上级的方针、政策。但是,下级也要有独立性的一面,即遇事要问一个"为什么",因为上级的指示也有错的时候,这就需要下属进行独立思考,必要时加以抵制,即使上级的指示是正确的,下级在具体贯彻时,也要根据具体情况,独立地思考、贯彻。

上级有时喜欢下级对自己有较强的依存性,也就是说能听话、言听计从,甚至有领导者要求下级对自己唯唯诺诺,不喜欢下级有独立性。正确的选择是,上级应该要求自己的下属既有依存性又有独立性。在领导者的自我训练中,缺乏独立性的人要加强自立和独立思考的能力;反之,缺乏依存性的领导者要加强组织纪律性。

10.2.3　领导者与上级的人际关系

作为下级,领导者怎样才能自用其才呢?

首先,要善于将自己的见地用一种能为上级所接受的方式提出来。其次,要做到使上级不疑。一般的领导者最忌学识、能力强的下级蔑视自己,对于清高孤傲、目中无人、锋芒毕露的下级往往存有戒心,甚至会萌生走马换将的想法。炫耀于外表的才干徒然令人赞美,而深藏未露的才干则能带来幸运。最后,要经受得起一次乃至多次不恰当的批评或暂时的冷遇。因为多年以后,再回头看今天的荣辱毁誉,"一切都是浮云"。但倘若你被这些东西牵着鼻子走,不是大吵一场之后消极怠工,便是在不断叹息中蹉跎时光,使情绪波动、使精力消耗。人生经得起几次耗,岁月蹉跎更难挽,隐藏的忧伤如熄火电厂之炉,能使心烧成灰烬,其结果只能是徒有才干却无以为用。

领导者怎样协调与上级的人际关系呢?

第一,要尽可能地了解上级。作为下属,应该准确地知道上级的长处和短处,以及上级的工作方式和生活习惯,尽量展其所长、避其所短,使上级不仅"愿意",而且"能够"有效地支持自己的工作。为此,下级对上级要做到以下几点:根据上级的不同特点,主动寻求有效的支持;区分上级的长处和短处,灵活掌握汇报的方式和分寸,从而寻求尽可能多的支持和帮助;尽量适应上级的工作方式和生活习惯,这是提高工作效率、充分调动上级积极性的有效方法。

第二,要尽可能地尊重上级。作为下属,最重要的一条就是要尊重上级,努力获取上级的信赖和理解,这是避免上级产生"心理屏障",有效地协调上下级关系,使上级愿意积极帮助和支持自己工作的重要前提。尊重上级绝不仅仅是一种态度上的表示，更要体现在下属的思维方式、行为方式和心理活动上。

第三，尽可能地消除认识与行为上的误差。作为下属，应该准确揣测出上级在宏观和整体上的指导思想和战略意图，与自己在微观和局部上的指导思想和战略意图存在多大的"认识误差"和"行为误差"，在此基础上，尽力拿出使两者趋于一致或基本接近的可行性方案，这是使上级能够帮助下属的又一重要环节。

第四，尽可能地使上级理解自己。作为下属，应该运用有效的方式方法，使上级了解自己工作的重要性和可行性，理解自己的战略意图，这是使上级"愿意"帮助下级的重要心理基础。此外，下级可采取反复强调法、侧面疏通法、实绩启迪法、时势催逼法等让上级理解自己。

10.2.4 提高与改进领导者人际关系的途径

提高与改进领导者人际关系的途径主要有：

1.领导者要善于自以为非

领导者要善于自以为非，才能搞好人际关系；反之，总是自以为是的领导者是搞不好人际关系的。人总是怕别人揭自己的短处，领导者也是一样，当有人揭出领导者的短处时，领导者应该意识到自己被击中了要害，要进行反思，这就叫自我启发。当然，自己暗自担忧的缺点被公开是一件难堪的事情，但若能冷静地接受下来，使其成为反思的机会，这就证明了你已经从容地迈出了克服缺点的第一步。

2.领导者要通过主动接触改善人际关系

人际关系只有通过人与人的实际接触才能得到改善、培养与发展。各级领导者所处的领导地位不同，所接触的人的范围也不同。比如，一个工厂的厂长实际上只同自己的下属工作人员（行政、技术班子）保持着特别的接触。任何一级的领导者由于工作性质的局限，接触到的人都是有限的，因而要实现人际关系的融洽就要发挥自己的主动性。从领导者与下属的接触时间的多少，能看出和评定领导者人际关系的疏密程度。

3.领导者要学会角色转换和换位思考

作为领导者，要学会把自己当做下级进行角色转换和换位思考。这是因为，站在上级的立场考虑的方针、政策有时并不符合下级的需要。如果一位领导者经常能把自己当做一位普通的公民，设身处地地想人民所想、做人民所需要的事，那么，他的所作所为定能取得最佳的效果。

4.领导者要勇于坦露只有自己知道而别人不知道的事情

领导者与别人相处，由于各人角度不同，因此会发生如图10-2所示的情况，双方都存在着别人看得见与看不见的地方。图10-2中A区为双方都能看得见的区域，也即人际交往中的暴露面；B区为别人看得见（暴露）而领导者看不见的一面；D区为双方都看不见的隐藏面；C区是领导者看得见而别人看不见的方面。

领导者在与别人交往时要尽量做到缩小C的部分，即作为领导者要有勇气向别人坦露只有自己知道而别人不知道的事情。若要人不知，除非己莫为，人的任何行为都会被别人发现的。领导者做了错事，不要存在"别人能知道吗？大概不会知道吧"的侥幸心理，试图掩盖和逃避都是不行的。图10-2中存在的B区告诉领导者，自己不懂而别人懂的，要尽量请教于人。而C区则告诉领导者要把自己看得见的内容与下属分享，特别是关于战略、愿景、决策等一些高层面和宏观的内容要经常跟下属沟通，让他们理解、认同自己的思想和行为。想要处理好人际关系，领导者与下级之间要互相学习。

图10-2　领导者人际交往中的暴露与隐蔽面

10.2.5　领导者-下属交换理论（LMX）

1.领导者-下属交换理论的内涵

领导者-下属交换（Leader-Member Exchange）理论简称为LMX理论。这一理论又称为二元角色塑造理论，或垂直二元联结理论。这一理论最早是由格雷恩和卡什曼（Grane & Cashman）于1975年提出的。这一理论描述了领导者如何与各种下属发展不同的交换关系，其目的是建立有效的领导者与下属间的二元关系，认识领导者与下属之间的相互影响过程以及领导者与单个下属之间的角色塑造过程。

领导者与下属之间可以存在高质量与高水平的交换关系，也可能只存在低质量与低水平的交换关系。只有当领导者与下属的交换关系达到一个顶点，即存在高度的相互依赖、信任和支持时，领导者与下属间的交换质量与水平才会达到一个新的高度。

2.领导者-下属的两大关系类型：内集团关系与外集团关系

领导者-下属的关系可以分为两大类型：内集团关系与外集团关系。属于内集团关系中的下属称为"圈内人（in Group）"，属于外集团关系中的下属称为"圈外人（out of Group）"。内集团关系是以扩展的职责和协商达成的职责（额外职责）为基础的，这种关系称为内集团关系；另一种是以正式雇佣合同（规定的职责）为基础的关系，称为外集团关系。

实际上，领导者的时间与掌控的公共资源都是有限的，为此，领导者仅同一小部分忠诚于自己的下属建立起特殊的交换关系。内集团关系是以相互信任、尊重、喜欢和相互影响为特征的，交换关系的基础是个性的相容以及下属的能力和对领导的依赖程度。圈内人可以得到更多的信息、关注及领导给予的利益。当然，为了获得更高的地位、影响力和利益，高交换关系的下属负有额外的义务和成本。与上级建立了高质量交换关系的下属——圈内人，是上级最可靠的助手，承担着超越工作说明书上规定的工作职责。与此相应，他们会得到更多的资讯与回报，获得领导者的高度信任和尊重，以及晋升机会。

显然，圈内人获得的利益明显地多于他们的付出，这样会造成偏护、偏私及不公正感的影响。

与上司仅有低质量交换关系的"圈外人"，仅仅是雇来的人手，外集团关系是以工作描述的正式交流为特征的，上级只要求其完成基本工作，保持正式例行的交换关系。

领导者不应该只同少数下属建立特殊的关系，而是应该与所有下属建立这种关系。

3.领导者-下属关系发展的三阶段模式

领导者与所有下属建立关系都要经过三个阶段，被称为领导者-下属关系发展的三阶段模式，又被称为领导制作（Leader Making）理论。这一理论认为，领导者努力与组织内所有成员都建立有效的双向交流需要经历三个阶段：陌生人（初始尝试）阶段、相识阶段、成熟的合作阶段（如图10-3所示）。

	陌生人	相识	合作
角色	预告描述的	试探	讨论
影响	单向	混杂	交往
交换	低质量	中等质量	高质量
利益	个人	个人/他人	群体

图10-3　领导制作的阶段

第一阶段是陌生人或初始尝试阶段。在这一阶段中，领导者与下属之间相互评价动机、态度以及双方可交换的潜在资源，领导者、下属双方只有契约关系，只有低质量交换，下属指向的都是个人利益。

第二阶段是相识阶段。这一阶段主要是建立相互的角色期望。在这一阶段中，领导与下属之间相互"给予"，分享资源，增强彼此间的信任与尊重。如果此阶段的交换安排妥当，双方之间会取得信任，忠诚和尊重将会得到发展，交换就算完成了。

第三阶段是成熟的合作阶段。在这一阶段中，领导与下属相互之间有高质量的交换活动，除了双方相互信任、尊重和负有责任外，主要是实现群体与组织的利益，自我利益交换的动力转换为支持实现工作单位目标的使命。

经过上述的三个阶段，领导者完成了由交易型领导向变革型领导的转化。

由此可见，LMX理论具有两大核心特征：一是强调有差别的垂直对偶关系。传统理论认为，领导是以同样的交换方式对待他的下属的，LMX理论则认为领导与下属之间会有远近亲疏的不同关系。二是以交换的视角来描述领导者与下属的关系。上下级关系是以社会交换为基础的，一方必须提供另一方认为有价值的东西，这样双方都认为交换是公平合理的。

4.LMX理论的积极与消极意义

LMX理论的积极意义在于，它是一个强有力的描述性理论，此理论将领导者与下属的双向关系作为领导过程的中心概念加以阐述，强调有效的领导取决于有效的领导–成员之间的交换。这一理论强调领导过程中交流的重要性，只有当领导者与下属间的交流呈现出相互信任、尊重和承诺的特征时，才会产生有效领导。

LMX理论的消极意义在于，它过分强调将关系作为一种能持续交换利益的友谊。在这种关系中，双方要承诺会给对方带来好处，因而这种关系帮助组织或个人降低了交易成本，提高了效率，并作为竞争资源的成本。但这种关系也折射并助长了社会中的腐败现象。

10.3　领导者的决策

"决策"这个名词是从英语Decision Making翻译过来的，日语中译为"意思决定"。通俗地定义决策，就是"做出决定"的意思。心理学中的决策定义强调对于一个缺乏确定性情境的事情的抉择反应。决策的中心问题是解决事情（或事件、对象）本身的先验的不确定性。因为，如果对于某项事件只能有一个抉择，那么在这种情况下根本没有任何选择，从而也就没有决策的问题。在这种意义上，决策是对不确定性事件的选择反应。选择的结果可以是获得了最佳的方案，也可以是选择了失败的方案。

在任何一个企事业单位中，决策都是行为的选择，而行为是决策的执行。实际上，如果决策合理，执行起来就顺利得多，效率也会提高；反之，如果决策不合理，甚至是错误的，那么执行起来就难免要反复，效率也会大大降低。

从心理学的角度来看，人是决策中的主要成分，而计算机仅仅起辅助作用。决策需要人进行创造性的活动，决策过程还带有情绪色彩，这些都是计算机所不具备的。在现实生活中，机器只能起提供信息、提出参考意见的作用，而任何决策的最后"拍板"都是由人做出的。在我们的社会中，任何决策也都是由领导或领导班子集体做出的。

10.3.1　决策的种类

决策一般可以分为程序化决策与非程序化决策，以及确定性决策与不确定性决策。现分述如下：

1.程序化决策与非程序化决策

程序化决策（Programmed Decisions），是指按照事先确定的指导原则进行常规性决策。这种根据事先确定的方案重复进行的决策，就是程序化决策。

非程序化决策（Non-programmed Decisions），是指没有现成的方案可以利用，面临的问题情境极其混乱，结构性差，为此，需要采用新颖、创造性的方案进行决策。这种形势下进行的决策就是非程序化决策。

程序化决策与非程序化决策的差别见表10-1。

表10-1　　　　　　　　　程序化决策与非程序化决策的差别

变量	程序化决策	非程序化决策
任务类型	简单，常规性	复杂，有创造性，独特，全新
对现成方案的依赖程度	相当程度上接受过去决策的指导	不能从过去的决策方案中获得指导
决策主体	低层员工（单独决策）	高层主管（通常集体决策）

2.确定性决策与不确定性决策

区别确定性决策与不确定性决策的变量有四项：决策风险、决策结果的认知、决策结果的概率以及信息来源。表10-2反映了不确定性决策与确定性决策的差别。

表10-2　　　　　　　　　不确定性决策与确定性决策的差别

变量	不确定性决策	确定性决策
决策风险	高风险	低风险
决策结果的认知	完全不确定（结果未知）	完全确定（结果已知）
决策结果的概率	低	高
信息来源	客观信息	主观信息

由表10-2可见，不确定性决策具有高风险、认知的不确定性、决策结果的低概率等特征。确定性决策则具有低风险、认知的确定性及决策结果的高概率等特征。

此外，根据决策的特征与方法，决策又可分为理性决策与利用印象理论决策。

3.理性决策（Rational Economic Model）

这一决策的特征是寻求完美的决策方案，是一种理想的最佳决策，精确而不带偏见。但事实上，人们只能达到有限的理性，达到完全完美的决策是不现实的。有限理性决策的过程如图10-4所示。

满意 → 有限搜索 → 不充分的信息和控制 → 决策

图10-4　有限理性决策的过程

西方现代决策理论学派的代表人物是诺贝尔经济学奖获得者——卡内基·梅隆大学的赫伯特·西蒙（Herbert A. Simon）教授。与他同时代的还有伯纳德、马奇等学者。1977年，西蒙的《管理决策新科学》问世，这部著作以及此间其他人的研究成果，都是研究组织决策的先驱之作。

西蒙教授认为，决策贯穿管理的全过程，因而管理即决策。

西蒙是现代决策理论学派的代表人物。西蒙同时又提出了有限理性决策理论。他认为，在选择决策方案时，应以"满意"原则代替"最优"原则。古典经济学派把经营决策者看成脱离实际环境的"经济人"，是理想化了的人，而传统的最优原则只是纯粹逻辑推理的产物，其实用意义不大。决策者应当是"管理人"，他选择决策方案只要求达到满意目标即可，故称为"有限合理性原则"，或称"甚优"原则。人们在实际生活中是要遵循这个原则的。例如，人们在购买商品时，希望是最好的，但总不能走遍所有商店，挑选全部商品后再决策，事实上只是挑一个认为满意的商品就可以了。总之，"最优"是一个理想化的标准，"满意"才是有实际意义的决策原则。有限理性决策强调的不是最优，而是满意解。满意解是指一个可以接受的但不是最优的目标或备选方案。这一方案更容易确定和达成，争论更少。

有限理性决策理论告诉我们，决策能满意即可，要达到最佳、最优是困难的。

4.决策的直觉方法——利用印象理论

利用印象理论决策，即利用直觉的方式进行决策。这种决策是以无意识的、直觉的方式进行的。这种决策的依据是过去决策的成功经验与失败教训。这种决策要经历两个步骤：一致检验与利益性检验。前者主要考察是否与主观印象相一致，后者主要考察是否与自己的原则相匹配以及匹配的程度，又称利益性检验。

10.3.2 决策过程

1.决策过程的分析模型（Analytical Model of Decision Making）

决策过程的分析模型包含以下程序：

（1）明确问题；

（2）确定目标；

（3）进行预决策（确定决策程序）；

（4）制订备选方案；

（5）评价备选方案；

（6）做出决策；

（7）执行决策；

（8）跟踪反馈。

2.决策过程的三个阶段

决策过程包括人的心理过程与个性心理的各个方面。就决策的全过程来说可分为问题识别、问题诊断与动作选择三个阶段。

第10章　领导者的领导艺术与技巧

（1）第一阶段——问题识别阶段

这一阶段的模式图如图10-5所示。

图10-5　问题识别过程的模式图

这一阶段的主要内容为信息输入和情境监视。通过问题识别阶段，可以判断需要决策的问题到底是否存在，也就是说，有些问题根本是不必由领导者来决策的。如果确实存在需要决策的问题，那也应该明确这些问题的性质、重要性与迫切性。

那么，哪些问题需要由领导与技术专家来决策，哪些问题下级自己讨论协调解决即可，哪些问题根本不需要决策而是属于技术性的枝节问题呢？

决策问题四分图可以帮助我们来回答上面所提出的问题。图10-6就是一张四分图，其中的认可维度有九等，并且有两个参数，一个是问题质量维度（简称Q因素，即英文Quality的简写），另一个是认可维度（简称A因素，即英文Acceptance的简写）。现在我们来分析领导者应该如何根据这两个维度的水平来决定决策的选择。

图10-6　决策问题四分图

①如果遇到 A、Q 皆低类问题，也就是说这类问题与个人、企业利益关系都不大，即问题的质量维度很低，下级对此类事件的认可维度也很低，那么这种性质的问题领导者根本不必去讨论，也不要去参与，而是随机决定就可以了。例如，机关里面要排值班名单，电话线的架设是 A → B → C 还是 C → B → A？显然，此类问题，领导与技术专家都不必参加，而是以抽签方式随机决定就可以了。

②如果遇到 Q 低 A 高类问题，也就是说这类问题与单位利益、前途、发展方向都没有什么联系，但是与个人利益是密切相关的，例如，单位里来了一辆新卡车，谁去驾驶较合适，那么领导者最好不要自己主观决定，因为这件事同驾驶员们的利益密切相关，为此，由司机们协商解决最好。

③如果遇到 Q 高 A 低类问题，也就是说这类问题与单位利益、发展前途有紧密联系，但是同工人的利益没有直接的关系，例如，工厂里原料的来源、产品销售的情况、技术专利权等问题，这些都要靠领导与技术专家来决策，在这种情况下，领导者就要做出企业的经营决策、营销决策等。

④如果遇到 A、Q 皆高类问题，也就是说这类问题与单位发展、利益紧密联系，又与工人的利益直接有关，例如，要决定企业的生产指标、质量指标、操作方法改革等重大问题，此时，不仅要由领导与技术专家一起讨论决策，同时还要发动群众一起讨论，吸收他们的意见中的合理部分作为决策的参考。

由此可见，决策问题四分图有助于领导者做出决策。

（2）第二阶段——问题诊断阶段

这一阶段的模式图如图 10-7 所示。

图10-7　问题诊断过程模式图

　　问题诊断阶段在某种意义上说是决策过程的关键阶段，在这一阶段中，我们要求领导者能从众多的问题情境中寻找出最优的决策方案，这在很大程度上取决于领导者对所决策问题性质的正确判断，以及决策时如何采取正确的方法与技巧。在这方面有以下几点值得考虑：

　　①首先要确定问题的性质。领导者必须清楚地意识到所面临的问题是例常性问题还是偶然的特殊事件，因为对于例常性问题是不需要决策的，处理这类事件有规律可循。比如，对于给逝者家属该发多少抚恤金等问题，不需要领导作为特例来决策。但是，对于真正的偶然的特殊事件就需要领导决策，采取政策、原则、规定上可能并没有的办法来特殊处理。例如，发生了偶然性的天灾、人祸，急症病人要动手术而付不起住院费等。总之，领导者要学会确定问题的属性，如果类别搞错了，那么决策必出错。

　　这说明，真正需要决策的问题是重大的、带有方向性的问题，而例常事件有一套规则与政策就足以处理了。

　　②领导者在做出决策判断时，要始终明确自己的决策是否正当，而不必多考虑"能为人接受"。因为顾虑、怕别人反对完全是浪费时间，不会有任何结果。世界上的事，你所担心的可能永不会出现，而你所从来没有担心过的，却可能在一瞬间变成极大的阻碍。如果一个领导者一开始就顾虑"这样做恐怕别人不肯接受吧"，那事情就永远不会有结果。瞻前顾后会使你不敢提出最重要的改革性措施，因而所提出的改革决策也不会有重大价值，效果也就甚小。

　　（3）第三阶段——动作选择阶段

　　这一阶段实质上是决策的执行阶段，其过程的模式图如图10-8所示。

　　如果说考虑边界条件是决策过程中最难的一步，那么化决策为行动则是最费时的一步。决策不能付诸行动，那便是纸上谈兵。

　　化决策为行动是要由人来实现的，为此，领导者要明确：谁应该了解此项决策？应该采取什么行动？谁来采取行动？这些行动应该如何进行才能使实施的人确能实施？

　　可见，能将决策的执行整合于决策本身是不容易的。领导者在做决策时，同时应该考虑到某一项决策需要怎样的行动承诺，需要怎样的工作划分，以及使用什么样的人才去实施决策。

　　最后，信息反馈也应包括在这一阶段内，就是说，应在决策中建立一项资料反馈制度，以便对决策所预期的成果做实际的验证。

10.3.3　决策风格与风险决策的个体差异

1.决策风格

　　决策风格（Decisions Style）是指决策存在显著的个体差异。一般存在以下四种个体差异明显的决策风格：命令型、分析型、概念型、行为型。

图 10-8　动作选择过程模式图

　　命令型决策风格表现为喜欢简单、清晰的解决方法，并迅速做出决策。此类风格的决策者不会选出很多的备选方案，主要是依靠现成的规则进行决策。

　　分析型决策风格表现为愿意寻求复杂的解决方案，仔细对备选方案进行分析，从解决问题中得到乐趣，用创新的方法达到目的。

　　概念型决策风格表现为采取人文的、社会化的、艺术化的解决方法，创造性地解决问题，从而从获得新思想、新理念的过程中获得乐趣。

　　行为型决策风格表现为关注所在组织，乐于帮助他人，乐于听取下属意见，期望通过会议讨论做出决策。

　　2.风险决策的个体差异

　　任何决策都是要冒一定风险的，根据领导敢冒风险的程度，可以区别出三种不同的领导者决策类型。为了说明这个问题，我们用一组效用曲线来表示三种决策类型。图 10-9 即为三条不同的效用曲线。

　　"效用"在此处就表示领导者对于风险的态度，而风险就是指失败与成功的期

图10-9　效用曲线

望值，反映在企业中就是对效益（损益）的期望值。不同的领导者对此会有不同的反应。

例如，在某企业中有一个机会，以0.5的概率可获得利润200元，但同时会以0.5的概率损失100元。在这种情况下，一种类型的领导者为了追求200元的利润，乐意承担100元的风险损失；而另一种类型的领导者为了不损失100元，甘心错过获得200元利润的机会。

例中第一种类型的领导者被称为敢冒风险型，在图10-9中表示为B型曲线。这种人追求大利、不怕风险、大胆进取，他们对利益非常敏感，对损失反应迟钝。

例中第二种类型的领导者被称为怕风险型，在图10-9中用A型曲线来表示。这种人不求大利、怕损失、回避风险、谨慎小心，他们对利益反应迟钝，而对损失反应非常敏感。

图10-9中的C型曲线代表中间类型的决策人，他们完全以损益的期望值的高低作为选择方案的标准。

10.3.4　决策中的框架效应与决策偏见

随着问题呈现的方式不同，人们有做出不同决策的偏向。问题呈现的方式是冒险，抑或规避风险，被称为风险选择的框架效应（Risky Choice Framing Effect）。以消极的方式或以积极的方式呈现信息，都会造成两种信息有本质差别的认知偏差，从而造成决策偏见。

框架效应有三个种类：风险选择的框架效应、特性的框架效应与目标的框架效应。

风险选择的框架效应是指呈现信息中强调否定框架，即避免损失，使遭遇风险的可能性达到最小，或者强调肯定框架，即获得利益的可能性达到最大。在医院中医生希望病人死亡的可能性达到最小，而病人获救的可能性最大。

特性的框架效应是指对事物的特性是从积极或消极两个方面进行评价，有的从负面特性进行评价，有的则从正面特性进行评价。

目标的框架效应是指考虑问题的出发点不同，有的强调可能的损失，因而着眼于降低发现问题的可能性，有的则强调获得的利益，因而着眼于提高发现问题的可能性。

上述三种框架效应都会导致认识偏差，因而造成决策偏见。

10.3.5　依赖启发式造成的决策偏见与决策障碍

依赖启发式，即用简单的经验法则指导复杂的决策，这样也会成为决策的障碍。其中又可分为以下两种情况：

（1）可得性启发式（Availability Heuristic），这是指根据现成信息做出决策的倾向，也会增加决策的失误性。

（2）代表性启发式（Representativeness Heuristic），这是指根据团体的刻板印象推断。用经验法则简化复杂问题虽可起到辅助决策的作用，但有时影响了决策质量，形成决策偏见。

10.3.6　内隐偏爱造成的决策偏见

决策者在决策过程的早期就已选定了内隐（Implicit Favorite）偏爱的方案作为最喜爱的备选方案，其他为证实方案（Confirmation Candidate）。决策者从心理上以歪曲证实方案的认识来证明选择内隐偏爱方案是明智的，这样就会造成决策偏见，影响方案的决策质量。

10.3.7　承诺升级造成的决策偏见

承诺升级（Escalation of Commitment Phenomenon）是指做出错误决策的人为了证明先前决策的正当性而继续投入人力物力来支持和执行这一错误决策的现象。这种自我正当化（Self-Justification）现象会加深决策的偏见与障碍。

10.3.8　群体决策

群体参与决策有其优点，但也存在潜在的问题。群体决策的优点是能集中智力资源，实现劳动分工，具有可接受性。

群体决策的潜在问题是会浪费时间，引起人际关系紧张、群体冲突。群体决策时会产生群体盲思现象。因为群体凝聚力过于强烈，个体由于害怕与群体意见不一致而受排斥，因而不会对问题提出质疑，也不会有批判性反思，而是采取自我封闭的态度。因此，群体内部高度一致会阻碍成员对群体行为进行质疑，群体盲思会使决策质量下降。规避群体盲思的策略是要开放言路、利用群体、容忍缺陷。

为了发挥群体决策的优点而规避其问题，需要提高群体决策技术。有两种方法有利于提高群体决策技术：德尔菲技术与名义群体技术。

德尔菲技术又称专家法，是指由专家集体做出决策。

名义群体技术又称机构化的群体会议（Nominal Group Technique，NGI），其中要求决策者召集7~10人面对面地开会，会议允许成员自由地表达观点并做出评价。NGI中一般采用阶梯技术做出决策，其步骤为：

（1）召集群体开会，确定讨论规则，明确讨论的问题。

（2）成员独自写下自己的解决方案。

（3）陈述自己的方案，用表格形式展示。

（4）讨论一个方案，使其清晰化并进行评价。

（5）按自己的认可程度对方案进行排序，进行无记名投票。

（6）总排名最靠前的方案就是群体决策方案。

【延伸阅读】　　　　如何才能成为优秀的团队管理者？[1]

一、定目标

定目标为百事之首。目标是灯塔，指引团队前行的方向；目标是驱动力，是团队前行的动力；目标是定海神针，能让团队成员安心地工作，心无旁骛。因此，为团队设定明确的目标、达成共识并坚守目标是成为优秀领导者的第一个要求。

管理者在目标设置方面存在的主要问题有：（1）不会定目标，只习惯于接受任务。（2）不愿确定更高的挑战性目标。（3）目标只是孤零零的数字或愿望，没有对应措施与方法。（4）缺乏平衡短期目标与中长期目标的技能。（5）目标向下传递不到位、不清晰。（6）不坚持目标，受到诱惑容易摇摆，遇到困难轻言放弃。（7）关注个人工作任务，忽视团队目标的达成。

一个团队不仅要有目标，而且目标一定要清晰明确，越是近期目标越要具体，要形成量化的指标或标志性的成果，以及完成的时间节点。确定目标时，一定要使目标具有挑战性。挑战性目标反映管理者是有追求、有能力且自信的。轻而易举就能实现的目标，可能安全一些、眼前获利大一点，但没有价值感和成就感，因而对团队成员和自己都缺乏激励作用，长期如此会削弱团队的竞争能力，丧失未来的机会。

团队的目标一旦确定，必须向团队成员准确、清楚地传递，要通过充分的沟通，让所有的团队成员理解、接受、认同目标，达成共识。只有这样，目标的导向和激励作用才有可能发挥，所谓"上下同欲者胜"是也。目标一旦确定，就要坚持目标直至达成。不轻言放弃，这是区分优秀管理者与普通管理者最重要的指标。

---

① 作者苏永华，诺姆四达集团微信公众号（ID：normstar123），2018年4月。

二、理顺事

理顺事就是根据团队的目标和任务，对工作内容、岗位设置、业务流程重新进行梳理，通过合理分工和优化流程，使各项工作有序、高效、高质量地进行。

管理者在这方面存在的主要问题有：（1）缺乏重新界定岗位工作内容的意识或能力，沿用传统做法较多。（2）对工作流程梳理少，主动优化的不多。专业化分工意识不强或观念模糊。（3）不善于运用和更新管理工具，老办法、土办法居多，创新少。（4）部门内部流程与其他部门和组织整个流程体系衔接易出问题。

一般来说，在成熟组织中，一个部门的岗位设置、人员编制，部门的主要职能和目标任务都是已经规定好的。管理者必须非常清楚地了解这些内容，结合团队实际进行合理安排，并根据需要做出适应性调整。当问题频发、效率降低时，一定要在结构、分工、流程和工具上进行改进。有部分管理者，他们总感觉手里的人不够用，一味地向上级争取编制，扩大队伍，以为通过增加人手就可以破解经营或管理上的困局。这是初级管理者最容易表现出来的倾向。

优秀管理者的实践证明，当人员数量一定时，通过重新定义岗位的工作内容和职责；优化工作流程，减少和去掉不必要的环节；改进工作方法和管理工具，特别是运用现代科技来改进工具手段，就可以提高生产力。一个团队的力量绝不是个体力量的简单加总，通过结构的调整，能够产生巨大的能量。"人海战术"时代显然已经过去，未来应该运用"精兵强将""突击队""特战队"模式。

三、用对人

在选人问题上，初级管理者容易犯以下毛病：（1）任人唯亲。（2）追求完美。（3）拿不定主意，犹豫不决。（4）害怕强者，有防人之心。（5）缺乏团队组合的观念。

在用人的问题上，必须遵守"发挥人的长处"这一根本原则。要用人所长，不求全责备，别总盯着他人的短处看。要善于发现他人的长处，用好长处，招聘就不会那么困难；用人是要看他能在团队中做出什么贡献，而不是找情趣合得来的人；不要把职位标准定得太高以至于无人能够胜任，这样你可能永远都招不到人；选人用人等人事决策要公平公正、阳光透明，否则会挫伤更多人的积极性。

具有以下特征的人不能用，不管他的能力有多强：（1）爱抱怨、斤斤计较，个人利益第一、爱占小便宜的人不能用。这种人不能扛事，关键时刻靠不住。（2）悲观消极的、带有负能量的人不能用。这种人会破坏团队的积极氛围。（3）品行不端的人、恶人不能用。这种人不仅会搅乱组织秩序，还会给组织埋下祸根。（4）跟公司的核心价值观差异过大或相反的人不能用。这种人对组织的破坏会远大于他对组织的贡献，能力越强越甚。

对于多数管理者来说，"敢于用人"更加重要。

四、激发人

士气低落、没有活力的团队，一定没有战斗力，不可能创造优秀的业绩。团队的士气是靠管理者激发出来的。所以，团队管理的核心在于激发成员的活力和动力。

有许多管理者常常有以下表现：（1）对激励问题不太关注，把激励问题简单归结为工资和奖金，认为激励员工是公司人力资源部的事情。（2）简单粗暴地执行公司相关政策。没有深入研究相关制度和政策，也不结合实际情况施行，导致效果差。（3）抱怨公司政策不好、不合理，并且总是喜欢跟其他的公司比较。（4）总认为自己的权限小，没有办法搞激励措施，总想突破政策。（5）过于依赖短期的、表层的、物质的激励方式，不能从内心里真正激发人。

激发人，要从人的内心里真正激发起他的愿望和动力。物质激励更多的是保健性因素，而成就感、价值感、公平感的获得是激发人的最根本因素，却被很多管理者忽略了。

让每一个团队成员感到工作的过程是顺畅的，遇到的困难是可以克服的，工作是有成效和成果的，自己是不断成长的，这就是成就感的体验。工作的成就感能让人找到存在的价值。所谓价值感，就是一定要让团队成员认识到行业、职业、公司和岗位的工作价值和社会意义，用组织的初心和使命、目标愿景和核心价值理念来激励员工，把岗位工作与组织的未来、行业发展、社会变革与进步联系起来，认同岗位工作的价值。任何一个人都会对自己认同的、有价值感的事情全身心投入。

公平感是人最基本的精神需要。公平感的基础是管理者要有公平、正义的价值理念和与之相对应的合理制度与机制体系，让大家感受到，只要努力工作，做出成绩，获得的回报与贡献是成正比的，不会有歧视、欺骗的事情发生，员工就会把精力全部用在工作上，而不会去走歪门邪道。

五、立规矩

所谓立规矩，就是要旗帜鲜明地告诉团队成员，在我们这里什么是可以做的，什么是不可以做的；什么是我们鼓励和倡导的，什么是我们反对和禁止的。要打造一支令行禁止的有纪律的队伍，确保所有成员对任务的执行是有力的。

管理者在立规矩方面常见的错误主要有三个方面：

第一，规矩意识淡薄，忙于业务，不认真学习、理解和消化组织的管理制度和规定，对下属也没有做认真的传达和解释工作。当事情发生后，不仔细阅读理解制度条文，仅凭印象，或者自己想当然地解释或处理问题，经常在制度执行上产生不必要的误解或误会，造成员工的困惑或不满，产生无谓的内耗，给自己制造管理困境。管理事故造成的潜在损失是很大的，会产生很大的管理成本。这就是所谓的"犯政策性错误"。

第二，不能严格执行制度，特别是执行惩罚制度，导致"破窗效应"时有发生。

这主要有以下几种原因：（1）好人思想，希望做一个人人都喜欢的领导。（2）面子薄，不好意思当面批评。有的则是心太软，批评处罚人时易产生内疚感。（3）顾虑重重，害怕一批评人就跑了。（4）袒护下属。无原则的袒护就是包庇和纵容，其结果是害人害己。

第三，质疑规则的合理性，用攀比来代替制度和规则。有些管理者在出现问题时，首先想到的不是如何按规则去处理和解决问题，而是质疑规则的合理性。这不是一个合格管理者应有的思维方式，管理者应在现有的规则框架下解决问题。还有一些管理者在处理问题时不是对照制度的条款执行，而是用攀比来代替制度规则。这种攀比心理不仅不利于问题的解决，反而会助长不正之风。

六、树威信

管理者的权威性是判断一个团队是否成熟的标志。一个团队如果没有权威的领导，这个团队就没有灵魂，没有灵魂的团队是没有向心力的。管理者是组织任命的，具有法理上的权威，但这只是最基本的权威，要真正成为团队的领导核心，还是要靠管理者通过自己的行动和团队绩效来实现。

（1）要有坚定的信念和清晰的目标。能抓住工作的重点和关键，能够不断地取得成功，让大家感受到成就，看到希望和未来。要让大家觉得跟着你干，是可以干出一番事业的，是有前途的。

（2）"打铁还得自身硬"，就是要能力过硬、思想过硬和作风过硬。所谓能力过硬，就是要成为技术能手、业务高手、行业专家。自己不懂行、瞎指挥，下属肯定不服，自然不能在下属心目中树立威信。因此，自己要钻研业务、技术、市场、客户，要成为内行，成为专家、行家，成为行业中的领军人才。思想过硬，就是要坚持公平正义，以身作则。管理者一定要有公心，有原则和正义感，处事公平。很多时候最先破坏规则的往往是管理者自己。这样如何树立威信呢？管理者一定要以身作则，带头执行制度，受纪律的约束。另外，管理者还要有一定的自我牺牲精神，宁愿自己吃亏，也要成全团队和组织。作风过硬，就是务实肯干、率先垂范，起带头作用。当团队遇到困难的事、需要吃苦的事、有风险的事时，作为团队的领导要走在最前面，给大家做表率和榜样。跟着这样的领导，大家才放心，有安全感，乐意为这样的领导冲锋陷阵。

本章小结

1.授权是将权力与责任授予下级，使下级在一定的监督下有相当的行动自主权。现代领导体制的特点是权力要向下分散，责任要向上集中。权力可以分散给下属，但领导的责任并未减轻。

2.领导者在授权时有两种心理倾向：授权过度与授权不足。领导者在授权过程中存在两种心理障碍：越权与疑人。

3.领导者应有很强的人际吸引力，让周围的人感受到关怀，以便缩短领导者与被领导者之间的心理距离，融洽上下级关系。

4.领导者在处理与上级的关系时要尽可能地了解上级、尊重上级，消除与上级在认识与行为上的误差，并尽可能地使上级理解下级。

5.领导者–下属交换理论（LMX）描述了领导者更偏爱群体中的某些成员（内集团），对另一些成员（外集团）则相对冷淡，结果是内集团的员工在工作上要比外集团的员工表现更好。

6.决策一般可分为程序化决策与非程序化决策、确定性决策与非确定性决策两大类。根据决策的特征与方法又可分为理性决策与利用印象理论决策的直觉方法。

7.决策风格存在明显个体差异，分为命令型、分析型、概念型和行为型。风险决策中的个体差异分为敢冒风险型、怕担风险型与中间类型。

8.框架效应与依赖启发式会造成决策偏见，内隐偏爱与承诺升级也会造成决策障碍。

9.群体决策的优点是能集中智力资源，实现劳动分工；缺点是会产生群体盲思（怕与群体意见不一致而受排斥），因而缺少批判性反思，容易采取自我封闭态度。

复习思考

1.通过案例分析说明授权中的两种心理倾向——授权不足与授权过度的表现及深层次的原因。

2.试述提高与改进领导者人际关系的途径。

3.根据领导者–下属交换理论评述我国上下级关系中的"圈内人"现象。

4.试述程序化决策与非程序化决策、确定性决策与非确定性决策之间的差别。

5.举例说明决策风格的个体差异。

6.评价群体决策的优缺点。

第11章

组织心理与管理（上）
——组织、组织发展与变革、员工组织行为

学习目标

1. 了解组织结构的基本含义及基本特征
2. 解释古典与现代组织理论的不同内涵并做出评价
3. 阐述组织发展以及如何有效应用组织发展技术
4. 描述组织变革，解释人们为什么反对组织变革以及如何克服这些阻力
5. 阐述员工正向组织行为——组织承诺、组织忠诚、组织公民行为等的内涵及结构难度
6. 解释负面组织行为（反生产工作行为）的表现及干预措施

11.1　　组织的一般概念

11.1.1　组织的任务与作用

组织是一个群体，它是由两个或更多的个人在相互影响与相互作用的情况下，为实现组织共同的目标而组合起来的从事有目的的活动的单位。

管理心理学家巴纳德（C. I. Barnard）认为，"组织是一个有意识地协调两人以上的活动或力量的合作体系"。另两位管理心理学家孟尼（T. D. Mooney）和雷列（A. C. Reiley）则认为，"组织是为达成共同目标的人的组合形式。一个组织群体如果想有效地达成其目标，就必须在协调合作的原则下，各人做各人不同的事"。

组织心理与行为的研究任务，就是利用群体中的组织结构与分工、权力与责任，以及信息沟通与人际关系的协调手段，调动组织内每个成员的积极性，保证组织目标的实现。

具体来说，组织的任务不外乎三条：

（1）规定每个人的责任。

（2）规定各成员之间的关系。

（3）调动组织内每个成员的积极性。

正如管理心理学家艾伦（L. A. Allen）所提出的，"组织的任务是确定和组合所要完成的工作，限定和分派权责，并建立关系，使人员能有效地达成目标的过程"。此外，"为求达成某种共同的目标，经由人员之分工及功能的分化，并利用不同的权力与职责而合理地协调一群人的活动"。

从以上组织的概念和任务中可以明确地看到，没有责任也就不存在管理，没有责任制也就不能成为管理组织机构。正因为组织是一个群体，是一个大家为了共同的目标和利益汇集起来的组合体，企业中每个员工对这个群体都承担着一定的责任，大家共同努力，这就是组织的活动。责任就其实质来说，就是企业对每个成员规定的应该担负的那部分经营活动。为此，组织中的每个成员履行自己的责任就是一种组织行为。

11.1.2 组织的结构

组织结构类型可分为：初级的直线型、复杂的直线型、职能型、直线职能型。

初级的直线型组织，是指在组织者的领导下由按层次排列的人们所组成的群体。例如，组（队）→车间→工厂→部门→部。

复杂的直线型组织，是指一切初级组织在领导者的带领下被结合成一些部门，这些部门又可同样地被结合成更大的组织单位等。在直线型组织内，每个人仅有一个领导者，并且服从的路线是自上而下的，任何地方也不交叉。军队是直线型组织的典型例子。

职能型组织和直线型组织一样，存在各管理等级，但是组织的每一个环节按被执行的每个职能的不同隶属于不同的领导者，因而这种组织的特点是具有多种从属状态。例如，任何一个高等学校都是纯粹的职能型组织，在学校里的学生隶属于不同的系、系主任和行政机关。

直线职能型组织是兼具直线型和职能型两种性质的组织。它的一部分工作人员仅隶属于一个人，其中线性原则占主导地位；而在另一部分工作人员中，则是职能原则占优势，因而隶属于许多人。

当前，直线职能型组织最为流行。图11-1即为企业里现行的直线职能型组织结构。

图 11-1　企业中的直线职能型组织结构

在图 11-1 中，工厂的主要管理权力集中在厂部，厂部管理权力集中到厂长。厂部各职能科室和车间之间有业务指导关系，但并非上下级关系，原则上不直接指挥车间。职能科室除了在职责、职权所规定的范围内直接处理一些日常业务外，重要的决定要通过厂长，以厂长的名义下达。车间主任要执行厂长的命令，并在车间内部行使集中指挥权，实行车间主任负责制，车间下属的班组（工段）同样要实行班长（工段长）责任制，层层负责、层层对上一级领导者负责，同时各部门、车间又相互协作，形成一个共同以实现企业目标为中心的、以厂长为首的行政指挥系统。

直线职能型组织结构的建立，是由社会化大生产的客观条件所决定的。在其中必须实行集中领导，建立以最高领导负责制为中心的具有高度权威的行政管理和生产指挥系统。

这种组织结构又称层峰管理结构，即一个宝塔形的上头小、下面大的层次分明、分工明确、上下左右内外一致的六面体。这种组织结构虽然职责分明，但层次累累、机构臃肿，它是为了实现一定的目标而有意识地按计划组成的正规组织。它的特点是纪律与服从，因而也难于调动与发挥下级的主动性、创造性，特别是无法满足人的心理上的高级需要。在这种组织结构中，决策是最高领导层的事，而普通成员只是按照组织确定的任务具体进行作业。

11.1.3　组织结构与管理的限度

管理的限度包括层次、幅度、距离等。因为一个人的能力与注意力总是有限度的，所以在管理上也要注意控制限度。适宜的限度有利于发挥组织的作用，企业的组织结构的设置必须考虑这一因素。

（1）层次

按照分层领导的原则，在一个组织中要设立多个管理层次，一般大中型企业的层次为三级或四级，小型企业为两级。

（2）幅度

幅度是指挥管理的面，指一个组织在正常情况下，一位管理人员能够管理多少人员。一般情况下，企业最高领导者所管理的直线下级人员以3~6人比较恰当，一线生产班组所管理的直线下级人数以10~15人为宜，最多不超过20人。一般来讲，下级向上级汇报的人数是以算术级数增加的，而需要上级加以调节以及相互发生影响关系的人数，则是以几何级数增加的。

综上所述，如果在一个企业中管理层次过多，管理的幅度过宽、过广，无论就一个人的精力、体力、心理、知识、经验来说，还是就管理人员的素质与时间来说，都是难以顾及的。管理的层次只有在一个管理者监督下级的工作量超过自己的能力时，才有可能与必要增加。

一个组织设立多少个管理层次，幅度管得多么宽，距离拉得多么长，都要根据企业的具体情况而定，不能一概而论。

一般说来，层次过多，一方面，容易增加下级工作人员的压抑感，因为上面的头头过多，大家一齐向下压，下面应付不了；另一方面，原来应由下级承担的责任被上一级包揽了，难以发挥下级人员向上发展的积极性，整个组织机构的工作效率与经济效益也就无法提高。

减少管理层次、缩小管理幅度与距离有以下几个好处：一是在一个大房间里集体办公，每天上班谁到谁没到看一眼就知道了；二是领导布置工作可以随叫随到，无须转弯抹角；三是汇报工作、研究问题方便；四是领导与被领导之间有什么信息随时可以沟通，容易消除隔阂，增进感情，提高工作效率。

11.2　组织的古典与现代理论

11.2.1　古典组织理论——法约尔原则

法约尔在其古典组织理论中确定了以下几项原则：

（1）使用劳动分工（Division of Labor），劳动专门化。员工只做他们做得最好的工作。

（2）管理人员对其下属具有职权（Authority），即有命令下属做组织所需工作的权力。

（3）等级链（Scalar-Chain）应该存在。其作用是使高层管理人员与低层工人之间保持联系。

（4）命令的统一（Unity of Command）。工人仅从一个人那里接受命令，以免造成混乱。

（5）赋予下属主动性（Initiative）。要协助下属拟订实现他们自己目标的计划，以发挥他们的主动性。

11.2.2 科层制理论

科层制理论（Bureaucracy Theory）是韦伯（Max Weber）提出的有关组织结构的经典理论。根据这一理论可建立一个合理的结构，发展一些有效的指导原则，确保一个组织有序、高速地运转。运用这一理论，可以使无序、无效率的组织变为有序、高效运转的组织。

这些指导原则涉及劳动分工、授权、控制幅度、生产与职能职位。

（1）劳动分工。它是指组织专门化的工作职位，每一职位都负责不同的工作。研发、生产、销售、运输由不同部门的不同人员分别负责。其优点是每项工作所需技能少、培训费少，缺点是需要协调不同分工人员的活动。

（2）授权（Delegation of Authority）。处于金字塔顶层的人拥有终极权力和控制力。为此，每个人必须向下属授权以完成特定的工作。每个人都对自己职责范围内的任务和功能负责。

（3）控制幅度（Span of Control）。组织中应该有最佳控制幅度。幅度太小要设置太多管理职位，幅度太大会造成混乱，关键取决于人员工作的熟练程度、管理者风格。参与式管理可有较大的管理幅度。

（4）生产与职能职位。不同工种、职位，如教师、医生、战士，可通过不同的选拔与培训方式确定职位与职能，并支付不同的薪酬。

根据科层制理论，可以设想一个理想的组织形式（参见表11-1）：有正式的规则和规章、非个人的对待、劳动分工、等级结构、职权结构、终身职业承诺、理性等。

表11-1　　　　　　　　　　　　一个理想的组织形式

特征	描述
有正式的规则和规章	用书面指示控制人的行为
非个人的对待	避免偏爱，工作关系建立在客观标准之上
劳动分工	职责分成专门任务，适合自由个体完成
等级结构	职位根据职权水平由低至高排列
职权结构	决策由等级中的个体职位决定，高职位者控制低职位者
终身职业承诺	职业是永久、终身的职责
理性	组织承诺以尽可能有效的方式达成目标

但是，僵化的科层组织结构会导致其自身具有X理论风格。在这种组织中，每个人的工作被清晰地定义，个体较少有自主感、随意感，并受到严密的监督和非参与式管理。

11.2.3　组织的现代理论

1.开放系统理论

组织是一个动态的、不断变化的开放系统（Open Systems），即组织是动态的、不断变化的。组织是自我维持的，以一种连续的方式将输入转变成输出。

组织的输入包括自然资源及熟练的劳动，通过培训与制造的转化，最后输出产品与报酬。

组织作为一个开放系统，还被环境中的各种力量所决定，其中包括社会趋势、经济变化、技术进步。因此，作为组织，它是一个经常变化的实体、一个经常变化的领域。

此外，作为一个开放系统的组织，它是与社会、经济、文化的发展趋势高度相关的，其中包括诸如经济全球化、劳动力的多样化、新的工作安排的发展、技术进步创造的新的组织形式等。

作为一个开放系统，卡兹和卡恩（Katz、Kahn，1978）认为，组织应有以下十个特征：

（1）输入能量——雇用员工；

（2）转移能量——生产产品；

（3）输出产品——销售产品；

（4）事件循环——工作轮换；

（5）避免熵效应——保持盈利；

（6）输入信息——进行市场调研；

（7）动态平衡——平衡年度预算；

（8）专门化——创造专门化的工作头衔；

（9）协调和统一——管理雇员；

（10）等效性——运营组织有很多行之有效的方法。

2.社会技术系统理论（Socio-Technical Systems Theory）

这一理论的含义是从组织环境中人与技术相互关系的视角看待组织中人为何影响技术，技术为何影响人。

这是一种规定性理论，其原理为组织设计提供了指导性的原则。Tlish与Bamforth（1951）曾提出联合优化（Joint Optimization）与单位控制（Unit Control of Variances）原则。联合优化原则是指在组织设计时就要考虑到社会和技术系统的匹配，既要考虑人的因素，也要考虑技术因素。单位控制原则是指谁遇到什么问题谁就应当解决，在此强调自我管理与自主工作团队。社会技术系统理论与Y理论相一致，其立足点是自主工作团队，给员工以自主感和随意感。

社会技术系统理论作为干预措施，对组织生产率、成本、缺勤率、离职率、态度、安全、质量等方面都会产生正向影响。

11.3　组织发展

11.3.1　组织发展的一般概念

组织发展（Organization Development，OD）已成为管理心理学的重要研究内容之一。OD研究组织机构怎样适应形势发展和生产任务扩大的要求，从组织结构上进行系统的调整以达到企业的最佳化和高效化。

组织不是一个静态的封闭系统，而是一个随环境变化而变化的开放系统。为此，企业组织要在适应外界的变化和变革的过程中追求一种动态的平衡。企业的组织发展就是运用管理心理学的知识，根据内外变化的要求，有计划地对组织系统做出以改变人的行为和人际关系为重点的变革，以保持和提高组织的生命力与效率。

组织发展是一项可以实现的计划、程序，通过实现这项计划，组织中的人际关系和行为方式会发生变化，最终导致工作结果的变化。

11.3.2　组织发展的原因

哪些内外环境的变化是促使企业必须变革的原因呢？

一般来讲，外部环境包括社会、科学技术、经济、政治、法律等方面。例如，科学技术的迅猛发展、生产社会化程度的日益提高、竞争的加剧，都迫使企业的职能发生变化。原来企业是以生产为中心的，现在应该转为以经营为中心，为此，更应注意产品的供求关系、市场调节等外部环境的变化。根据市场原则，企业要强调知识、工艺、沟通，在组织生产时要缩短产品的"生命周期"，同时要提高专家在企业中的作用，改变原有企业的组织结构，出现更新的组织。

企业组织内部环境的变化主要是指员工的工作态度、工作期望、个人的价值观念、组织目标、组织结构、权力系统等经常处于变动的状态之中。

管理心理学家华登（R. E. Walton）认为，企业内部环境的变化，实质上就是企业员工心理的变化。他进一步分析了可能存在的六种情况：

（1）员工希望从事使个人成长更快的有挑战性的工作，但是企业组织仍然倾向于员工从事简单化和专业化的工作，这样就限制了员工的成长和发展。

（2）员工希望具有公平、平等相待的相互影响，但是企业组织仍以阶级层次、地位差别等管理形态为其特性。

（3）员工对组织的承诺逐渐以工作本身所能产生的内在利益、人格尊严和对组织产生的责任感为内部动力。但是，企业组织仍在强调物质报酬、员工安全，而完全忽略了企业职工的上述精神要求。

（4）员工要从组织的职位中获得即刻的满足。但是，企业组织在对待员工的工作、职位的升迁等方面，往往只能延后满足他们的要求。

（5）员工要求组织关心他们的生活、情绪，尊重他们的感情、个人自尊心，能进行人际的坦诚沟通。但是，企业组织只强调理性的方面，而不注意员工的情绪方面。

（6）员工缺少竞争的动力。但是，企业组织仍以竞争方法来设计职位、组织工作和制定报酬制度等。

以上主要是指企业内部员工心理上的变化。除此以外，内部环境还包括企业的正式组织系统、人员的素质、科学技术水平等。

提出内部环境变化，主要是说明在现代管理中，要强调人的因素的作用。因为现代企业中不能只是控制人的体力劳动，还要管理人的行为方式。

在现代企业中，人力资源是一种特殊资源，只有人力资源才会产生巨大的经济效益。我们要将工人的知识变成生产力，要充分利用每个工人和生产群体的潜能。

11.4　组织变革

组织是动态变化的，组织要适时地进行结构与功能的变革或调整，要制订合理的计划和实施变革。组织的变革通常是由外部环境和无法控制的危机引发的。组织发展要关注组织变革中人的方面，致力于寻找实施组织变革的最佳方法。

组织发展是提高组织运作水平的一系列技术的综合。其目的是改善绩效，提高与同事交流的效率，引发组织运作的重大变革。同时，组织发展也包括改变人们的工作、相互沟通和协调合作等的方式。

11.4.1　组织变革的性质与层次

组织变革有三个潜在的目标：组织结构、技术和人的变革。

组织结构的变革包括权力结构的变革以及组织管理幅度的变革。

组织变革分为两个层次：第一层次的变革是自然、连续的，不涉及组织经营管理方面的大变动，就如同菜单上增加了新的品种。

第二层次的变革是一种更为激进的变革，它涉及组织的不同层面、不同事务范围内许多重大的变动，其中包括协同运作方式、企业文化、运用技术、企业结构等。

目前全球范围内都在进行组织变革，可以说变革是一种全球现象，其内容与形式也十分多样化，包括重组、合并、剥离、收购、雇佣以及组织国际化等。

11.4.2　实施计划性变革，实现组织发展干预

组织发展技术是一套社会科学技术，用于在工作环境中制订计划和实施变革，以促进个体自身发展、改进组织功能为目标，对组织层面的改革进行规划，达到改进工作环境质量，改进工作态度、员工福利，提高组织绩效的目的。

实施计划性变革，实现组织发展干预包括四项内容：目标管理，主要是澄清组织目标；工作生活品质计划，主要是提供人性化的工作场所；团队建设，目的是创造高

效工作群体；调查反馈，通过信息共享促使变革。

1.目标管理

目标管理是指通过目标设置来发展组织。员工愿意选择为满足组织需求尽全力的目标，随后开发行动方案，实施方案，最终评价结果，看目标是否实现。目标管理是一种组织变革技术。实施目标管理有以下五个步骤：

（1）组织高层为整个组织设置目标。

（2）培养管理者学会设置目标。

（3）上下级开会以共同设置目标。

（4）所有员工致力于达成目标。

（5）评价目标的实现程度。

2.工作生活品质计划

工作生活品质计划（Quality of Work Life），简称QWL计划，是指通过让员工参与到影响他们自身工作的决策过程中来，以提高质量和增加组织产出的方法，其中包括实施工作重建、工作丰富化、质量圈等内容。

3.团队建设

团队建设属于组织发展技术之一。首先要在团队中寻找变革代理人。通过变革代理人让工作团队成员学会如何有效合作来帮助其改善任务绩效。在人际导向的方案里，变革代理人帮助工作团队成员改善他们彼此间的沟通和交流，减少人际冲突的产生。其次要采取T群训练法，T群训练法又称群体的敏感性训练。通过这种特定的群体训练来提高雇员的交流和人际交往技巧。这种训练方法是指一个培训者指导群体内互不熟悉的成员，通过一系列训练学习人际交往技巧。

团队建设作为组织发展技术，还应深入分析群体成员的认知问题，分析群体的优势和不足，从而设置理想的变革目标，提出实施变革的行动方案，其中包括实施方案与评价方案。

4.调查反馈

调查反馈是一种对雇员态度和意见进行调查并将调查结果反馈给整个组织的组织发展技术。调查的内容包括工作满意感、对工作条件的感受，以及在工作中遇到的问题。通过调查，收集资料，做出反馈，开发行动方案。

11.4.3　组织变革的内容和方向

1.组织变革的内容

根据列维特的看法，企业组织是一个多变量的系统，其中主要有四个变量：

（1）任务；

（2）技术；

（3）结构（包括职权、工作流程、协调等）；

（4）人员。

如果将这四个变量画在一张图中（如图11-2所示）就可发现，这四个变量中的任何一个要素发生变化，那么其他三个要素也必须做出相应的变化，才能达到新的平衡，使企业得到新的发展，这就叫"牵一发而动全身"。同样，如果任务和技术两个变量发生了变化，那么，人员和结构也要变革，这样才能保证四个变量之间的平衡。

图11-2　企业组织中的四个变量

在系统性变革中，首先应该着重考虑的是人的态度和行为的变革，着重考虑人员与其他三个基本变量之间关系的变革和调整。其次是考虑企业结构的变革方向。

2.组织中人员的变革方向

在企业变革中，人员的变革方向是最为重要的，而人员变革的方向和内容主要包括知识、态度、个体行为与群体行为的变革（如图11-3所示）。

图11-3　人员变革的方向

由图11-3可见，人员变革的实质就是在教育与训练的影响下改变他们原有的习惯和行为。

心理学家勒温认为，人的行为的稳定变化要经历连续实现的三个阶段——抑制阶段、超抑制阶段、解除抑制阶段。这就是使旧的行为得到抑制，新的行为得以建立的过程。一旦新的行为风格建立之后，就不可能再回到旧的行为风格中去。

从管理心理学角度分析，企业组织中人员变革的步骤要经过需要意识—解冻—变革—再冻结这一过程。

（1）需要意识

当员工感到不满意时，就会产生变革的需要。此外，要使员工感到变革会使事情向好的方向发展。

（2）解冻

这是对目前事务状况并不理想的认识过程。它让变革者认识到似乎已到了末日管理（Doomsday Management）时期，它能有效地"解冻"人员，使人们意识到在企业面临危机前必须激发变革精神。

解冻是指刺激个人或群体去改变他们原来的态度或消除对旧有态度或行为的支持。

雪恩认为，解冻有以下四个意义：

①个体的习惯动作、知识来源、社会关系的彻底消除。

②社会支持力量的破坏与消失。

③贬低经验，使个体发觉过去的"我"是没有什么价值的，以激发个体去变革。

④将愿意变革与奖赏联系起来，而把不愿意变革与处罚联系起来，从而促进解冻的过程。

（3）变革

变革是指有计划地尝试为组织及其成员创造一种更理想的状态。变革可能是规模宏大的（组织重构），也可能是细微的（培训程序）。

变革的"理想状态"是指经由经验的内化与认同作用而使新行为发生。

认同是指让人员去认可环境中存在的好的行为模式并试着去效仿，从而逐步学会新的行为模式。

内化是指让人员处于非用新行为就不会成功的状态之中。

以上的过程可用图11-4加以说明。

（4）再冻结

再冻结是指通过变革而来的新的态度和行为成为组织系统中新的、稳定的组成部分。这是指变革后的态度与行为的整合，即获得的新行为模式成为个体之个性，形成有意义的情感关系的过程。

经由认同作用而已经学习了的行为，自然地适应了个体的个性，因而也自然地会使其再冻结。如果原来的目标与原初的模式影响继续存在，那么，它也将继续存在，直到出现新的替代模式以及表明新的态度而获得社会支持及强化时为止。

模仿或认同（变革单位提供行为或态度模式）

事前的

不满

内化作用（改变单位提供训练的经验，鼓励学习新的态度与行为）

获得的新行为模式成为个体之个性，形成有意义的情感

图11-4 变革过程中人员行为的变化

由此可见，变革导致人们行为的改变，变革也就是通过新的价值观念、态度和行为来进行的。变革一旦实现，就会出现一个相对稳定的时期，以维持变革了的现状。但由于社会的发展，在一定时期之后，当发生机构与环境不相适应的情况时，必然又会产生新的变革需要，这就是不断地变化—稳定—再变化—再稳定的过程。人员变革中的四个过程也是不断循环、周而往复地进行的，但每一循环的内容在质上都应有所提高。

11.4.4 变革的阻力

变革的阻力来自组织与个体。

变革的组织阻力包括结构惯性，即工作群体本身具有群体惯性，变革使现有的权力平衡受到威胁。

变革的个体阻力包括个人害怕变革后经济无保障，对未知情境感到恐惧，对新的社会关系感到有威胁等。

11.4.5 如何克服组织变革的阻力

要克服组织变革的阻力首先要获得最有影响的人的支持。其次要教育员工，使员工参与到变革中来。此外，还要在变革中奖励建设性行为，创建学习型组织。其中包括设立变革承诺、采纳非正式组织结构、开发开放性组织文化。

此外，要提高员工对变革的接受度。变革充满压力，会带来消极情感和疑虑，这些都会影响员工对变革的接受度。个体因素和组织因素共同决定员工对变革的接受度，而变革型领导会提高员工对变革的接受度，这里，领导头脑中变革愿景的清晰程度是至关重要的。实际上，再好的组织变革计划也会引发员工的抵制。

11.4.6 成熟的变革——制定战略规划

战略规划的制定是需要经过深思熟虑的。制定战略规划发生于现行目标无法再被满足、新的组织目标需要新的战略方案的情况下。

设计、执行战略规划（Strategic Planning）是使组织达成目标的过程。

战略规划的内容包括产品与服务、裁员精简等。

制定战略规划包括以下十个步骤：

（1）明确目标；

（2）明确产品或服务范围；

（3）评估内部资源；

（4）评估外部环境；

（5）分析内部安排；

（6）评估竞争优势（包括市场份额增长战略、利润战略、市场集中战略、复兴战略、退出战略等）；

（7）开发竞争战略；

（8）与利益相关者交流战略；

（9）实施战略；

（10）评价结果。

11.5　员工组织行为

组织中存在两种性质的员工组织行为：一是具有正向、积极作用的组织行为，其中包括组织承诺、组织忠诚、组织公民行为等；二是具有负面、消极作用的组织行为，其中包括反生产工作行为、反社会组织行为、越轨行为、不当行为、员工默契等。

11.5.1　员工正向组织行为

员工正向组织行为对于组织的精神文明建设与物质文明建设都具有积极、正向的促进作用。这种类型的组织行为应该得到支持与提倡。

1.组织承诺

组织承诺（Organizational Commitment）是员工对组织的一个态度变量，表明个人对组织的信赖程度，其具体表现为：其一，个人对组织目标的接纳；其二，个人为组织努力工作的意愿；其三，个人留在组织中的渴望。比如，有的员工说："我很乐意在这个组织中度过剩余的职业生涯，我真的把组织的问题当成我自己的问题。"这就是组织承诺的表现。

组织承诺的概念是由Mowday、Steers和Perter于1979年提出的。

组织承诺是人们对组织的卷入度以及对于留在组织内的兴趣的高低。

（1）组织承诺的类型

组织承诺可分为三种类型：情感承诺、继续承诺、规范承诺。

①情感承诺（Affective Commitment），是指员工因情感依恋而想留在组织中。员工因赞同组织的目标和价值观而愿意继续供职于组织。这些员工认同组织的潜在目标

和价值，因而有继续为组织工作的强烈愿望。具有情感承诺的员工的核心价值观为支持、信任、尊敬、努力。

②继续承诺（Continuance Commitment），是指员工需要薪酬和津贴，或是找不到其他工作仍必须留在组织中。这种员工不离开组织不是因为认同组织目标和价值，而是由于无力承担离职的损失而必须继续为组织供职，因为离职要付出的代价实在太大，所以有的员工说："目前，根据需要留在组织里对我来说仍是必需的。"

③规范承诺（Normative Commitment），是指员工出于固有的价值观而认为自己有义务继续留在组织中，并认为这是正确的做法。员工有时面临他人的压力而有继续为某一组织供职的责任感。有的员工认为："就算对我有利，我也觉得现在离开组织是不对的，不愿老板失望与担心，同事会看不起我。"

（2）组织承诺的性质与来源

每种承诺都有不同的前因变量。

工作中的愉快经历会引发情感承诺，就如图11-5所示的那样。

图11-5　情感承诺的部分前因

由此可见，情感承诺与工作满意感密切相关。工作条件好、期望得到满足就会引发高的情感承诺，从而提高工作满意感，减少离职意向。

个人价值观、组织给个人的恩惠会促成员工的责任感，从而提高规范承诺，如图11-6所示。

图11-6　规范承诺的部分前因

员工个人有价值观、责任感，再加上组织对员工的恩惠，促使员工提高了规范承诺的意向。

由于变换工作难度的增加、工作成本投入的加大，员工考虑跳槽可能带来的损失，就会仍然留在组织之中，选择继续承诺，如图11-7所示。

图11-7　继续承诺的部分前因

由此可见，员工根据实际的考量，考虑到寻找新工作的难度、失去工作后的损失等，所以仍然会选择继续承诺。

（3）提高组织承诺的实际意义

①使员工更能坚守岗位，不轻易辞职或缺勤。

②当员工坚守组织承诺时，就愿意为组织目标的实现做出牺牲。

（4）提高组织承诺的方法

为了提高员工的组织承诺，可从以下几个方面做起：

①丰富工作的内容。组织要使工作丰富化，要增加工作的乐趣与工作的责任性，要实施员工参与计划。

②要使员工利益与公司利益保持一致。要实施利润分配计划，只有在公司与员工利益一致时，才能提高承诺水平。

③要招聘、选择与组织价值观一致的新员工，这样便于员工接受组织的价值观，使双方在管理行为影响下的态度趋向一致。

2.组织忠诚

（1）组织忠诚概念的演变

在中国传统文化中，对国家、社稷的忠诚称为"公忠"，对君主、个人的忠诚称为"私忠"，一般表现为臣民专心一意、毫无保留的服从。

在现代组织中，忠诚表现为忠于职守，对工作尽心尽力，把工作当成自己的事业，与老板的想法保持一致。

在现代企业中，组织忠诚的对象是组织与主管。组织忠诚的内容包括规范忠诚、情感忠诚、工具忠诚。组织忠诚包括两个层面：态度与行为。

（2）组织忠诚理论研究的概况

不同文化背景下的组织忠诚的含义有很大差别，我国台湾地区管理心理学与组织行为学家在这方面的研究可做参考。刘纪曜（1982）在对忠诚的伦理研究中区分了公忠与私忠的差异。周逸衡（1984）对台湾大型民营企业研究的结果表明，企业主将忠诚解释为"忠于职守""把公司当成自己的事业来看""对工作尽心尽力""和老板的观念一致"等。李慕华（1992）的研究结果将组织忠诚概括为"负责尽职"、"主动积极"、"与公司一体"、"稳定"以及"顺从"。郑伯埙（1995）的研究表明，关系、忠诚及才能是华人领导者对下属进行自己人或外人归类的主要标准。张慧芳（1995）认为，与才能、关系相比，忠诚在上司对下属的信任上具有较高的解释力。郑纪莹（1996）认为，在华人的企业组织内，组织成员的效忠对象是多元的，其中对人的效忠十分重要；本质上，下属对主管的效忠是一种社会交换关系。姜定宇等（2003）指出，华人组织的忠诚概念，除了涵盖与西方相同的内容，亦有属于华人的独特的内涵。同时，华人组织忠诚并非西方组织承诺与组织公民行为的总和，而是具有鲜明忠诚意识的华人本土概念。

（3）组织忠诚的概念

组织忠诚是指员工对组织的心理投入与认可，主动为组织付出工作要求之外的努力。员工基于特定因素，在心理上顺服并认同组织，相信组织会提供自己所需的照顾与支持，从而愿意以行为表现尝试实现组织的目标与最大利益。对组织忠诚的员工对公司或老板具有一种长期而持久的自发性责任，能将公司或老板的目标视为最重要的。

组织忠诚是一个连续性概念，而不是一个二分结构概念：忠诚与不忠诚。个人可能具有不同程度的组织忠诚。

（4）中西方组织忠诚概念内涵的差异

中西方组织忠诚概念的内涵有以下差异：

西方组织忠诚的对象主要是组织；而中国在目前多元文化融合的情况下，既有对组织的忠诚，更有对主管与老板的忠诚。

西方组织忠诚的动机是酬赏驱使、互惠规范的公民意识；中国组织忠诚的动机是道德伦理，如角色规范的忠诚意识、个人的角色义务与责任。

西方的组织忠诚强调工具层面；而中国的组织忠诚强调情感层面。

西方组织忠诚的目的是发挥个人在组织中的最大潜力；而中国组织忠诚强调的是创造最大的组织整体利益。

（5）组织忠诚的结构维度

我国古代组织忠诚的结构维度是：忠心、侍奉、尽职、建言、守节、有仪。

我国现代组织忠诚的结构维度主要是：认同、内化、奉贤、效劳、服从。也有学者将其归纳为负责尽职、主动积极、与公司一体、稳定、顺从五个维度。

进一步的研究表明，组织忠诚的结构维度还可细分为十二个次要维度：尊敬、服气、价值共享、荣辱与共、牺牲、任怨、分忧、扬善、事贵、隐恶、服从。

（6）正确认识组织忠诚

个人对国家、组织的忠诚是值得提倡的，但个人对主管、个人的忠诚是有条件的，不应该提倡对主管、个人的盲目忠诚。

市场经济条件下，强调择业自由，在这种情形下，频繁"跳槽"、缺乏组织忠诚感，实际上对个人与组织都是不利的，为此，提倡组织忠诚是很有实际意义。

作为组织，主管不应该将员工分为两级——忠诚的与不忠诚的，应该允许员工有不同程度的组织忠诚；更不应该按对主管、个人忠诚的程度将员工划分为"自己人""外人"，不能在组织内部形成宗派。

在此值得警示的是，对黑社会头目、腐败堕落领导者的忠诚，必将导致自身的堕落。

3.组织公民行为

（1）组织公民行为的研究概况

组织公民行为的概念渊源于卡兹（Katz，1964）的角色外行为理论。卡兹是以角色理论为出发点区分组织内工作必备的行为与角色外行为的。

史密斯等（Smith，Organ，Near，1983）将组织公民行为概括为两类主要维度：助人与顺从。

奥尔刚（Organ，1988）提出除了助人与顺从之外，组织公民行为还包含礼节、运动精神及公民道德三类维度。

格拉汉姆（Graham，1991）进一步界定出三种积极组织公民特征，包括服从、忠诚和参与。

波特萨可夫等（Podszkoff，Mackenzie，Paine，Bachrach，2000）综合了组织公民行为的研究，并提出了组织公民行为的八个维度：助人行为、运动精神、组织支持、组织顺从、自动自发、公民道德、自我成长、提出建议。

（2）组织公民行为的概念

组织公民行为的内涵为角色外行动，或称职务外行为。这一行为的特征是强调自动自发、合作创新、尊重制度、自我训练以及良好的仪态。此外，协助同事解决问题、接受任务时不推三阻四，以及适时提出建设性的意见等都是重要的角色外行为。

（3）组织公民行为的维度构成

波特萨可夫等（2000）提出的组织公民行为八维度受到了广泛的认同，现就这八个维度的内涵概述如下：

①助人行为（Helping Behavior），是指自愿协助他人的行为。

②运动精神（Sportsmanship），是指愿意忍受一些不便，不抱怨工作上的不平。

③组织支持（Organizational Loyalty），是指向外界推销组织，保护组织不受威胁，以及与组织共渡难关。

④组织顺从（Organizational Compliance），是指遵从组织的规范与程序。

⑤自动自发（Individual Initiative），是指要具有创造力、表现创新的行为，对工作拥有热忱，并做出持续的付出，以及自愿承担额外的责任。

⑥公民道德（Civic Virtue），是指愿意参与组织会议，注意组织的威胁与机会，并寻求组织的最大利益，即使因此付出极大的个人代价。

⑦自我成长（Self-development），是指主动提升自己的知识、技术水平及能力，以提高个人的工作表现与组织效能。

⑧提出建议（Voice），是指提出对公司有利的建议。

（4）中国文化背景下组织公民行为的维度构成

法尔奇等（2004）采用归纳法，通过对230位来自中国国有、乡镇、外资和私营企业的员工的调研，得到了中国文化背景下组织公民行为的十个维度。这十个维度分布于个体、群体、组织、社会四个层面。

第一，个体层面的组织公民行为维度：

①自我培训；

②自动自发；

③保持工作场所清洁。

第二，群体层面的组织公民行为维度：

①人际和谐；

②帮助同事。

第三，组织层面的组织公民行为维度：

①保护和节约公司资源；

②建言；

③参与群体活动。

第四，社会层面的组织公民行为维度：

①参与社会公益；

②提升公司形象。

由此可见，人际和谐和参与社会公益维度是中国文化背景下所特有的。

（5）组织公民行为的意义与作用

组织公民行为的意义与作用表现为以下几个方面：

①组织公民行为充当了组织运行的润滑剂，有利于减少人际矛盾和冲突；主动为他人提供方便，利他和助人行为有利于维护人际和谐，从而保证了工作关系的顺畅。

②组织公民行为是管理者给予员工高评价、晋升以及加薪的重要依据之一。

③组织公民行为有助于促进管理人员与下层员工生产效率的提高。管理者不必将精力放在处理人际关系上，而是放在生产效率的提高上，同事间的互相帮助也有利于生产效率的提高。

④组织公民行为能自觉维护组织的正常运行，减少矛盾和冲突，并能使组织更有效率地利用资源，减少不必要的资源争夺。

⑤组织公民行为能促进团队成员之间以及跨团队的工作协调，并促使群体利益和个人利益都得到有效的保障。

⑥组织公民行为有利于创建良好的企业文化，创造使人愉快的工作环境，从而提高组织吸引、留住优秀人才的能力。

11.5.2　员工负向组织行为

反生产工作行为简称CWB（Counterproductive Work Behavior）。反生产工作行为包括两种类型：一种为较为严重的，包括攻击、蓄意破坏和偷窃；另一种为情节较轻的，诸如迟到、缺勤与辞职，总称为退缩行为。现分述如下：

1.严重的反生产工作行为

严重的反生产工作行为是指那些意欲伤害组织或者诸如员工、上司和客户等其他人员的行为。严重的反生产工作行为包括对同事的故意的攻击及不道德行为，还包括破坏组织财物、故意出错、偷窃和消极怠工。其中，蓄意破坏和偷窃是主要问题。

产生严重的反生产工作行为的原因可用图11-8所示的模型加以说明。

图11-8　严重的反生产工作行为产生原因的简化模型

从图11-8中可见，由于组织约束而产生的挫折感与不满意感，如果缺乏控制，在低控制条件下就会出现破坏性行为，但在高控制条件下就会转化为建设性行为。

推而广之，在当今社会，压力与不公正待遇会引发诸如愤怒和恐惧等负面情绪，进而导致破坏性行为的产生。

体验到控制感，相信建设性努力会有效，员工可能去尝试建设性行为，而一个觉得对局面无法控制的员工就可能用反生产工作行为来处理负面情绪。

产生反生产工作行为可能与员工的人格特征有关。负面情绪水平高的人更可能做出反生产工作行为。

同样，那些在五大人格因素中宜人性、尽责性、情绪稳定性得分低的人也更可能产生反生产工作行为。

总之，人格因素加上环境因素会使该行为发生的可能性趋向最大化。

2.情节较轻的反生产工作行为

情节较轻的反生产工作行为表现为退缩行为，如迟到、缺勤、辞职等。

迟到、缺勤、辞职等使员工在规定时间或被需要时无法工作。

缺勤、离职是员工对工作不满时做出的两种反应。员工试图暂时或永久地逃离自己不满意的工作环境。

迟到的员工也常是缺勤的员工，也可能会离职。

缺勤是指员工没有按照规定时间来上班。这是对令人不满的工作及工作条件的反应。产生缺勤的原因与诱因是不同的，可能是工作-家庭冲突所引起的，因而要采用不同的方法使之减少，如发全勤奖可以减少缺勤者，有时按照约定俗成的社会规则可决定旷几次工是合适的，这就是一种缺勤文化。另外，可以制定相应的缺勤政策。

离职率（Turnover Rate）是指在给定时间里离职员工的百分比。对于离职者也要分析，低绩效者的离职不是问题，低绩效者离职不会增加填补空缺的成本，只有高绩效者离职才会增加填补空缺的成本。为此，应该给高绩效者加薪，以减少离职的发生。离职的原因有很多，如健康状况、兴趣爱好、家庭等，但是，工作满意度和离职意愿是员工离职的前提。

3.负面组织行为的影响因素

负面组织行为的影响因素可分为两类：个人因素与组织因素。

　　个人因素包括人的个性、动机、情绪、自我控制等。员工中的易焦虑、易被激怒、易沮丧者容易产生负面组织行为；能自我控制者，如有责任感、可靠、个性积极的员工较少有负面组织行为。

　　组织因素包括组织氛围，如果出现压抑的组织情境就会诱发负面组织行为。同样，当员工产生低的工作满意度、有挫折感时，也会诱发负面组织行为。

　　图11-9显示了情节较轻的反生产工作行为的影响因素。

图11-9　情节较轻的反生产工作行为的影响因素

　　由图11-9可见，产生轻微的反生产工作行为的主要因素是负面情绪、缺乏自我控制力、个性。这三个因素影响员工对情境的评估解释。对情境的消极、负面解释也会导致反生产工作行为。

　　4.负面组织行为的干预措施

　　对负面组织行为的心理干预可从两方面进行：一方面是从个人因素层面采取措施；另一方面是从组织因素层面采取措施。

　　个人因素层面的干预措施，主要是对员工进行个人修养、责任意识的培训，让员工学会道德自律、稳定情绪、不轻易发怒，培养员工高的组织公民行为倾向。

　　组织因素层面的干预措施，通常包括高效的工作流程、严格的管理制度、合理有效的激励分配制度、人性化的关怀、清晰而有价值的组织发展目标、积极健康向上的组织文化。预防为主，早发现、早处理是基本原则。另外，组织在招募人员时，也需要对员工的个性、价值观、品德、行为习惯做深入的了解，把不符合组织要求的人关在门外，就可以大大减少负面组织行为的发生。

【延伸阅读】　　　　　　　　未来组织变革的十大趋势[①]

　　一、组织的结构从金字塔式科层组织到扁平化、网络化组织

　　金字塔式科层组织结构是工业文明时代的典型组织形态，其典型特征是自上而下的指挥命令链条，从高层、中层到执行层形成金字塔形态，基于专业分工形成专业职

---

　　① 作者宁高宁，中化集团微信公众号（ID：sinochemgroup），2017年9月。

能部门。其特点是分工明确，组织边界清晰，权力集中，指挥命令层层传递，管理层级多，决策重心高，对市场反应速度慢。

今天的企业，要适应复杂、不确定的外部环境，要应对消费者瞬息万变的需求，要抓住互联网与知识经济的发展机遇，组织结构就需要从过去那种金字塔式的、科层制的垂直组织结构逐渐向扁平化、网络化的组织结构转型，使组织变得更简单、更灵活。Google等互联网企业首先对科层组织模式进行了颠覆，取而代之的则是扁平化网状组织架构。这是一种非框架、非结构、非固定的状态，公司内部有数不清的"项目经理"，但是他们的"活儿"必须自己找。Google内部出现需要解决的难题、规划、计划等任务时，大多数时候会建立一个又一个工作小组，由它们分头负担起随时可能冒出来的专项工作，因而公司内部存在着大量的"双重领导"与平行决策。对传统企业而言，扁平化意味着：第一，要不断减少管理层级，尤其要削减中间层；第二，要不断减少行政审批与汇报层级，按"角色（Role）"汇报，而不是按"头衔（Title）"汇报，同级可以汇报；第三，平行决策，决策越来越向一线授权，决策链条越来越短，执行的速度越来越快。

二、企业的生产组织方式从集中化、规模化、标准化转向平台化下的分布式、微项目化、创客化

在工业文明时代，企业的生产组织方式主要体现为集中化、规模化、标准化，而在互联网与工业智能化时代，企业生产组织方式主要有三种：一是智能化无人工厂大量出现。目前，中国家电企业如海尔、创维、美的都在加速智能化生产的进程，过去一个工厂要一两千人，现在只要一二十个工程师就可以了，工业4.0彻底改变了传统企业的生产组织方式。二是企业总部组织日趋平台化，内部经营单元日益微项目化、团队化，如海尔近年来的组织变革，就是在推进整个企业逐步走向平台化、分布式的管理。广东温氏集团则通过互联网将5.6万个家庭农场联系在一起，实行集约化管理平台下的分布式生产模式，既取得了规模化经营与集约化管理的效率与效益，又激发了分布于全国的5.6万个家庭农场的经营活力与自主经营能力。三是基于互联网社会协同组织平台的智能家庭工厂与个体知识劳动者的创客化。

所以，从整个组织的角度来看，集团将越来越成为一个资源配置平台，经营与生产的"细胞"越来越微化，这是整个组织变化的第二个发展趋势，它使组织注入了新的活力与动力。

三、组织边界被打破，组织的破界与跨界将成为一种组织变革时尚

超越行业界限、打破组织边界、组织无边界，跨界将成为组织的新常态，组织从过去的串联关系走向串联与并联交织在一起的网状结构，从过去封闭的产业价值链过渡到现在的产业生态圈。

未来，组织边界的打破主要围绕四个主题进行：一是围绕用户打破组织内外边界，形成重构客户价值的产业生态圈，价值不仅来源于企业内部价值链的活动，而且

来自企业与产业边界之外的客户、合作伙伴等所构成的生态圈，只有产业生态圈才能为用户造像，才能让用户有极致的体验；二是围绕员工打破领导与被领导的边界，人人都是CEO，都是创客；三是围绕组织扁平化与网络化，打破科层边界，不断细分业绩单元，不断将经营责任落实到个人和小团队，推倒决策墙，汇报关系多元化，项目任务蜂窝化；四是围绕组织氛围，打破沟通边界，实现零距离、无边界的即时沟通。

四、组织的合作与协同从部门化到团队化，从中央协同到平行分布协同

过去组织的合作主要是以职能为主分部门，基于部门化合作，现在是以人（人才与客户）为主划团队：SBU、自主经营体、项目化团队、跨团队跨职能客户解决方案团队成为团队合作新形式；过去组织内部的协同主要基于科层结构中的权力与权威，下级与同级之间的协同一定来自上级，而未来组织的协同要从中央协同到平行分布协同甚至是下级协同。从自上而下的科层制组织到无中心分布式网状结构自组织、自主经营组织，决策不是来自某个中心，而是广泛分布的、贴近客户的散点；行动不一定来自预先设计，而是随需而动；协调不是来自上级，而是自动自发协同。

五、组织的驱动机制从来自上级威权指令式驱动转向愿景与大数据驱动

传统组织的内在驱动机制主要是权力驱动、威权指令式驱动，现在转向愿景与大数据驱动。组织要激发人才价值，创造活力，驱动员工创造价值，不再依靠简单的指令、单一靠严格的制度约束和标准化行为规范来驱动员工，而是通过文化价值观管理，依靠人才对组织使命与愿景的认同，使千军万马朝着一个共同的目标而奋斗。通过唤醒人才自我开发与自我管理意识，激发员工价值创造潜能，使人才从要我干转向我要干、我们一起干。

同时，用户数据将成为企业核心资产，用户数据流向决定产品与业务流向，并成为决策与业务运行的依据，得数据者得天下！企业不再是威权命令式指挥员工去做什么、怎么做，而是为员工确定好未来的发展愿景，让人才凝聚在共同愿景之下，同时利用大数据驱动企业决策和业务的运行。从这个角度来讲，未来组织的驱动机制一定是愿景驱动和大数据驱动。

六、组织的管控监督机制从刚性管控走向柔性引导

刚性管控主要是依靠严格的制度、流程管理及纪律约束，但在知识型员工面前，流程、制度与风险控制体系再完备，也有漏洞，当人与流程、制度对着干的时候，再好、再完备的流程与制度体系都会失效。只有当高素质的经营管理者及具备职业道德与技能的员工认同公司价值观的时候，才能实现制度与管控流程的无缝链接。人是企业的最大资产，也是最大风险，人的道德风险最难控制。对道德风险的控制除了流程、制度、信息对称，更需靠文化、柔性引导，让员工愿意并有动力去遵守规则。因此，人与文化才是组织管控的核心，也是企业整体竞争力的源泉。而从人性的角度看，信任、授权、经营责任的下移才是最有效的管控。

七、组织的特征从静态到动态，从封闭到开放

组织作为一个不断适应环境变化的有机生命体，不断变革、创新并进化升级将成为一种常态和生存方式，真正从静态走向动态发展；同时与外部环境不断进行能量交互与置换，使组织不再封闭，而是作为一个开放式系统不断融入产业生态圈，同时承担起相应的社会责任。

八、组织沟通与氛围从面对面沟通到网络化沟通

在企业内部打破部门界限，各部门及成员以网络形式相互连接，使信息和知识在企业内部以最快的速度传播，实现最大限度的资源共享。

九、组织对环境的适应性将从被动到主动，从竞争到共生共赢

站在未来看未来，洞见变化，把握趋势，主动变革创新将成为组织生存的核心技能；同时，构建或融入产业生态圈，将成为组织生存的主要方式，融入产业生态圈又不失去自己的方向感。利他才能长期利己，组织以自我价值贡献赢得合作价值的实现，将成为主流生存观。

十、组织与人的关系重构，从人是工具到人是目的

在农业文明时期，组织与人形成了血缘性团队、地缘性组织；到了工业文明时期，组织与人形成了专业化的团队、科层制的组织；而到了智能化时代，组织与人的关系在重构，衍生出了细胞型组织、网状结构组织，组织围绕人在进行关系与价值重构——从体力劳动者为主体到知识工作者为主体，从资本雇佣劳动到人力资本与货币资本相互雇佣，从雇佣关系到合作伙伴，从人才管理到人才经营，从关注现实能力到关注潜能，从人力成本到人力资本，从人性为本到价值为本，从人才所有权到人才使用权，员工体验从物质激励到全面认可体验等。这些都意味着人已不再是价值创造的工具，而是价值创造的自我驾驭者。

本章小结

1.组织中的任务、职责和职权在个人和团体间的正式分配称为组织结构。组织结构图描述了不同的模块：职权、层级、劳动分工、管理幅度、直线或参谋职位、分权。

2.组织的古典理论是以韦伯为代表的科层制理论，主张一种普通的组织设计的最好方法（高效率方法）。现代组织理论强调组织是一个开放系统，是一个社会技术系统。

3.组织的发展非常普及而迅速，所以需要不断变革地求生存，不能成功适应变革的组织注定要失败。组织发展计划的内容包括目标管理、工作生活品质计划、团队建设、调查反馈。

4.组织变革中的关键是要制定战略变革规划。战略变革规划是对组织自身目标的决策进行设计、执行、评价的过程，用于变革公司产品、服务、组织结构。

5.人们由于个体因素（经济无保障、对未知恐慌）和组织因素（工作群体的惯性、权力平衡的威胁）等原因而反对变革，克服变革阻力的方法是多方面的，主要包括：鼓励员工参与变革，奖励建设性行为，创建学习型组织，用变革效果教育员工等。

6.员工组织行为分为正向组织行为（组织承诺、组织忠诚、组织公民行为）与负向组织行为（反生产工作行为）。

7.组织承诺是人们对组织的卷入度以及对于留在组织内兴趣的大小。组织承诺分为情感承诺、继续承诺、规范承诺三种类型。

8.组织忠诚是指员工对组织的心理投入与认同。组织忠诚的对象为组织与主管。组织忠诚的内容包括规范忠诚、情感忠诚、工具忠诚等。

9.组织公民行为的内涵是角色外行为，或称职务外行为。其维度构成为助人行为、运动精神、组织支持、组织顺从、自动自发、公民道德、自我成长、提出建议。

10.反生产工作行为，严重的包括攻击、蓄意破坏、偷窃等行为，轻微的包括迟到、缺勤与辞职等退缩行为。

复习思考

1.说明组织概念的内涵及结构。

2.比较古典与现代组织理论的不同特点。

3.解释组织发展的原因及组织发展的技术。

4.分析组织变革的内容、方向、阻力以及如何克服组织变革的阻力。

5.阐明组织承诺的概念内涵、结构维度以及提高的方法。

6.概述员工负面组织行为（反生产工作行为）的内容及干预措施。

第12章

组织心理与管理（下）
——学习型组织的理论与实践

学习目标

1.理解学习型组织是一种新的管理模式
2.理解五项修炼的概念、内涵及意义

12.1　学习型组织简介

12.1.1　彼得·圣吉及其《第五项修炼》

系统阐明学习型组织内涵的主要人物是彼得·圣吉（Peter M. Senge）。他认为，使我们朝向学习型组织迈进的，还有其他更深层的社会变化，这种变化也是工业社会演进的一部分。

彼得·圣吉于1970年获斯坦福大学航空与太空工程系学士学位，1978年获麻省理工学院动力系博士学位，后任该院斯隆管理学院组织学习中心主任。他创办了美国著名的波士顿创新顾问公司，又称彼得新领导训练中心。

1990年年初，彼得·圣吉出版了《第五项修炼：学习型组织的艺术与实务》，1994年又推出了其续集，英文名为 The Fifth Discipline Fieldbook—Strategies and Tools for Building a Learning Organization。时隔一年，中国台湾地区天下文化出版社分上下册出版了中译本《第五项修炼II·实践篇》，上册副题为"思考、演练与超越"，下册副题为"共创学习新经验"。

《第五项修炼》问世后获得了很高的评价，一些著名杂志发表了以"一扇重新看世界的窗""伟大时代的先驱""为人类找出一条新路""再造组织的无限生机"等为标题的评论。为此，圣吉在1992年获得了世界企业学会的最高荣誉奖——开拓者奖。美国《财富》杂志称他为改造企业的"十字军"和学习型组织先生。美国《商业周刊》把他列为"当代最杰出的新管理大师"。数以千计的美国乃至世界知名企业家纷纷涌入麻省理工学院组织学习中心接受培训或聘请他为高级顾问。

在麻省理工学院组织学习中心学习过的经理们都认为，他们获得的最有价值的财富，就是对事业成功的自信。组织学习中心不仅教给他们一套经营管理的技巧，还培养一种达到成功必备的态度，这就是要认识到，成功与创造需要一种全新的思维和独特的操作方法，需要提供全新、科学、独特的领导观念、谋略与技巧。每一位想获得成功的组织领导者都应该不断地了解自己的思维方式和心理类型，并有意识地克服自身个性与能力的不足，集思广益、取长补短，选择能使自己脱颖而出的人生之路。

显然，学习型组织已经受到重视，我们应该深刻地理解其内涵并做出相应的评价，洋为中用，以此作为21世纪中国组织领导者新的学习内容。

12.1.2　学习型组织的学习内容

学习型组织的学习内容就是圣吉提出的五项修炼。五项修炼实际上就是五项技能，这是人一生要学习与实践的计划内容，其中包括：

（1）建立共同愿景（Building Shared Vision）。这是针对我们想创造的未来，以及我们希望据以达成目标的原则和实践方法，发展出共同愿景，并且激起大家对共同愿景的承诺与奉献精神。

（2）自我超越（Personal Mastery）。这是指学习如何扩展个人的能力，得到我们想要的结果，并且塑造一种组织环境，鼓励所有的成员自我发展，实现自己选择的目标和愿景。

（3）改善心智模式（Improving Mental Model）。这是指要持续不断地澄清、反省以及改进我们内在世界的图像，并且检视内在图像如何影响我们的行动与决策。

（4）团队学习（Team Learning）。这是指转换对话及集体思考的技巧，让群体发展出超乎个人才华总和的伟大知识和能力。

（5）系统思考（System Thinking）。这是指思考及形容、了解行为系统之间相互关系的方式，帮助我们看清如何才能更有效地改变系统，以及如何与自然及经济世界中最大的流程调和。

12.2　五项修炼的内涵及操作方法

12.2.1　建立共同愿景的修炼及其操作方法

1.愿景的概念

愿景包含两层意思，即愿望与远景。"愿景"一词在英语中为Vision，等同于拉丁文Videre，是指我们想要的未来图像、价值观、如何达到的目的地、目的和使命、组织存在的理由等。愿景可定义为体现组织未来发展的远大目标、组织成员的共同愿望。愿景与目标是有联系的，但也存在着差别，因为目标通常是短期内要达到的境地或标准，而愿景的内涵包含以下三方面：

（1）组织存在的使命或组织的目标。对组织使命的正确理解是构造组织发展规划和建立共同愿景的前提。我们经常会问，组织为什么要存在于这个社会中？若组织的价值观完全不同，会对此做出完全不同的回答。比如有的组织选择最大利润管理法，即一切为了利润；有的组织选择生活质量管理法，即既为了利润，同时也关心员工的生活福利。

（2）组织未来发展的规划。"愿景"一词意味着看见、激发组织成员的"深层的热望"，即具有对组织成员的激励作用。愿景要具有高层次的价值观念，如果层次较低、缺乏崇高理想，仅是单纯追求利润、实现个人利益最大化，就会丧失自我超越的能力。在一个组织未来发展的规划中要有共同愿景的明确表述，即一个组织需要"愿景宣言"式的组织宗旨。

（3）组织达成目标的手段。组织的愿景宣言上写些什么，即表示组织将通过什么样的手段来达成目标。一般说来，手段与价值观是密切相关的，弄虚作假的销售手段是不正确价值观（单纯追求利润）的反映，而在公司的愿景宣言中将诸如"松下精神""惠普精神"等具体内容加以明确，是正确价值观的反映。

2.个人愿景与共同愿景的协调与认同

学习型组织要求其成员对于共同愿景有认同，并要求个人愿景与共同愿景相协调。事实上，员工对组织的共同愿景的认同程度是有很大差别的，圣吉将其区分为七个层级的态度，从最强烈的奉献到最不关心的冷漠，其中间还有投入、真正遵从、适度遵从、勉强遵从和不遵从五个等级。直观的排列为：

（1）最强烈的奉献；

（2）投入；

（3）真正遵从；

（4）适度遵从；

（5）勉强遵从；

（6）不遵从；

（7）冷漠。

心理学家弗洛伊德认为，"认同"是群体内聚力的一种最根本的机制，"一个群体成员之间的相互联结，其本质就是这种认同，它是以情感上的某些重要的共同品质为基础的"。"认同"表示一种特殊的情绪，有利于增强群体内聚力。美国心理学家、认知心理学的奠基者H.西蒙在《管理行为——管理组织决策过程的研究》一书中还提到，"一个人在做决策时对备选方案的评价，如果是以这些方案对群体造成的后果为依据的，我们就说那个人对那个特定群体认同了"。

总之，组织成员要有共同目标，并且要认同这一共同目标，这是建立共同愿景的根本前提。

3.建立共同愿景的策略、方法、技巧

建立共同愿景可选择的策略可分为五个阶段——告知、推销、测试、咨商、共同创造，如图12-1所示。

图12-1　建立共同愿景的策略

在告知阶段要告诉员工组织的愿景是什么，传达信息的方式要直接、清晰和一致，对公司现状要说实话。推销阶段是帮助员工自发地投入到实现愿景的工作中，而不是操纵他们。测试阶段可以了解员工对愿景的真实想法，要用问卷和面对面谈话的方式，测试员工对组织效益和能力的看法与希望。咨商阶段则邀请整个组织当顾问，塑造共同愿景。进入共同创造阶段后，每个人就开始为他们的愿景而工作。

由图12-1可见，随着阶段的推移，员工积极参与的程度越来越高。

具体实施共同愿景的方法与技巧有以下几种：

（1）以个人愿景为组织共同愿景的基础。

（2）平等对待每一个人并彼此尊重。

（3）寻求相互合作、休戚与共，而不是意见一致。

（4）每个人的意见只代表自己。

（5）避免"抽样"。

（6）用过渡愿景鼓舞士气——愿景具体化与阶段化，让人见到可行性前景。

（7）以团队学习为基本形式，提炼组织的愿景宣言。

12.2.2　自我超越的修炼及其操作方法

1.自我超越的意义

一些人认为，人有惰性和对事物的消极态度，常常对生命抱无所谓的态度，得过且过、无所用心。对此，一些公司的高层领导表示不敢苟同。如赫门米勒公司的总裁塞蒙认为，为什么工作不能是我们生命中美好的事情？为什么我们把工作看做一件不得不做的事情，而未能珍惜和赞美它？为什么工作不能是人们终其一生的道德与价值观以及表现人文关怀与艺术的基石？为什么人们不能从工作中体会事物的美，感受过程的美，并试着欣赏可持之恒久的价值之美？我们相信这些都是工作本身具有的，这无疑是一种崇高的境界、理想的境界。

自我超越的意义就是让人们通过工作活出生命的意义。

2.自我超越的理论基础

自我超越的理论基础就是马斯洛的自我实现理论和赫茨伯格的双因素理论，而且自我超越是一种积极理性的、强化了自我实现需要和激励因素的理论。众所周知，马斯洛的需要层次论中的最高层次为自我实现需要，而赫茨伯格的保健-激励因素中更注重激励因素的作用。自我超越就是更加强调人的自我实现需要与激励因素的作用。

由于传统组织的设计只是为了满足马斯洛所主张的人类需求层次中的最初三个层次：生理需要、安全需要和爱的需要，也就是满足了个人温饱和归属需要。如果组织仅能做到这一点（事实上在工业社会中，到处都可以满足这些需求），而不能提供任何独特的东西，那么，员工也不会以忠诚及奉献来回报。如果组织强调更高层次的需要即自尊与自我实现，那么员工就会以忠诚及奉献来回报组织。

学习型组织将组织成员的愿景放在极其重要的地位，并以"活出生命的意义"作为工作的真谛。由此可见，学习型组织是真正的"以人为本"的组织。只有自我超越的人才能将经验与外在世界联成一体，自然而然地形成一个更宽阔的愿景。

3.自我超越的方法

自我超越涉及人的价值观、人生哲学。建立个人愿景是自我超越的前提，它为自我超越设置"上层目标"，这使人生哲学与生命价值获得具体的体现。

自我超越的重要方法是保持创造性张力。创造性张力是指当你的愿景与你的现状之间存在差距时，就会使你产生一种力量，促使你努力去实现愿景。愿景应有动态性，就是根据情况不断调整，建立新的更高的愿景。

对组织而言，领导者要身体力行，走在其他员工的前面。自我超越需要组织投入时间、精力、智慧，设计新的组织架构。汉诺瓦保险公司（Hanover Insurance Company）前总裁奥布赖恩（William O'Brien）认为，如果在一个公司里流行的价值观是一个人的权力越大，在公司中升得越快，这就代表着成功，那么，在这种价值观支配下就会助长往上爬的心理，同时会扼杀所有员工价值观和个性的成长。从自我超越的观点看，应该抛弃这种旧的价值观，建立以下新的价值观：讲究功绩至上，不论身份如何，主要看决策能否取得最好成果；对外开放，向股东报告经营实效，向内部员工也开放，推动开放式讨论的技巧，提倡自主精神，低层人员有能力自己做出决策的，高层人员应该主动授权，而不是包办代替。只有在新型的组织架构下，员工才有可能实现自我超越。

终身学习是自我超越的修炼所必需的。活到老、学到老，要想保持不断的自我超越，就要终身学习，学习新的理念、新的知识。当前，不学习者不仅不能自我超越，赶上潮流都是不可能的，而迎合潮流者也不能算超越者，只有那些走在时代前面者，才能算是真正的自我超越者。

12.2.3　改善心智模式的修炼及其操作方法

1.什么是心智模式

出生在苏格兰爱丁堡的英国心理学家克雷克（Kenneth Craik）首先应用了"心智模式"一词，后成为认知心理学家所使用、企业经理人员所惯用的名词。在认知科学中，心智模式是指人们的长期记忆中隐含的关于世界的心灵地图，是深植于我们心灵的各种图像、假设和故事。在日常推理的过程中，一些短暂的理解、日常生活中的短暂的心智模式变化，日积月累，会逐渐成为有长期影响的根深蒂固的理念甚至信念。

我们可以这样定义心智模式，即每一个人理解与看待周围事物的思维模式。它是在长期的生活、工作、学习中形成的，并以价值观与世界观为基础。此外，我们也可以定义组织的心智模式是由组织领导层的心智模式以及组织成员的心智模式所组成的。

心智模式从心理学上讲就是人的思维定式。思维定式不易改变，因而心智模式具有顽固性，是"隐在暗处的一块顽石"。它像一块玻璃微妙地扭曲了我们的视野，影响着我们对世界的看法。

2.改善心智模式的意义

心智模式能否得到改善，思维定式能否得到突破，是关系到一个组织的素质能否得到提高的大事，事关组织的决策是否正确、组织的凝聚力是否加强、组织的学习能力能否提高。

（1）心智模式与组织决策

决策的主观依据是决策者的经验、偏好、观念，最根本的也就是决策者的心智模式。如果组织领导层和成员的心智模式停留在计划经济时代的心理定式上，那么面对市场经济的大潮，就无法做出正确的决策。

（2）心智模式与组织的凝聚力

奥布赖恩认为，传统权威组织的信条是管理、组织与控制；而学习型组织的信条将是建立共同愿景、价值观与心智模式的完善。健康的企业将是一个能够以整体的方式把人们汇集起来，为现在所面对的任何状况，发展出最完善的心智模式的公司。组织与个人愿景的融合需要磨合，这在很大程度上取决于组织成员，特别是领导层的心智模式。显然，没有完善的心智模式的组织，其组织凝聚力较低；反之，完善的心智模式会促使组织凝聚力极大提高。

（3）心智模式与组织的学习能力

改善心智模式本身就是一种学习，是学习的学习，是怎样学习的学习。心智模式得到改善时，学习能力就能获得提高。尽管我国的各级组织都有学习制度，组织领导层与成员定时进行学习，但如果学习中不触及心智模式的改善，则这种形式主义的学习效果甚差。

3.改善心智模式的方法——心智模式的检视

这项修炼的核心任务就是要让心智模式浮出"水面"，让我们在不自我防卫的情况下讨论心智模式，帮助我们看见挡在眼前的玻璃，认清心智模式对我们的影响，并且找到改造"玻璃镜片"的方式，创造出更适合我们的新的心智模式。具体操作时，首先要了解、反思自己的心智模式，其中包括反思与探寻两阶段。反思是指对于个人思考过程的仔细考查，也就是"放慢思考过程"，用慢镜头仔细审视自己的结论、决策是如何形成的，心智模式如何影响自己的决策与行动。探寻是指如何同别人进行面对面的讨论，探究我们的思维方式，发掘哪些是隐含的心智模式、原有的思维定式。

人们在日常工作与生活中往往会根据自己的信念、经验和可以观察到的原始资料决定采取某种行动，而对于中间的推论过程则会飞快地跳跃过去和忽略掉。这样就会产生误导，甚至是不良后果。这一现象被称为人的习惯性思维或跳跃式思维或推论。

检验心智模式的程序可归纳为：

（1）对自己的推论过程进行反思，让推论过程"透明化"，并仔细分析。

（2）在团队学习或一般讨论中，说明自己的推论过程。

（3）探询别人的推论过程。

12.2.4 团队学习的修炼及其操作方法

1.什么是组织中的学习

马姆福德针对组织中的学习给出了这样的定义：组织中的学习是学习怎样学习（Learning to Learn），包括以下四个方面的内容：

（1）帮助管理者了解学习的过程和学习的障碍。

（2）帮助他们理解他们自己所偏好的学习方式。

（3）支持管理者用他们现有的学习选择权或强化优势来克服障碍。

（4）帮助管理者将他们对于学习的理解从他们的非职务领域带入职务领域。

2.团队与团队学习

（1）团队的基本结构

J.R.凯泽恩贝奇和D.K.史密斯认为，团队的基本结构表现为技能、使命、承担责任三个方面（如图12-2所示）。

（2）团队的定义

从上述结构引导出团队的定义为：团队由少数人组成，这些人具有相互补充的技能，为达成共同的目的和绩效目标，他们使用同样的方法，相互之间承担责任。

设计了系统结构。

2.系统思考的动态观

（1）时间延滞的动态观

这里突出强调系统运行中的时间延滞的作用。例如，一项投资从决策到完成需要2~6年，有的大型基本建设工程甚至要历经数十年（如三峡工程）。

（2）正反馈的影响

正反馈的含义是指不断增强的回馈（Reinforcing Feedback）。正反馈的影响可以是正面的，也可以是负面的，所以说，正反馈也是"双刃剑"。

我们可以用图12-3广告促销的效应来说明这一问题。由于信息不对称现象的存在，消费者对产品的了解程度远远低于生产者对产品的了解程度，为此，需要通过广告来制造名牌。其可能结果有两种：如果产品质量甚佳，那么就会使消费者满意，产品销售量上升，导致不断增强的正反馈；如果产品质量不佳，消费者就会抱怨，从而产品销售量下降，导致不断减弱的正反馈。

图12-3　广告促销的效应

（3）负反馈的影响

负反馈的含义是指反复调节的回馈（Balancing Feedback）。它是促使系统趋向稳定的一种机制。

图12-4反映了库存调整的负反馈机制。当库存量增加时，库存量与期望的库存量（标准库存量）差距增大。这种差距的增大促使生产者采取措施使产量减少（反向效应），从而使库存量下降（增强效应）。同样，当库存量减少时（低于标准库存量），就要使产量增加，从而使库存量上升。于是，负反馈机制的不断调整使库存量与标准库存量接近，从而达到平衡状态。

3.应用系统基模

创新顾问公司在20世纪80年代中期发展了多种系统基模（Archetype），这是一种用简明扼要的模型描绘常见行为模式的方式。这里我们只介绍一种——"成长上限"系统基模及其应用。

图12-4　库存调整的负反馈机制

"成长上限"系统基模表明，其一边是成长增强过程，其中促进成长的因素使成长加速；另一边为调节和抑制环路，当成长到一定程度，达到了所设置的上限时，抑制成长的因素开始起作用，使成长过程减缓，甚至停止。

12.2.6　五项修炼的相互关系

在五项修炼中，建立共同愿景是核心，它要求组织成员有共同的目标，并认同共同目标。团队学习是手段，成员之间要相互沟通、相互信任。心智模式要改善，特别是管理者的心智模式（固有思维定式）。自我超越是学习型组织的精神基础，强调个人要不断创新、进取，组织为个人提供成长的环境。系统思考要求管理者用系统观点考察组织内部与外部世界，从而获得深刻的洞察力。

五项修炼的实质是提升组织的素质，所以组织要不断地学习，不断地提高自身的学习能力。

共同愿景、自我超越、心智模式、团队学习、系统思考这五个概念并非圣吉所创造，每项修炼的内容也可以单独进行。但是，学习型组织要求将五项修炼整合起来，作为组织修炼的整体加以推进，并加以重点突破。

12.3　学习型组织的评价

12.3.1　学习型组织是一种新的管理模式

与传统组织相比，学习型组织是一种新的管理模式，因其在管理理念、组织特点、管理重心、学习特点等方面都具有先进性。

1.学习型组织在管理理念等方面的先进性

由表12-1可见，与传统组织相比，学习型组织在管理理念、管理职能、管理组织、管理内容、管理策略等方面都具有先进性。

2.学习型组织作为新型组织的特点

新型组织中强调横向联系与沟通，强调授权，以提高对外部环境的适应性。位于较高等级职位的管理者不再扮演监督者与控制者的角色，而是转而成为支持者、协调

表12-1　　　　　传统（科层）组织与学习型组织在管理理念等方面的差异

	传统（科层）组织	学习型组织
管理理念	制度加控制，创造性受抑制	学习和奖励，激发创新，自我超越
管理职能	分工和"管"为主	信息化、网络化为基础，综合和自主为主，强调沟通和合作
管理组织	等级、权力组织	扁平化，有弹性的组织
管理内容	生产中人的行为标准化	以提高学习能力为主，有共同愿景，团队学习，活出生命意义，提高群体智商和创造力
管理策略	刚性策略：技术奖励驱动，量多质好	柔性策略：市场，学习驱动，快变取胜
管理与被管理者的关系	单项服从	上下互动
管理对象	体力型劳动者为主	智力型劳动者为主

者和激励者的角色。

新型组织中应以成员的自主管理为导向，成员自主计划、决策与协调。为此，员工决策的范围远比参与民主管理的员工的决策范围广泛得多。

新型组织应具备较强的自我学习能力。较强的自我学习能力是组织在动态复杂环境中维持生存、求得发展的必要条件。

新型组织富有弹性，反应灵活。知识、技术与信息在新型组织中占主导地位，强调时间与速度的竞争。

（1）学习型组织的特点——扁平化

传统组织是高耸型科层组织，其特点是多层化，组织决策层的决策要通过多级中间管理层传递至操作层（如图12-5所示）。而学习型组织的特点是扁平化，组织决策层的决策不需要通过中间管理层而直接传递至操作层（如图12-6所示）。这种由多层化向互动扁平化的转变，被称为中层管理的革命。

图12-5　高耸型科层组织的多层次特点

图12-6　学习型组织的扁平化特点

美国通用电气公司在企业中推行学习型组织，首先实行组织扁平化，将组织中的管理机构由12层精简至4层。该公司在12年里由于实行了组织扁平化，销售收入和税后利润都成倍增长。

（2）学习型组织中的领导者与被领导者的特征

学习型组织中领导者的角色与其在传统组织中的角色明显不同。

学习型组织中领导者的角色为：最优系统的设计者；共同愿景的执行者；一个好教练（组织、协调者）。

传统组织（等级、权力组织）和学习型组织中领导者与被领导者的特征见表12-2。

表12-2　传统组织（等级、权力组织）和学习型组织中的领导者与被领导者的特征

	传统组织（等级、权力组织）	学习型组织
领导者	思考，决策（主动，盲目）	思考，决策（上下互动反馈，主动，积极，明了）
被领导者	行动（被动，易消极）	思考，行动上下一致（主动，明了，积极）
结果	领导有现成答案 ——被动等待 ——低质、低效	没有现成答案 ——主动、创造 ——高效、高质

（3）学习型组织中的学习

学习型组织中的学习要坚守两个方向：工作学习化、学习工作化。

工作学习化是指工作过程就是学习过程；学习工作化是指学习过程也要联系工作过程来理解与掌握（如图12-7所示）。

由此可见，学习型组织的学习是将工作与学习紧密联系起来，而不是将工作与学习割裂开来。

12.3.2　学习型组织的新启示

学习型组织给人们的启示是：21世纪的管理理论与实践将更加心理学化。这具

图12-7　工作学习化模型

体表现为：

（1）加深了对人性实质的看法。管理理论与实践偏重考察与加深对人性实质的看法，如五项修炼中提出的"活出生命的意义""自我超越"等都是强调人的主动创造，而不是人对环境的机械适应，学习型组织使人的需要的最高层次——自我实现得以具体化和付诸实践。

（2）强调组织内部人际关系的协调发展。在学习型组织中，强调在个人愿景的基础上建立共同愿景。管理者与被管理者站在同一条战线上，是平等而非对立关系，组织内部的各类人员都应该协调发展，具有高境界和自我超越的现实可能性。

（3）强调组织内部价值观的重要作用。在学习型组织中，要在共同愿景基础上形成相当一致的价值观。由此，组织成员的认知、情感、行为达到一致。

（4）强调思维方式要有系统观与系统动力学的应用。人们习惯于线性因果关系的直觉思维，而学习型组织强调系统的结构——环状系统以及系统运行中的时间延滞——行动与结果间的时间差距。在系统思维中要注意正负反馈的不同调节方式。

（5）强调只有通过修炼才能延长组织的生命周期。管理理论与实践在21世纪将更加强调以人为本的管理，更加深入到组织成员的微观心理层面——共同愿景、心智模式、系统思维等，只有解决了这些问题，才能延长组织的生命周期。

由此可见，采用学习型组织模式无疑是当代人本管理的最佳选择。

【延伸阅读】　　　　　　　　**基业长青的密码**

纵观企业发展模式，大体分为三种，即机会驱动型、战略驱动型和人才驱动型，它们也被称为企业发展的三种状态或三个阶段。

（1）机会驱动型。所谓机会驱动型，是指企业抓住了好的市场机会，促进了企业的发展。比如，在改革开放早期，由计划经济转型为市场经济的过程中，产生了大量的商业机会。中国民营企业群体就是抓住了这一机会而发展起来的。机会驱动对创业阶段的企业来说是最重要的生存法则，因为创业企业的首要目标是存活下来。所以，对于创业期的企业经营管理者来说，敏锐的市场洞察力、善于发现机会、敢于冒险去拥抱机会是最重要的能力。

互联网大潮的来临，让一大批创业者沦为"机会主义者"，我们看到大量的创业者、中小企业的老板，总是活跃在各种商学院、论坛、展会、创业营，以拿到风投、融资上市作为成功的标准。他们的核心目标不是学习，而是寻找机会，由于机会具有短期性，所以，机会驱动型的公司是不可能长期生存下去的，除非它转型为战略驱动型公司。这也是大量的创业公司寿命都只在三年左右的根本原因。

（2）战略驱动型。战略驱动型公司是指以企业的发展战略为指引，全面落实战略举措，推动企业按战略地图逐步实现企业发展目标的公司。建立战略驱动型企业有三个关键因素：

首先，制定适合本企业的发展战略。战略的核心是定位，即为企业未来进行定位，包括企业的使命和价值定位、客户定位、产品定位、商业模式选择等。

其次，运用适配的经营管理制度和政策设计及其落地实施来对接、支撑企业的战略，包括组织结构调整、资源重新配置、激励政策导向设计等。战略一旦确定，企业的所有活动都要围绕战略来进行，否则战略就是一句空话。

最后，坚持战略定力很重要。战略具有前瞻性、高目标的要求，在战略的推进过程中会遇到各种各样的困难，当挫折接连出现时，人们会对战略的正确性表示怀疑，很多人就会在中途放弃对战略的坚守。

从机会驱动转型为战略驱动，只是往胜利的方向迈出了第一步，而要完成战略驱动转型，企业必须迈入人才驱动阶段。

（3）人才驱动型。所谓人才驱动型，是指建立与企业发展战略相适应的人才管理体系，让企业成为人才的生产者，企业生产的人才又反过来推动企业的发展，如此往复形成良性的企业发展循环，让人才真正成为推动企业发展的不竭动力。只有完成了由战略驱动向人才驱动的转型，企业才有可能成为基业长青的组织。美国通用电气公司是世界公认长盛不衰的优秀企业，而其经营密码就是建成了人才驱动型的企业。

如何建设人才驱动型企业？各个企业尽管有不同的做法，但还是有一些共同的规律可循。根据对全球领先企业的研究，笔者认为以下四个方面是建立基业长青企业亟待思考和实施的方面：

一、像经营事业一样去经营人才，制定企业全面人才战略

绝大多数管理者都把人当成一种可以利用、开发的资源，故称为人力资源。这是一个纯经济学的概念，把人当成经济资源的一种，所不同的只是人有感情和情绪，在管理上只要照顾到人的情感和情绪就可以了。

而在人才驱动型企业中，管理者认为在经营事业的同时要经营人才，把企业和人才共同发展当成核心经营理念，树立"人人是人才，尊重人才，成就人才"的人才价

值观。能否达到这种人才价值观的境界，是判断一个企业能否成为人才驱动型企业的先决条件。在此基础上，要制定企业的全面人才战略，即响应企业的未来发展战略，相应地做出人才需求规划和配套的人才管理机制的模式设计，从人才供应和退出层面为企业战略奠定发展基础和创造有利条件。

二、着力提升企业管理人员的领导力

对于任何一个组织来说，管理人员都是它的核心力量。正如毛泽东说的："方针路线确定以后，干部就是决定性的因素。"企业转型能否成功，关键取决于管理人员的转型能否成功。

在人才驱动型企业中，对企业管理者领导力的要求有显著的提高。过去的管理理念、管理方式和管理行为在新的环境和形势下需要更新和提升，所以着力提升企业管理者的领导力是企业转型发展的一项重大工程。不仅仅是高层管理人员，各个层级的管理者和潜在管理者候选人都要进行领导力培养。相对于专业能力和业务能力来说，领导力的提升是最难的，短期内效果不容易显现，因此很多企业不愿意在这方面作更多的投入。

三、建立全面人才评价体系

所有的管理活动都必须建立在对人才全面、客观、准确评价的基础之上，所以，对人才评价的全面性、准确性、客观性要求甚高。而现实情况是，受各种因素的影响，在人才评价活动中"考不准、考不服、考评结果不敢用"的现象在很多企业中还普遍存在。要解决这个问题，企业就需要建立全面人才评价体系。

全面人才评价是对全部人才的一贯表现和全部工作的评价，以全面满足企业和人才双向需求为目的，全面融入企业人才战略、人才配置、人才激励和人才发展等人才管理全流程，并贯穿人才职业发展的全周期。全面人才评价在企业中发挥的作用包括：引导人才发展方向，规范企业用人标准，提升人才评价精细度，积累人才数据，使用更多维度评价企业人才。

四、建立一体化的人才激励体系和人才发展体系

所谓全面人才激励，就是在筹谋提高组织盈利能力和发展组织的同时，不仅仅考虑组织要发展到什么程度，还要考虑如何让人才愿意帮助组织发展，把人才激励作为组织发展的一个必备因素来考虑，而不是总是让个体为组织发展做出牺牲和让步。

全面人才激励需要解决几个关键问题：一体化的人才激励要与人才"能进能出、能上能下"进行联动，要让选人用人机制发挥最大的人才激励效能，要客观地衡量物质激励与精神激励中组织资源的投入和产出比，充分协调组织的激励资源，达到最大的激励效果。

全面人才发展体系需要建立在科学的人才评价和有效的激励体系之上，也就是说人才可以有发展的时间和空间。另外，人才的发展是企业乐于推动和提供资源的，也是个人有压力和动力去做的。全面人才发展，需要解决几类关键人才的发展问题，这

关系到企业未来战略的实现和企业发展的高度，关键人才包括：复合型人才、潜质人才、大学生人才、领军人才、创新型人才。全面人才发展需要解决几个问题，即人才的长期发展和短期绩效问题，人才的全面发展和深度专业发展问题，人力资源部门为主体的人才发展和用人部门为主体的人才发展问题。

建立人才驱动型企业是企业发展的高级形态。从机会驱动到战略驱动，再从战略驱动到人才驱动，既是一个逐步递进的过程，又是一个循环往复的过程。人才经营成功的企业，就会找到真正的机会，就会确定正确的发展战略，就会有人去支撑战略的落实和实现。

本章小结

1.彼得·圣吉在其《第五项修炼》一书中提出了人一生要学习与实践的五项修炼：建立共同愿景、自我超越、完善心智模式、团队学习、系统思考。

2.共同愿景是指组织未来发展的远大目标。组织成员的共同愿景的特征是体现组织存在的使命感或组织的目标、组织未来的发展规划、个人愿景与共同愿景的协调与认同。

3.自我超越的意义在于让人们通过工作活出生命的意义，自我超越修炼的重要方式是保持创造性张力。终身学习是自我超越修炼所必备的条件。

4.心智模式就是人的思维定式。心智模式会影响组织决策的成败、组织凝聚力的强弱、学习能力的高低，为此要不断完善心智模式，检视自己的心智模式是否已陈旧。

5.团队学习就是利用组织成员的交互作用相互影响，因而具有强化学习动机的作用。团队学习是学习怎样学习，有助于了解学习过程、障碍及偏好的学习方式，学会强化优势、克服障碍。

6.系统思考的修炼在于心灵的转换。考察事物的因果关系，要观察环状因果的互动关系，而不是线段式的因果关系。其操作方法为做决策时重新设计系统结构并利用系统基模。

7.学习型组织的启示是，管理理论与实践将更加心理学化，加深对人性实质的看法，强调组织内部人际关系的协调发展，强调组织内部价值观的重要作用。强调只有通过修炼才能延长组织的生命周期。学习型组织是当代人本管理的最佳选择。

复习思考

1.评价学习型组织理论的创新意义。

2.解释共同愿景的内涵、特征及重要意义。

3.分析心智模式概念的实质及组织变革与心智模式转换的关系。

4.试举例说明系统思考的基本观点。

第13章

新时代人力资源管理的变革之路

学习目标

1. 掌握新时代人力资源管理面临的挑战
2. 理解全面人才管理理论
3. 掌握全面人才战略的价值与作用
4. 理解一体化人力资源管理体系
5. 掌握CMF绩效管理理论
6. 了解后疫情时代人力资源管理发展趋势

13.1 　新时代人力资源管理面临的挑战

13.1.1　人才在企业发展中的价值和作用更加突出

进入新时代，人才在企业发展中的价值和作用更加突出，高质量的发展需要高质量的人才。

当前，我国经济已由高速增长阶段转向高质量发展阶段，正处在转变发展方式、优化经济结构、转换增长动力的攻关期。所谓转变发展方式，就是由速度规模型向质量效益型转型；优化经济结构就是进行供给侧结构性改革，提供中高端产品供给；转换动能就是由要素驱动型向创新驱动型转换。在过去的发展中，企业家和管理者更关注的是资源获取和投入，如土地、原料、资金、设备等硬性资源，企业注重的是劳动者的数量而不是质量。而新时代经济的发展原则是质量第一、效益优先，只有以创新（包括科技创新、商业模式创新、管理创新等）来推动企业的发展才是正确的选择。

创新驱动的本质是人才驱动。无论科技、商业还是管理，与人才的质量都是密不可分的。近年来，一些行业领先企业不惜在人才上的巨大投入给企业带来了强大的竞争优势，使人们逐步认识到了人才的真正价值和作用。企业家们对"人才优先、人才强企"的认识更清晰、更深刻了。

13.1.2　人力资源管理面临的主要矛盾发生了变化

在生产力水平较低、物质匮乏的时代，企业人力资源管理面临的主要矛盾是人才日益增长的物质文化生活需求与企业满足能力之间的矛盾。进入新时代后，主要矛盾则表现为人才日益增长的多样化发展需要与组织对人才需求之间不平衡、人才积极性调动不充分的矛盾。

现阶段，人们的需求重心已经不再是基本的物质文化生活需求，而是在较高社会福祉水平的基础上追求个人的成长与发展。人才对企业的需求主要是：企业能够提供发展的平台，自己的工作表现和成绩能够得到组织认可与肯定，获得公平的薪酬待遇，企业能够提供较好的组织氛围，使工作变得愉快和有价值。

作为企业，为了实现其战略目标，在选择和使用人才时通常有四项基本的要求，第一，要求人才具有的能力素质符合企业的要求；第二，要求人才在岗位上能够创造优秀的绩效；第三，要求人才有能力支撑企业的发展；第四，要求人才认同并遵守企业的核心价值观和文化。当前，在绝大多数企业中，组织和人才的需求之间是不平衡的，主要是企业家和管理者还没有真正认识到这两者需求之间不平衡的原因所在，还没有从新时代人才所处的经济社会环境的变化来全面认识人才需求的巨大改变。多数企业的人才管理还是受传统管理观念影响较大，没有进行与时俱进的变革，导致企业中存在很多员工"活力不足、动力不足、能力不足、凝聚力不足"的现象，这"四个不足"的现象说明员工的工作和学习积极性还没有被充分调动起来。

13.1.3　中国人力资源新常态

近年来，中国人力资源的一些新特征越来越明显，我们称之为人力资源新常态，主要表现为"人才的高流动性、人力资源的多样性、潜力成为人才最大的资本"。几十年的改革开放，使中国经济高度融入全球经济，特别是"一带一路"等走出去倡议的实施，以及大量的海外留学生回国就业，使中国企业必须快速地面对人力资源多样化的管理难题。人才的高流动性更是一种普遍的现象：一方面，个体经济能力的增强和社会保障体系的建立，使人才具备较强的独立性，使人才追求更好、更快、更全面的发展成为可能，流动的意愿增强了；另一方面，这些年来，国家在宏观人才管理政策和体制机制方面的持续改革，破除了人才流动的种种障碍，使人才流动成为可能，且流动成本大大下降。同时，资本催生的新行业、新企业不断涌现，吸引了其他行业中的人才，行业中的优秀企业为了巩固和加强竞争优势，也加大了人才吸引的力度，这些因素导致了人才流动的速度加快。

在过去以生产要素为主要驱动力的增长模式下，对人才的要求主要是体力、知识、经验和技能。因此，学历水平、所学专业、工作经历、技能证书等，就成为判断人才的基本标准。这样选出的人才适合在相同的环境里或变化较慢的环境里工作，但是，当今的企业面临的更多的是不确定性的环境，经验不但没有优势反而可能成为障碍，当中国经济发展转型要靠创新驱动的时候，这些外显的人才标准就不适用了，取而代之的将是人的潜力，潜力将成为人才最重要的资本。

13.1.4 传统人力资源管理思想与模式不适应新时代要求

过去主导人力资源管理实践的主要有以下几种管理思想，即：劳动力管理（Labour Management）、人事管理（Personnel Management）、人力资源管理（Human Resource Management）。所谓劳动力管理是基于劳动者体力的、简单的劳动管理，以计时、计件为主要的管理方法。劳动力管理思想把员工当作简单的生产工具。人事管理则是来源于科学管理的思想，核心理念是基于岗位的管理，用岗位（说明书）来界定工作、要求人员，强调人与事（岗）的匹配性。人力资源管理思想是一种经济学思想，把人当作一种资源要素投入，追求投入产出比，注重成本与效益分析。

企业实际的人力资源管理分为四种形态或四个阶段，即：事务管理、行政管理、专业管理、战略管理。事务管理是指人力资源管理者更多的是从事基本的、事务性的操作工作，比如，招聘、办理社保、招退工等各种手续。行政管理是指人力资源部门承担了很多行政管理的职责，很多企业还把行政和人事职能放在一个部门，称为行政人事部或综合管理部。专业管理是指引入了一些专业的人力资源管理的工具，如岗位分析、KPI、胜任力模型等。这三种管理形态都只能从局部或者战术上解决短期问题，要想解决人力资源的根本性问题，必须将人力资源管理上升到战略管理阶段。

进入新时代，人力资源管理的目标、环境和管理对象的特征等基本假设前提发生了很大的改变，因此，基于传统认知的人力资源管理遇到了前所未有的挑战，需要新思想、新理念和新理论来指导人力资源管理进行变革，全面人才管理理论正是为解决这一问题而产生的。全面人才管理理论如图13-1所示。

图13-1　全面人才管理理论

13.2　全面人才管理理论

全面人才管理是基于组织发展战略和远景，从经营人才的目标出发，通过对人才进行系统的规划、评价、激励和发展，达到塑造企业长期的人才竞争力，实现个人成功与组织成功的双赢目标。

全面人才管理理论是在总结中国企业几十年人力资源管理与企业发展之间的关系基础上提出来的，更符合目前中国社会和企业人力资源管理现状。同时，全面人才管理也顺应了新时代中国经济社会发展的大趋势，对中国企业的人力资源管理更具有指导和实践意义。

全面人才管理理论是一种完整的、独立的人力资源管理理论，非经济学、社会学、管理学、心理学等学科理论的简单延伸和组合。

13.2.1　全面人才管理理念

1.人人是人才

目前大部分企业的所谓人才结构都是按照三支队伍来划分的，即管理人才、专业技术人才和技能型人才，每支队伍再提取目前业绩表现较好或者潜力较大的人员组成核心人才队伍进行管理。但是即便如此，参照一个正常组织的人才结构图，我们会发现，不管什么样的组织，其高绩效的核心群体的数量都不会超过员工总数的20%，也就意味着企业中的真正的人才其实只有20%。而位于中部的庞大群体中到底隐藏着什么样的人才，是无法衡量的。

因此，全面人才管理的第一个全面的含义，就是认定人人是人才，把几乎全部人才纳入一个有序的人才管理体系中，按照九宫格或者16宫格的管理模式，对人才分门别类地进行管理。

2.人人能成才

目前企业大部分是按照岗位体系在管理人才，而岗位管理体系对人才的界定多是按照工作和专业分工进行分割的，这并不是人才的属性，而是岗位的属性。比如，你不能比较一个工程师和一个投资经理谁是人才，也不能仅从岗位预测一个工程师和一个投资经理谁是未来的CEO。大企业的人才成长路径与小企业的人才成长路径有很大差异，在大企业里，只有那些最优秀的专业工作者才能脱颖而出，其他人都只能选择默默无闻或者跳槽到中小企业谋求发展；在小企业，人才都是冒着风险被提拔和使用的，反而让很多中等水平人才创造了很大的业绩，成为高水平人才。

因此，第二个全面的含义，就在于创造一套基于人才特点而不是岗位特点的人才管理体系，划定全部人才可能的成才方向，企业就像经营事业一样经营人才，因地制宜、因材施教，企业的体系设计和发展通道设计都应该打破原有的仅仅以岗位体系为依据的逻辑，为每个人才找到可能的发展路径和位置，在创造员工高价值认同的同时，为员工创造更多的发展可能性，这也为企业创造了更多发展的可能性。

3.管理靠人人

如果人人都是人才，人人都要成才，那企业的人力资源部门的工作量一下子增大了很多，管理的范围将扩大四倍至五倍，还要设计更多的人才通道和发展计划，这怎么可能实现呢？不可能的原因是什么呢？目前，我国一些企业的人力资源管理工作是绩效考核和配置人员等，有些企业已经在开展人力资源业务合作伙伴（HRBP）的实践，但人力资源工作者未来的工作趋势是什么呢？是更强调人力资源工作的独立性和专业性还是更强调对业务的支持和与业务的融合呢？人力资源管理工作不是人力资源部的管理工作，而应该是与人才相关的人的管理工作，在这个意义上，谁与人才接触最多、管理最多？当然是业务部门，但是其更重要的工作是管理任务和管理流程，少数优秀的管理者才会把管理人才作为高于业务和部门管理的工作，而这样的部门通常是业绩突出、人才济济的，因此人力资源工作者需要做的是设计一套能够与业务相融合的人才管理模式，让管理者在专业工具和体系设计的帮助下，顺利地完成人才管理工作。

因此，第三个全面的含义，就在于人才管理是靠企业的所有人共同实现的，包括高层管理者和直接管理者，也包括人力资源管理者，甚至是员工本人。而管理的过程也不仅仅体现在入离职、调薪晋级、培训课程和调动配置的时候，还需要体现在人才的全生命周期和全部职业发展阶段中，贯穿在企业业务管理和企业管理的全过程中。

4.战略靠人人

一个对企业人才现状不了解的战略规划家制定的战略，最终只能是纸上谈兵。很多咨询公司通过精准的战略分析模型和案例推演企业的发展战略，并进行了精确分析和预测，但是却少有企业会请咨询公司或者自己来精准地分析在这个战略企图或者发展计划下，人才是什么状况，能满足吗？能符合吗？能跟得上吗？很多企业在毫无相关人才储备的前提下进军一个陌生领域，结果导致失败的常常不是资本和技术，要么招不到符合要求的人才，要么留不住这些人才，究其原因，就在于战略管理和人才管理是脱节的，缺乏人才供应的战略本身就是错误的。中国目前所有的大企业的平均年龄也就是20岁左右，改革开放虽然40多年了，但是很多企业都经历了一个漫长而艰辛的改制和去行政化管理的过程，很多民营企业更是经历了漫长的原始资本积累过程，从外包公司、贸易公司，逐渐再转型成为一个拥有自己的产品、市场、渠道和品牌的企业，这中间真正意识到人才重要性的企业仍然不多。

因此，第四个全面的含义，就是战略管理依靠的是每个人才的管理来实现的，只有将人才管理与战略管理全面融合，制定战略和落实战略时优先考虑人才供应和管理的问题，才能了解什么战略是合适的，战略能不能实现。因此，真正的战略管理要从全面的人才战略入手。

全面人才管理理论包含全面人才战略、全面人才评价、全面人才激励、全面人才发展四个部分，每个部分都涵盖了人才管理的全过程，不是割裂的四个部分或者模块。

13.2.2　全面人才战略

1.全面人才战略的意义和特点

全面人才战略的意义和价值在于顺应企业的未来发展战略，相应地进行人才需求规划和配套的人才管理机制的模式设计，从人才供应和退出层面为企业战略奠定发展基础并创造有利条件。其实施需要具有较好的长期预见性和短期有效性。

全面人才战略与传统人才战略的不同点在于：企业的发展不但要经营一项事业，还要经营人才。从经营事业角度来看，人才战略不仅仅是人力资源管理工作规划，更要从企业战略发展、未来可能进入行业和企业的人才特点出发，调整和设计人才管理机制的发展脉络。从经营人才角度来看，人才战略还需要从人才发展和企业成长为一个能够塑造优秀人才和吸引优秀人才的组织角度出发，与事业发展相匹配地设计人才发展的脉络。

全面人才战略就是要回答经营事业和经营人才两个角度提出的人才战略问题。全面人才战略需要回答和指导的问题是：未来企业需要塑造一个怎样的人才队伍，特征是怎么样的，在市场上的竞争力如何体现，如何从现状出发达到这样一个目标，也就是回答如何界定标准、如何评价识别、如何发展培养、如何激励管理的问题。不必回答措施层面的问题，但是要回答方向层面和原则层面的问题。

2.全面人才战略（SLMC）模型

全面人才战略模型包括结构（Structure）、领导力（Leadership）、机制（Mechanism）、文化（Culture），简称SLMC模型。

结构。其包含组织结构和人员结构，组织的层级、部门设置，人员的数量质量、专业结构、年龄结构等；组织设计是否能适应组织发展的需要，人员的结构和数量、质量是不是适应企业发展需要等。

领导力。其是指经营管理人员是否具备适应未来形势的领导力，如何培养和发展；这涉及对企业未来发展需要的领导力要有清晰的定义，对目前企业管理人员的领导力现状、与目标的差距、对未来这些领导力应当如何进行培养和发展有清晰认知。

机制。其是指公司人才"选用育留"的机制，通过机制能够把员工的工作和学习的积极性调动起来，这就要求审视选人用人机制是否公平合理，考核评价机制是否起到了应有的考评、激励、督促的效果，激励机制是否具有"内部公平性，外部竞争性"，人才发展机制是否通畅，是否有利于发挥员工工作和学习的积极性等。

文化。其是指整个公司倡导和实际表现出的价值观、行为、态度。文化讲求的是匹配——与企业及员工类型的匹配，与战略发展要求的匹配，与未来组织形式以及未来员工需求的匹配。

全面人才战略能够做到更有整体性、协调性、动态性和前瞻性，具有以下好处：

（1）全面人才战略模型更有利于发现企业人才问题的本质原因。通常一个企业在招聘时遇到招不到优秀人选的问题，可能不是招聘环节的问题，而是激励的问题；在激励中遇到员工不满意的情况，可能不是激励的问题，而是考核的问题等。分析传统模块，很难发现问题的真正原因，而全面人才战略模型将企业的人才管理变成一个生态圈的管理，组织、人、文化、机制四者相互独立又相互补充，对整个人才生态圈的硬件、软件、生态环境、运转机制进行全盘审视，可以很容易发现问题的根本原因在哪里，最突出的问题在哪里。

（2）全面人才战略模型更有利于形成一体化的人才战略规划。按照模块进行战略规划，很难做到完全的一体化，思考的视角很容易被割裂到每一个模块或每一个功能；而全面人才战略模型更容易从机制（激励、发展、选拔、任用）、人、组织、文化不同层面形成一体化的解决方案，同时也可以统筹其相互之间的关系。

（3）全面人才战略模型更有利于形成具有前瞻性的人才战略规划。前瞻性的视野来自对整个社会、行业、劳动力市场、技术发展、正当或即将到来的时代职业人的认识，尤其在人才战争的时代，一个公司需要去经营人才，这样的视角势必要求能够对吸引人才、帮助人才成长等具有敏锐的洞察力，同时能够在公司层面从组织、机制、文化上提供保障。按照功能模块的战略规划很难与这些前瞻性的信息进行直接对接，全面人才战略模型直接从人的角度、组织机制文化的角度进行对接，能确保这种前瞻性在实际的人力资源政策上得到体现。

（4）全面人才战略为企业经营管理层提供了一个有利的人才战略布局的工具。由于并不是所有的领导和管理者对人力资源的模块和专业都很熟知，而他们又是主要的战略规划者，让他们用一套不熟悉的工具进行规划，通常会产生沟通的障碍，而且也不利于人力资源管理者理解、洞察领导的意图；而采用人才战略框架，能够统一大家的认识，并且对后续的执行落实都有很多好处。

全面人才战略模型无意于取代传统的人力资源模块，只是提供一个分析工具，帮助高管和人力资源工作者进行体系化、前瞻性的、科学合理的人才规划，在进行人才战略规划的同时，也可以从这个视角来审视相应的社会、经济、劳动力市场、技术发展等外在的因素以及内在因素对人才战略的影响。

13.2.3　全面人才评价

人才评价作为全面人才管理的核心部分、全面人才战略的承接部分，要解决的问题就是如何为企业提供对人才的"一贯表现"和"全部工作"的评价问题，而且是对全部人才的全面评价。

全面人才评价是对全部人才的一贯表现和全部工作的评价，以全面满足组织和人才双向需求为目的，全面融入企业人才战略、人才配置、人才激励和人才发展等人才管理全流程，并贯穿人才职业发展的全周期。

1.全面素质评价

全面素质评价是指在全面人才评价体系中，必须要对一个人的素质进行全面的综合评价，而不是局部的、单点的评价，全面素质评价的基础理论是APM理论，该理论将人才的素质分为能力（A，Ability）、个性（P，Personality）、动力（M，Motivation）三大类。全面素质评价APM模型如图13-2所示。

图13-2 全面素质评价APM模型

2.全面行为评价

全面行为评价主要是指对评价对象的一贯表现进行评价，除了影响岗位绩效的关键行为评价外，还包括品德表现、遵纪守法表现和廉洁表现。关键绩效行为主要是进行胜任力（模型）评价，所谓胜任力（模型）是指用行为方式来定义和描述绩优员工所需要具备的关键能力。通过不同层次的具体行为描述，确定核心能力的组合和很好地完成特定工作所要求的熟练程度（能力水平）。这些行为和能力是稳定的、可衡量的、可观测的、可培养的，与绩效高度相关的，对员工的个人绩效及企业成功会产生重要影响。由于胜任力模型是从行为上区分绩优的员工与普通员工，具有较高的预测效度和导向作用，所以胜任力模型评价深受企业的欢迎。

3.全面绩效评价

全面绩效评价是指对人才全部工作成果的评价，就是看行为人是否达到了预设的目标结果。可对比的多维度绩效评价理论（Comparable Multi-Factor Performance）是全面绩效评价的基础理论。它以整体绩效观为基础从定义绩效、考评绩效、反馈绩效三个方面进行了突破性的、集成式的创新，比较好地解决了团队绩效与个人贡献的关系，潜绩与显绩的关系，以及组织之间、团队之间、个人之间的横向可比性等问题。

4.全面人才评价机制

全面人才评价机制主要包括以下三个方面：一是人才评价与人才管理活动联动的

机制，如与人才的选用、薪酬、晋升、发展等人才管理活动联动。二是全员参与评价的机制，人人被评价，人人评他人。三是社会化的评价机制。人才不能只有内部评价，还要接受社会化、市场化的第三方独立客观评价。

第三方专业评价机构将成为人才评价的重要力量。过去，政府及体制内的组织很少接受第三方评价服务，主要是体制机制的障碍。这个障碍在中共中央2016年《关于深化人才发展体制机制改革的意见》（以下简称《意见》）中被破除了。《意见》明确提出："发挥政府、市场、专业组织、用人单位等多元评价主体作用，加快建立科学化、社会化、市场化的人才评价制度。"这是中央文件第一次为市场化的第三方专业评价机构正名并给予其合法的地位。

全面人才评价需要发挥的作用包括：引导人才发展方向，规范企业用人标准，提升人才评价精细度，积累人才数据，实现更多维度地评价企业人才。

全面人才评价还要与评价工具和发展激励体系相适应，不是盲目求全的评价，而是工具可以支持的评价目标+发展激励可实现的评价标准。全面人才评价意味着把人才看成一个不断发展和改变的个体，把企业的人才队伍看成一个动态调整的整体，处理好个体和整体之间的匹配关系。

13.2.4　全面人才激励

全面人才激励与传统人才激励相比较，最大的不同在于，其是一体化的激励体系。激励体系不仅仅包括薪酬和考核，还包括发展、评价等，激励体系需要从组织设计开始进行。一个全面的人才激励体系，就是在筹谋提高组织盈利能力和发展壮大的同时，将如何激发人才这个重要因素一并考虑进来，也就是不仅仅考虑组织要发展到什么程度，还要考虑如何让人才愿意帮助组织发展，把人才激励作为组织发展的一个必备因素来考虑，而不是总是让个体为组织发展做出牺牲和让步。

全面人才激励的全面性体现在以下几个方面：

1.全面考虑组织需要和人的需要

人才激励不仅要考虑到人的需要，还需要考虑组织发展的需要；企业对人的需要主要包括以下几个方面：人才的配置能够支撑组织的发展、人才的配置与发展要符合组织目前和将来的要求、人才能够给组织创造绩效、人才对组织的认同。人才对组织的需求集中在以下几个方面：组织要为人才创造一个事业平台、组织为人才提供有竞争性的薪酬和福利待遇、组织认可并尊重人才、组织能为人才的发展创造良好的氛围。因此，组织发展和人才发展的平衡点体现在以下方面：共同创造高绩效产出、互相提供发展的可能性和机会、一起创造并认可组织文化，在此基础上建立一个公平的、互惠互利的全面人才激励机制。

2.贯穿全面人才管理的全过程

全面人才战略是全面人才激励的"指南针"，在全面人才战略规划中，企业要像经营事业一样经营人才，基于企业的现状和未来发展考虑企业现在需要什么样的人才，以及对这些人才应该选择什么样的激励策略。在全面人才规划阶段，企业对人才（类型、结构、特点、需求）的配置、使用、激励、培养都要有方向性的建议，而在全面人才战略中全面人才激励的重点是确定人才激励的主要策略。

全面人才评价体系是全面人才激励的工具。全面人才评价通过构建人才的评价标准，一方面能够让员工知道企业对自己的要求和标准，另一方面可以为人才评价提供依据。其中，全部工作反映员工的绩效结果，一贯表现反映员工的品行素质，两个维度的评价结果应用到物质激励（薪酬福利设计）和精神激励（工作内容的多样性、认可等）中，如果没有全面人才评价体系，那么全面人才激励体系将无法实施，可能就变成了一个空架子。

全面人才发展体系是以企业发展和人才发展需要为核心，充分挖掘每位员工的潜质和可能的发展方向，在发展体系的系列设计中考虑员工的特点和需求，将员工的发展作为重要的激励手段进行运用。

3. 全面考虑选人用人、晋升发展、薪酬管理、绩效管理等人力资源管理的构架关系，其中选人用人是最大的人才激励

人们以往对激励体系的理解总是停留在薪酬或者绩效体系的设计上，全面人才激励体系最大的不同点在于进行系统考虑，从全面人才战略规划开始，系统考虑人才标准、选拔、使用。在整个组织体系设计、岗位设置、管理层级优化时考虑人才发展，尤其是企业内部选人用人机制的设计，是对人才最大的激励。

4. 全面调动组织中各个管理者的参与积极性

人力资源部门还要争取各方力量的支持，首先是领导的支持，企业人力资源体系建设绝大部分是"一把手"工程，体现了领导人（班子）的企业经营理念、人才观、改革的动力和魄力，所以人力资源部门需要的领导资源的支持主要体现在方向指导、减轻推行阻力等方面。更重要的是，人力资源管理部门还需要争取各部门经理的支持，一方面是因为体系设计时需要考虑各个部门的现状和需求，另一方面是因为各个部门经理是人力资源政策、机制的第一执行人。因此，人力资源部门需要调动各部门经理的积极性，发动他们参与整个激励体系的设计、纠偏，这样可以减轻执行的阻力，加大执行力度。

全面人才激励体系贯穿全面人才管理全流程，是对人力资源管理体系中的选人用人机制、岗位管理体系、薪酬管理体系、绩效管理体系、职业发展通道、任职资格管理体系、培养发展体系进行一体化设计的体系（如图13-3所示）。

13.2.5　全面人才发展

全面人才发展是指以企业发展和人才发展需要为核心，依靠长期的跟踪、评价、激励、培养等一系列人才管理工作，通过企业和个人共同参与和推动，充分挖掘和培养每位员工的潜质和可能的发展方向，最终为企业实现长远战略发展目标提供多元化的、持续的人才供应。

图13-3　全面人才激励体系示意图

建立全面人才发展体系是基于新时代背景下对人才发展工作的新要求而提出的。重点是要解决好以下三个问题：

1. 人人要发展

人人要发展不仅是新时代人才的共性需求，也是时代背景下对企业转型升级提出的新要求。一方面，每个人都有发展的需求，但是每个人的潜力和可能的发展方向各不相同，人人要发展就是要充分挖掘每位员工的潜质；另一方面，企业需要让每个人都有展现的机会，也就是说企业要营造公平的发展环境和搭建员工展现能力的平台，激发员工的潜力，调动员工自发学习的积极性。

2. 兼顾企业需要和个人需要

新时代背景下，人才更加注重个人需求的满足和个人价值主张，单一地满足企业需求已经难以吸引和留住人才，因而人才发展工作在制定发展目标时，需要兼顾企业和个人双方需求的满足。必须注意的是，这里双方的需求并不是静态的、短期的，而是动态的、长期的。

从企业的角度来说，在企业生命周期的各个阶段，对人才能力发展的需求都不同。即便在某一特定阶段，由于企业经营战略的需要，对1年至2年人才的发展要求和对3年至5年人才的发展要求也会有所差异。因此，企业对人才发展的需要是动态的，有短期和长期之分。

3. 企业和个人共同参与和推动

全面人才发展体系示意图如图13-4所示。

图13-4　全面人才发展体系示意图

对企业来说，需要从机制、体系和流程上解决人才发展的空间和时间的问题。在空间方面，企业要打破原有的仅仅以岗位体系为依据的员工发展路径，转向基于员工的特点，为每位员工找到可能的发展路径和位置，使员工有更多的机会展现和提升自己。一个比较典型的做法是将所有员工纳入统一的人才管理平台，在平台上为员工提供多种职业发展通道和各类人才发展计划。通过人才评价和盘点发现员工的潜力和短板，并根据员工的特点提供因人而异的人才发展计划，一名员工可以参加多个计划以提升自己各方面的能力。

在时间方面，企业需要改善人员配置和调整任务分配，使人才有足够的时间和精力去学习，有时甚至不得不放弃一些业绩。因此，企业在追求业绩增长的同时，也应重视人才发展工作，为员工提供学习的时间，因为这关系着企业未来的生存与发展。

除了空间和时间外，企业还需要为人才发展提供必要的资源并营造学习氛围。

对个人来说，需要从内驱力和外驱力两个角度来调动学习的积极性。内驱力是从根本上让员工了解个人发展的重要性，明确学习的意义，从内部激发其学习动力。另外，了解员工的兴趣也能够有效激发员工的学习动力。

外驱力是通过引入竞争环境，使员工感受到外部的压力，从而激发其学习的动力。在华为，为人才设计了两个人力资源系统，一个叫绩效管理体系，一个叫任职资格体系。前者管人的现在，后者管人的未来。华为的晋升机制有岗位晋升线和能力晋升线两种模式。竞争上岗的基本条件是任职资格和绩效成果。

13.3　一体化人力资源管理体系

全面人才管理理论强调从整体性、系统性、全局的高度来看待人力资源，其落地实施则是以"一体化"人力资源管理体系建设来实现的。

"一体化"人力资源管理体系是指以组织设计为平台、以选人用人为导向、以职业发展为动力、以薪酬体系为杠杆、以绩效体系为关键的"五位一体"的管理体系，以调动员工工作和学习积极性为手段，以为企业提供人才供应和退出为目标，以实现企业和个人的共同发展为最终目的。

13.3.1 以组织设计为平台

组织设计是指管理者将组织内各要素进行合理组合，建立和实施一种特定组织结构的过程。通过有效的组织设计，一方面能为企业搭建管理的平台；另一方面能让人才发挥作用、创造绩效，从而得到组织的认可，其实质是对人员的劳动管理进行横向和纵向的分工。

组织设计需要遵循的基本原则主要有：任务目标原则、精干高效原则、分工协作原则、权责对等原则、相对封闭原则、统一指挥原则、分权集权原则、有效管理幅度原则、相对平衡原则、弹性结构原则、稳定性与适应性相结合原则等。在实施组织结构变革时，以下五个方面的问题要特别引起注意：

1.组织变革必须围绕企业发展战略并满足管控需要

当今的企业管控模式一般分为财务管控、战略管控和操作管控三种模型。财务管控型模式是集团总部只负责集团的财务和资产运营、集团的财务规划、投资决策和实施监控，以及对外部企业的收购、兼并工作。下属企业则有较大的自主权，其最大任务就是完成总部下达的财务目标。战略管控型模式下集团总部负责集团的财务、资产运营和集团整体的战略规划，各事业部（下属企业）同时也要制定自己的业务战略规划，并提出达成规划目标所需投入的资源预算。操作管控模式下，总部从战略规划制定到实施几乎什么都管。

三种管控模式，必然对组织结构提出不同的要求，从而决定了不同的组织结构形式。

2.组织变革要采取"因人设岗"、"以岗择人"与"因人设事"相结合的方法

"因人设岗""以岗择人"已成为设计组织架构的基本定律。在实际中，为了吸引和保持公司优秀人才，促进优势人力资源对接，激发员工工作热情，有时也要采用"因人设事"的办法。

对于高层岗位采用因人设岗的方式更多，为了留住核心竞争力人才可以采用因人设岗的方式，为了及时培养接班人也可以采用因人设岗的方式。对于普通岗位来说，则主要采用以岗择人的方法。

3.组织变革应尽可能向扁平化方向迈进

扁平化管理是相对于传统的等级结构管理模式而言的。扁平化管理有以下优点：第一，扁平化管理是提高效率的有效途径；第二，扁平化的组织结构是解决机构膨胀的好方法；第三，扁平化管理是培养人才的好渠道。

4.组织变革应坚持职务分离、管办分开

多数需要进行组织变革的企业现有的组织结构"管办合一，执行监督一体"，这是企业在创立和发展初期较普遍存在的现象。随着企业不断做大，规范化的要求也日益提高，为降低企业运营风险，必须对机构进行重新设计。这时，就要考虑职务分离、管办分开的原则。

5.组织变革应坚持变革与平稳过渡相结合

在组织变革的同时往往还可能伴随着管理机制和管理制度的变革，如薪酬制度的变革、选人用人制度的变革、绩效管理机制的变革、员工职业发展通道的完善等，在这种情况下，变革必须考虑到既有的情况，尤其要考虑现有人员的承受能力，坚持变革与平稳过渡相结合。

组织结构的具体表现形式有很大差异，从性质上可以将其分为决策中心、管理中心和利润中心三大类，不同功能类型的组织及其人员应该采用不同的管理思想与方法。组织结构管理分类图如图13-5所示。

图13-5　组织结构管理分类图

13.3.2　以选人用人为导向

用一贤人，则群贤毕至。用什么样的人，就会树立什么样的价值导向，特别是管理人员的选拔任用，在员工层面的影响是极其重大而深远的。

选人用人的导向性常被一些管理者忽视。有的组织在选人用人方面甚至随意性很强，没有成文的规矩，选谁用谁、怎么选怎么用，没有经过系统的思考和规范的决策过程，这都会为企业的正常运行和发展留下隐患。

选人用人导向不仅体现为最终选出来的是什么样的人，也表现为在什么范围内选人，用什么方法选人，选拔过程是否规范、公开透明等方面。

选人用人是组织能力建设的重要一环，不仅涉及组织内个人的升迁，吸引组织内部的所有人员的关注，而且还会在行业或社会中引起关注。大公司的重要人事变动往往会成为行业内的重大新闻，并由此引发人们对组织变化的种种推测。

企业组织在选人用人问题方面要遵循以下原则：

1.建立规范、公开透明的选人用人制度

建立制度以明确各类各级人员的选拔任用权限、规范选拔流程、公开选拔过程，这是选人用人机制的基础工作，如经营管理人员（职业经理人）实现市场化选聘的规则、公开竞聘的规则、校园招聘的流程选拔规则等。

2.形成科学化、社会化、市场化的人才评价机制

选人用人中最为关键的是对候选人进行科学、客观、准确的评价。除了内部的评价外，还要善于运用市场上专业的人才评价机构对关键人才进行第三方独立评价，建立社会化、市场化评价机制，发挥专业机构的专业能力优势和客观中立的立场优势，提高人才评价的客观性和精准性。

3.建立清晰的人才标准，使人才选拔评价有据可依

通过科学的方法建立任职资格标准、人才素质标准、岗位胜任力标准（模型）等人才标准，明确各类人员的选拔标准，使人才选拔决策有明确的依据。将人才标准公开，让所有的人都知道组织的用人标准，这会激励和引导员工向着组织所要求的方向发展进步。

4.引入科学的人才测评工具、技术，提高评价的科学性

经过几十年的发展，中国人才测评行业已经发展成为一个比较成熟的行业，常用的测评工具和技术都已经成熟，也产生了一些专业性的测评机构，能够提供专业化的人才评价服务。引入科学、先进的人才测评工具，可以提高人才选拔与评价的科学性、效率和效益，并可适当降低人才流失率。

13.3.3 以职业发展为动力

把员工的职业发展提高到一定高度是全面人才管理理论与传统人力资源管理思想最重要的区别之一。其根本原因是中国社会基本矛盾的根本变化，人们对美好生活的追求有很大的一部分是通过他们的职业生涯来实现的，而且在职业发展方面，组织和员工需求的结合是最紧密的，员工的发展需求已经占据主导地位，而不是过去的生存需求和温饱需求。

以往员工要晋升只能通过"当官"（管理人员）来实现，员工要发展往往受到管理人员职位数量限制，千人走独木桥，往往形成人才"堰塞湖"，多数人才失去了发展的机会，丧失了工作的动力，缺乏活力。

把职业发展作为员工发展的动力，企业需要在以下几个方面做好工作：

1.为员工搭建职业发展的多通道

在管理通道之外，可以架设专业通道、技术通道、技能操作通道等，每个通道都分级分档，都有向上发展的空间，在通道之间还有互通的渠道。要让员工认识到，只要本职工作干得好，绩效考核优秀且达到各职级任职资格要求，就能够获得更高的职位和待遇，让员工看见发展的希望。同时绩效表现差的员工可以降职，构建能上能下的职业发展通道。

2.建立职级资格评价标准

在不同的职业通道里设置任职资格标准，作为晋级的基本条件，为员工发展设置多个具有挑战性的目标，具有激励和导向作用。同时，通过认证评价、人才盘点、测评或绩效结果反馈，帮助员工认清自己的优势与短板，从而进入有效的职业发展通道，缩短理想与现实的差距。

3.建立人才梯队培养规划

企业发展需要有持续不断的人才供应，有长远发展战略目标的企业应该以自己培养人才为主，因此，企业需要根据业务和战略发展的需要，制定各类人才梯队培养规划，以保证持续不断地为企业发展供应人才，如一些企业开设的"中青班""70班""80班"等。

4.实施重点人才工程

对于重点领域的急需人才，可以通过专门的"人才"项目工程来加快人才的培养，如中粮集团为培养十大业务板块领军人才而实施的"晨光计划"，宝钢集团的"青苹果、红苹果、金苹果"人才计划，就是很好的案例。

13.3.4　以薪酬体系为杠杆

薪酬水平的高低与员工利益直接相关，也是员工劳动价值最直接的体现，薪酬体系是否公平合理直接影响到员工的积极性和士气。因此薪酬体系是人力资源管理的重点之一，一些企业与员工之间爆发矛盾冲突，多数都是由于薪酬方面的原因，很多在操作执行层面上表现出来，但其根源还是薪酬设计的理念和思想方法有不足之处。

当前企业在薪酬管理上存在的主要问题体现在以下几个方面：

第一，人力成本越来越高，但涨薪的激励作用越来越弱。涨薪意味着人力成本上升，增加企业经营的困难。每次调涨薪酬都会引发各种矛盾，为解决这些矛盾，企业要付出更大成本，有时候即使付出成本，也不能换来团结协作，反而挫伤了员工的积极性。

第二，难以实现"能增能减"的目标。按照价值创造原则和按劳分配原则，薪酬增减是由员工个人对组织贡献大小来决定的，有人增加也应该有人减少。但是现行的薪酬改革基本上都是在增量上做文章，即只能增加工资，不能减少工资，除了稳定和谐的思想外，另一个重要原因是薪酬改革的依据说服力不够强，改革的风险太大。

第三，薪酬分配缺乏系统性。在当前人才流动频繁的情况下，为了吸引人才，企业常常打破薪酬体系，一人一策，实行谈判工资，甚至在岗的员工也来跟企业谈判工资。大量实行谈判工资，薪酬体系基本失效；如果固守薪酬体系，又会造成人才流失，好的人才引不进来。企业处于两难的境地。

第四，激励方式和手段比较单一。主要是实物和现金的方式，对不同类型、不同层次人员的激励方式个性化、多样化不足，对于中长期激励考虑较少。

上述问题表现形式多样，主要原因是付薪的依据不够清晰。归纳起来大致有四类付薪依据：

（1）以资历付薪。资历包括年龄、工龄、司龄等。这种方式的优点是鼓励员工与企业长期发展，留住人才；缺点是论资排辈，挫伤年轻人、后来者的积极性。

（2）以岗位付薪。对企业中每个岗位的价值进行评估，以评估结果作为付薪依据。这种方式解决了不同岗位价值创造的差异问题，被很多企业采用，成为人们可接受的一种付薪依据。但有两个问题存在：一是岗位价值评估的准确性问题，比如人力资源部门和财务部门谁的价值更大，生产部门和销售部门谁的价值更大，很难简单定义，强行拉开过大差距只会导致在岗人员工作积极性受影响。二是岗位价值评估是一个静态的结论，但是在快速变化的时代，岗位的价值也会发生快速的变化，而管理上又不可能经常对岗位进行价值评估。以岗位付薪的另一个漏洞是，评估的价值是岗位的，可是付出的薪水却是给岗位上的员工的，而不是岗位本身，其隐含的前提就是岗位上的人完全符合岗位能力素质要求并努力工作创造了该岗位的期望价值。这种前提在很多情况下是失效的，现实中大量存在着两种情况：一是人岗不匹配，不能把岗位价值发挥出来；二是出工不出力，不作为，因为只要人在位子上，总是有稳定可期的收入，活力和动力不足的现象经常出现。

（3）以能力付薪。这是根据员工个人能力的高低作为付薪的依据，其前提是能力越强，为企业创造的价值越大。问题是，如何衡量能力？企业很难提供客观的能力评价结论，于是学历、职称、技能水平考试成为衡量员工能力水平的依据。很多企业都制定了与学历、职称、技能水平相对应的工资政策，确实有些人去学习考了学历、拿了职称，能力得到了提升，但是也有很多人考的职称证书和学历证书与工作岗位没有直接关系，纯粹是为了获得相应的能力工资。

以岗位和能力付薪的想法是好的，在实际执行一段时间后，效果却大打折扣。其有效性的前提是在岗位上的人的能力与岗位要求的能力相匹配，且他得认真努力工作，把他的能力真正发挥出来，为组织创造期望的价值。

（4）以绩效付薪。这是以员工的绩效表现和对企业的价值贡献的大小作为付薪的依据，这个理念是正确的，但在如何定义绩效、考评绩效、反馈绩效三个问题上却存在着一些不明确或错误的观念和做法，导致绩效的评价结果与现实存在着较大的差距。因此，以绩效付薪的理念并没有得到很好的贯彻，尽管很多企业也实行了以绩效为主的薪酬体系，但当绩效评价不准确时，以这种绩效数据去对应薪酬待遇会生产更大的问题。

薪酬问题不是简单数字大小的问题，其核心是公平性的问题，而公平性则涉及很多方面，要解决好这个问题并不容易。在进行薪酬设计时，要抓住薪酬是劳动的报酬这一本质，要参照市场薪酬水平合理设计薪酬结构，有效发挥每个薪酬科目的作用，将绩效考核的结果和职业发展晋升的结果有效运用到薪酬上，激励员工关注绩效和能力的提升，建立动态的、收入能增能减的薪酬体系，发挥薪酬体系的杠杆作用。

13.3.5　以绩效体系为关键

目前企业的绩效管理体系存在的主要问题如下：

一是考不准。为了给部门员工争取利益，各部门经理在给下属打分的时候，都打高分，充当好人；而且因为宽严尺度不一致，不同部门打出来的分数没办法横向比较。

二是考不服。考评结果出来，员工一肚子意见，都觉得不公正，群起攻击考评方式和人力资源部门，各部门经理也不敢向员工反馈考评结果。

三是考核结果不敢用。因为考不准、考不服，导致考评结果不敢用，绩效考评成了形式，员工不重视，起不到其应该发挥的重要作用。

绩效管理存在上述问题，主要是传统绩效考评的理念和操作方式方法等造成的。有些岗位天然难以制定客观量化的指标；过分追求结果和数据，导致员工为了完成指标而出现短期行为，各扫门前雪，并增加了设定指标时讨价还价的成本；为了设置严密周到的考核指标，违背了管理简便易行原则，增大了管理成本；考核数据来源不同、不准确导致的不公平；不同部门、不同岗位工作性质不同而难以统一衡量绩效；因不能统一衡量绩效成绩而不得不进行强制分布，继而产生新的不公平；评价人被动参与；评价人不敢或不愿说真话；不同评价人评价尺度不同而带来结果不公平；多数直接上级都给下属打高分或轮流坐庄；因部门人数不等，在参与对部门或个人进行评价时产生不公平。

为了解决绩效考评中"考不准、考不服、考核结果不敢用"的问题，企业管理的实践者进行了大量的探索，学术界也进行了大量的研究，出现了以关键绩效指标法（KPI）、目标管理法（MBO）、平衡计分卡（BSC）等为代表的绩效评价思想和方法流派，但是都未能有效解决上述"三不"问题，因此绩效考评被人们誉为"世界级难题"。

"可对比的多维度绩效管理理论"（Comparable Multi-Factor Performance Theory，CMF）融合了现有绩效管理理论的思想并在此基础上进行了创新，提出了新的绩效管理理念，创造了一套新的考核工具和方法，能够比较好地化解当前绩效考评中的种种困扰，并能有效解决团队绩效与个人贡献的关系、"潜绩"与"显绩"的关系，以及组织之间、团队之间、个人之间的横向可比性等问题。

CMF绩效管理体系具有以下特点：

（1）真实性。真实性是考得准的必要条件。绩效考核获得的数据要客观真实，就要让评价者敢于说真话，首先要做到评价者和所评价内容契合，即使是主观评价，却是真实反映，如同事之间评团队合作、上级领导评绩效。其次要应用一些技术工具使信息具有隐秘性，如通过匿名评价、机器自动汇总分数等方式让评价者敞开心扉。

（2）公道性。要做到公道性，首先要做到评价内容、权重设置能够得到员工认可，其次要使评价主体具有发言权，所有相关人员都介入。最后还要能够屏蔽由于手松手紧造成的评分尺度不统一问题，最关键的是所有人员都统一按照绩效考核结果晋升、涨工资，不给手动操作留下空间。

（3）引导性。通过绩效考核引导员工按照企业发展、变革要求、文化要求来改变和塑造自己的行为。例如，通过公司或部门之间互相评优，能够引导团队协作的文化；通过下属单位对总部部门或分公司进行满意度评价，促进其更好地服务基层单位。

（4）可比性。考评内容既有针对性，又有统一性，分公司或部门之间可以横向比较。通过使用等值换算统一评分尺度，使分数具有可比性。

CMF理论就是通过建立一套系统、科学、有效、简便的绩效管理机制，使之成为职位能上能下、薪酬能增能减的依据，并发挥以下作用：

（1）通过公司目标的逐层分解，发挥绩效管理的目标传导作用，使之成为企业战略目标落地的杠杆。

（2）通过考核指标、评价体系的设计，使绩效管理成为领导管理思想、组织文化落地的工具。

（3）过程公平为关键、沟通公平为补充，通过以公平为核心的绩效管理，激发员工活力，调动员工工作和学习积极性。

（4）通过实现跨部门、跨单位绩效分数的横向对比，为人才选拔、培养、激励提供依据，通过定义绩效、考核绩效、反馈绩效，达到绩效管理的发展性目的。

13.4　后疫情时代人力资源管理的发展趋势

2020年突如其来的疫情带来全球性的、全方位的冲击，打乱了正常的发展节奏，是对各种管理理论、制度经验、治理效果的大检验，加速了世界格局的调整，各行各业都进入了一个新的重要调整时期。对于人力资源管理领域来说，数字化、中国化和市场化三大发展趋势将对后疫情时代人力资源管理产生重要影响。

13.4.1　数字化对人力资源管理的影响

疫情对人力资源管理最显著的影响是加快了数字化转型的速度。数字化时代的来临，给人力资源管理的发展带来新机遇，也带来了新的挑战。

第一大挑战是如何对人才管理进行数字化转型的问题，或者说如何实现数字化人才管理。为了适应数字化时代的要求，必须对人力资源管理进行彻底的数字化改造。这包括三个方面，一是对人的数字化描述，即人才数字化问题。二是对人力资源管理活动的数字化记录问题。三是对人才数据和活动数据的数字化加工问题。关于人才数字化问题，历来就有争议，否定的观点认为，人是非常复杂的，有关人的很多方面我们都没有搞清楚。况且，人是有血有肉、鲜活的个体，怎么能够把人拆分成一个个冰冷的数字呢？实际上，我们对人的认识是多维度的，有人文感性的角度，也有科学理性的角度。从科学理性的角度来看，心理学在人的数字化方面将发挥独特的优势，因为心理学的发展就是对人的心理、行为及其活动规律不断深化、细化的过程，很多心理学研究成果为人的数字化描述奠定了基础，比如关于人的能力、个性、动机态度等研究成果。心理学工作者要抓住这次重大的历史大变革和转型的机遇，扩大心理学研究成果，通过创新和转化，为人才数字化提供更丰富和更有效的理论支撑和技术工具支持。心理学各领域的基础理论研究，心理测量的理论、工具和技术都将在人才数字化的领域大有作为。

第二大挑战是人力资源部门向何处去的问题。随着数字化的完成，人力资源管理效率将大大提升，意味着需要人工处理的工作内容将越来越少，而且很多业务工作还将通过市场化的方式委托给专业人力资源服务机构，那么人力资源部门还有存在的必要吗？企业的力资源专职人员将向何处去？

有人认为，人力资源部要被砍掉了，因为人力资源管理的很多岗位都要被机器替代了，HR们要失业了。这是一种片面的、悲观的观点。机器替代的只是简单的、重复性的劳动，如果我们的主要工作还是局限在制定岗位工作职责、进行常规考核和基本的人事管理工作等大量执行性工作内容，那么HR将会很快被替代。但是有些HR的劳动内容在过去甚至现在看来都是需要一定知识技能和经验才能很好完成的任务，这些岗位被替代的可能性较低。未来HR的角色定位有三个，即架构师、咨询师和教练员。所谓架构师就是对企业人力资源管理体系的框架进行设计和规划的人员。对架构师的要求是比较高的，需要对企业战略、业务流程、商业模型、企业家的管理思想等有深刻的理解和把握，在此基础上对企业的人力资源管理体系进行系统的规划和设计，动态地对人力资源管理的资源进行优化匹配，使人力资源管理体系更有效地支撑企业发展和运行。所谓咨询师就是要对各级管理者包括员工解释各项管理措施的内容要求及其制定的原理和目标希望，指导管理者和员工对各项管理活动输出的报告结果进行正确的应用。同时，人力资源管理者还要具备心理咨询与辅导的能力，给员工提供心理的、情绪情感的疏导。所谓教练员，就是作为人力资源管理者还要具备综合的管理能力，并且能够有效地对员工的基本工作技能、人际沟通技能、基础管理技能进行指导和辅导，像教练员一样帮助员工成长，以及适应新环境和新岗位的要求。

第三大挑战是人性和伦理道德与机器理性之间的冲突。对科技的渴望和过度的追求一定会带来人性伦理道德与机器的冲突，这是必然会发生的，而且很多情况会发生在人力资源管理的范畴。对于这种发展趋势，个体是无法改变的，但是有了这种意识和思想准备，就有所忌惮，不至于做得太过。凡事都是讲究平衡的，不可偏执于一方，处理好二者间的平衡，就会降低冲突发生的概率。首先是在引入管理技术和工具时要平衡二者的关系，把握基本的价值观和道德底线，不能突破。其次，作为专业的

HR工作者，还要掌握一些化解矛盾冲突的技能。

在这个百年未有之变局的背景下，一切变化皆有可能。我们要做的是积极地拥抱变化、参与变革、主导改变。凡是抵制、回避的态度都是不可取的。

人才特征数字化是数字化人才管理的基础，而智能化评价则是数字化人才管理的核心，比如智能化人才画像，精准匹配的选人用人模式，科学动态地预测人才队伍发展状况，都不再是幻想。

13.4.2　中国化对人力资源管理的影响

人力资源管理中国化是指在中国传统文化的基础上、在改革开放发展过程形成的具有中国特色的人才管理思想、方法工具和实践经验的总和。

人力资源管理（Human Resource Manangment）是一个外来词，是随着中国改革开放的春风从西方的管理学科领域中吹到中国来的。西方国家在近代工业化进展中发展出了一套人力资源管理的思想、工具技术和实践经验，对当时的中国人来说可谓是打开了一个新世界。于是我国开始学习、引进西方的管理思想和方法，人力资源管理理论知识和操作实务也通过大学专业教材、西方管理咨询公司的建议方案迅速在国内得到传播和应用。应该说，西方人力资源管理科学的引入，提高了中国企业的人力资源管理水平，有效支撑了企业的改革和发展任务，并提升了中国人力资源管理的科学性、规范性、专业性的整体水平。

随着中国的发展，特别是党的十八大以来，在以习近平同志为核心的党中央坚强领导下，中国特色社会主义建设的各项事业取得了巨大成就，开启了建设社会主义现代化强国的新征程，人力资源管理领域的改革和发展同样面临着非常重要任务和挑战。所有的事业发展都需要理论的指导，人力资源管理事业的发展同样需要正确的理论来指导。这时，我们发现西方的人力资源管理体系已经不能够有效解决我们面临的人才管理难题，必须探索人力资源管理的中国方案，建立具有中国特色的人力资源管理体系。这一过程，我称之为人力资源管理的中国化。

我们有什么底气来建立中国化的人力资源管理体系呢？

第一，中国共产党的成就是我们建立中国化人力资源管理体系的最大底气。中国共产党带领中国人民经过100年的奋斗，创造了惊天动地、彪炳千秋的丰功伟绩，这是全球有目共睹的，世界历史上至今还没有哪一个政党可以取得这样的成就。中国共产党从成立之初的50多人发展到现在9 500多万名党员，在百年奋斗历程中历经无数艰难险阻和生死考验，都能够力挽狂澜、化险为夷，重新出发和奋起。如果没有超强的组织管理能力、深刻的、辩证的人才管理思想、高超的管理技巧、有效的管理举措和方法，是不可能取得今天的成就的。所以，共产党的成就是我们建立中国特色人力资源管理体系的最大底气，也是中国化人力资源管理体系建设中最核心的内容。

第二，中华文明宝库中的人才管理思想为中国化人力资源管理体系提供了深厚的历史底蕴。中国是历史悠久的文明国家，在五千多年历史长河中，有非常多的治国理

第13章 新时代人力资源管理的变革之路

政思想和实践，这些思想包含了大量的人才管理思想。很多思想经过历史一次又一次检验，证明是正确的，如关于人的本性、人才成长、人才培养和人才管理的基本规律等，又如"德才兼备，以德为先""良相起于州郡，猛将发于卒伍"等人才管理思想。这些宝贵的人才管理思想为我们建立中国化的人力资源管理体系提供了丰富的思想营养。

第三，现实的生动实践为中国化人力资源管理体系的建设提供了源头活水。进入21世纪以后，我国经济快速发展，对人力资源管理能力的要求提高了，在引进吸收国外人力资源管理的基础上，我国的企业，特别是中央企业和国有企业根据国家的总体改革制度，推广进行了多项人力资源管理制度改革，如推行的"劳动、人事、分配三项制度改革"；推广实行职业经理人制度，实行市场化选聘、契约化管理；全面加强党的建设，发挥党建引领作用，等等。中国的行业头部企业也在根据自身的实际情况探索适合行业特点和时代特征的企业人力资源管理新体系，并取得了很好的成效，有力支撑了企业的发展。

中国化人力资源管理的内涵是以中国共产党的组织建设理论为核心，以改革开放以来特别是党的十八大以来，中国在人力资源管理领域改革所取得的成功实践为重点，全面梳理中国人力资源管理理论思想的发展和演变，以及中央企业和国有企业、先进民营企业、在华外资合资企业的成功经验，提炼出中国化人力资源管理思想的核心观点和理论框架，总结归纳出中国化人才管理的基本原理、管理模式与工具方法、成功实践案例等，初步搭建起中国人力资源管理的框架体系，在发展实践中不断完善与修正。

在总结和研究中国特色人力资源管理体系的过程中，要坚持以下原则：

第一，要以马克思主义作为根本理论指导，以习近平新时代中国特色社会主义思想为重要指引，要自觉运用"创新、协同、绿色、开放、共享"的新发展理念作为体系建设的指导思想。

第二，要坚持实事求是，尊重科学的原则。现代人力资源管理是一门科学，它是建立在众多现代科学理论基础之上的一门综合性、应用性学科，因此，我们在研究时要坚持实事求是的精神，尊重公认的科学理论和研究成果，在此基础上守正创新。

第三，要坚持党建引领，突出政治建设和思想建设。中国特色社会主义的本质特征是中国共产党的领导，而中国化的人力资源管理的特色也是中国共产党的领导，因此要坚持党建引领，突出中国共产党的"初心使命"这个魂，要从中国共产党的百年奋斗发展历程中去发现规律、总结经验、寻找真理。

中国人力资源管理体系研究应该包括以下几个方面的内容：

第一，关于人才思想的研究。所有的人才管理活动都是在某种人才管理的思想指导下进行的，人才管理思想研究是基础和灵魂。中华历史文化宝库中有很多闪光的人才管理思想值得研究，但重点应该研究当代中国化马克思主义的代表性思想，如毛泽东思想、邓小平理论、三个代表、科学发展观，特别是习近平新时代中国特色社会主义思想中关于人才管理的思想，即中国共产党的人才管理思想，其中的核心要义是以人民为中心的思想，一切为了人民，一切依靠人民，可概括为"人人是人才，人人能成才，人人要成才，人人尽其才，成功靠人人"的人才观，符合人民创造历史的唯物史观。

第二，关于人才成长规律的研究。除了一些共性的基础心理特征和素质的发展规律需要研究外，中国特色的人才成长规律研究还应该把握以下几个重要方面：人的道德品质和价值观如何建立？忠诚、干净、担当的品质是如何形成的？解决实际问题的能力是如何提高的？人才的高素质是如何培养的？良好的行为习惯是什么养成的？专业能力和技能是如何习得的？等等。

第三，人才管理原理的研究。要从宏观和微观两个层面总结和探寻人才管理的基本原理，比如宏观上要坚持对人才进行分层管理、分类施策的原理；在选人用人的决策中要做到人与事的精准匹配，充分发挥人才的优势而不求全责备；在人才培养方面要坚持目标导向、正向激励；既要严管，又要厚爱，坚持批评与自我批评；客观公正评价人才；在一线工作实践中打基础、壮苗子，在急难险重的任务中考察培养人才。

第四，人力资源管理科学方法的研究。现代人才管理的实践活动必须建立在科学方法之上，而不能是随意的、个人经验的积累。科学的人才管理方法体系为人才管理原理和目标的落地执行提供工具和技术系统支撑。比如人才战略分析方法，构建人才标准的方法，人才测评方法，岗位分析方法，价值评估方法，班子团队配置方法，员工收入分配方法，绩效管理方法，团队激励方法，技能训练方法，领导力提升方法，等等。

第五，人力资源管理实践案例的研究。正如德鲁克所说，管理就是实践，人才管理也是一项实践的科学，是在解决现实问题、实现目标的过程中不断发展的，所以，对人才管理的研究不能只用理论的、逻辑的推演方式进行，而是要从大量的、丰富的实践案例中归纳总结出一般的规律；还需要研究者有亲身的体验和实践，这样才能更好地把握人才管理活动的本质特征和运行规律，体现人才管理的实践性和时代性特征。

13.4.3 市场化对人力资源发展的影响

中国人力资源市场是在改革开放的过程中不断发展和壮大起来的。截至2019年年末，全国共有人力资源服务机构4.58万家，人力资源服务业从业人员84.33万人，全年共为4 983万家次用人单位提供人力资源服务，帮助2.90亿人次劳动者实现就业、择业和流动。到"十三五"时期末，中国的人力资源服务产业已经基本成熟。

人力资源服务业主要包括人事代理服务、人事外包服务、员工派遣服务、招聘服务、猎头（高级人才搜寻）服务、人才测评服务、人才培训发展服务、人力资源管理咨询服务等几大业态，而且在每个业态下也有一些细分的服务领域，业态之间的相互融合产生的新服务产品也在不断涌现。人力资源服务业在中国正处于蓬勃发展的时期，人力资源服务产业也处于转型发展的关键时期。

人力资源服务市场的发展，要求企业管理者和企业人力资源管理者改变观念，通过市场化的方式来构建和完善自己的人力资源管理体系，通过外包、采购服务产品的方式把一些非核心的职能，以及自己能力不及的方面进行市场化的资源配置。对于企业来说，有几大好处：第一，不必建立体系庞大的人力资源管理体系，企业只需要抓住人才管理的核心和重点发力，不至于因具体事务缠身而分散精力。第二，可以减少人力资源部门的人员编制数，降低管理人员成本，同时也可规避人力资源管理专职人员流动给工作带来的波动和影响。特别是对于中小企业来说，想要在人力资源管理职能上招聘或留住高素质的人才，是有很大难度的。第三，使人力资源管理服务具有灵活性和弹性，这对于应对快速变化的市场环境来说是非常有效的方式。比如说，在某个时点上我们对于某项服务的需求量较大，而这些服务不是高频的，配置内部的资源就会造成较大的浪费，有了人力资源服务市场，就能够帮助我们解决这个问题。

市场化的另一个重大作用就是推动人力资源管理和服务的专业化。市场化的结果就是产业化，而产业化就会形成产业链的分工，人力资源服务机构想在竞争的市场中取得优势，必定要求术业有专攻，各家人力资源机构就会建立和发挥自己的长板和优势，而在长期的服务过程中其会积累经验，使专业水平不断提高，这是企业内部的HR部门难以完成的任务。为了应对市场竞争，人力资源服务机构也会对人员进行培训，提高他们的专业能力，同时还会创新服务产品，提高专业性。所以说企业通过市场化的方式可获得最新的、高水平的专业服务，从而使自己的人力资源管理水平处于高起点上，以应对企业面临的日益变化的环境挑战。

人力资源产业发展成熟的另一个优势就是引导大家采用科学的技术和方法。一方面，只有科学的理论、方法和技术才能经受住时间和实践的考验，才能在市场中存活下去，一切非科学的、伪科学的技术都将是昙花一现，很快被历史淘汰。另一方面，行业发展起来后，会引起国家相关管理机构的关注，会对行业的发展进行规范化的管理和引导。国家监管机构和行业协会将会发布有关行业规范和标准，确立一些共同遵守的行为准则，以及公认的理论基础体系。市场化的发展为企业的人力资源管理提供了更为丰富的资源，对企业人力资源的发展具有十分重大的影响，企业管理者特别是人力资源管理者要保持开放的心态，善于接受新思想、新观念，敢于尝试、敢于创新，充分运用全社会的资源为本组织的发展服务。

人力资源市场化的发展有利于企业人力资源管理能力的提升，要特别关注和了解人力资源市场的发展情况，包括各种业态及其服务产品的推陈出新，了解各个业态中的人力资源服务机构分布情况，做到心中有数，在需要时能够找到与自己需求相匹配的供应商。特别是要了解各业态中头部企业的情况，因为这些企业的产品往往代表了行业的发展趋势和走向，值得学习和借鉴。

我们坚信，在建设社会主义现代化国家的新征程上，中国必将产生更丰富、更具真理性的人力资源管理理论与实践，也将发生无数精彩的中国化人力资源管理故事，我们将续写未来的篇章。

【延伸阅读】　　　　　在真正的管理学里，人就是全部！[①]

一、人在企业中的作用

在企业里，说到战略，说到任何一个业务决策时，都要假设人的存在，假设人是有能力的。在真正的管理学里，人就是全部。为什么？因为人是所有其他管理行为的前提。你拥有了最好的团队、最好的体制、最好的管理方法、最好的企业文化，再来说其他做事情的方法。

但我们的问题是，往往这个假设不存在。我们已经决定了应该怎么做，但等我们返回来才知道从能力到动力、到专业性都不够，这就有问题了。所以说人是管理的起点，也是终点。"以人为本""人在上""人本主义"，见物一定要思人，这实际是对管理的基本要求。

同样的战略选择、行业选择及定位、资源投入、市场环境，得到的结果不同，这是因为团队成员、组织方式、体制效率不一样。或者说，战略一样，执行不同，结果就不同。这完全看一个组织系统是怎么来管理人这件事情的。

人是战略和执行的最大连接点。企业的"企"字，是"人在上"，人是企业里最核心的要素。中国人叫企业，国外叫company，也是伙伴的意思，从中可以看出人与企业的关系。高层管理者和中下层管理者职责不同，越是战略和宏观的事情，越是高层的事情。从战略方向的调整，资源的获取及配置，到团队的组建及构架，目标预算及评估考核，再到产品、技术、成本，市场营销渠道、客户、消费者及市场份额，战略逐步与执行联系到了一起。

这个逻辑很清晰。如果企业选择错了行业，想通过经营解决很难，因为是战略性的选择出现问题，必须制定新的战略。市场决定战略，战略决定营销。作为战略执行来说，这几乎是区分好企业和坏企业的关键点。

二、6S管理体系

6S管理体系是我在华润、中粮、中化等企业中都推广的管理体系。它解决了在企业运行过程中怎么管理的问题，可以看到人和事的关系。

第一，战略单元管理体系（BU、事业部）。什么叫"战略单元"？首先是行业的战略性，其次是其有对战略的理解和驱动。

第二，全面预算体系（分析业务、市场）。过去是财务部编预算，现在不是，有的企业甚至只做工作计划不做预算，明年做什么、卖什么产品、占多少市场份额，不再算出来，因为这个数基本上是造出来的，而全面预算系统才能真正把业务

---

① 作者宁高宁，中化集团微信公众号（ID：sinochemgroup），2017年9月。

第13章 新时代人力资源管理的变革之路

搞清楚。

第三，管理报告体系（当期、主业、真实）。过去都有财务报表，但是不能拿财务报表来管理，因为财务报表把历史上非现金性的、会计处理的东西都做到一起，很难评价。而管理报告系统剔除历史、会计原则等，专管对主业的当期竞争性评价。这样团队的责任很清晰，而且很容易评价。

第四，审计体系（内部运营合规建设）。审计体系是内部审计，主要以合规性审计为主。比如我给别人放账、贷款，把货卖了钱没有收回来，这个是审计审不出来的，但就企业来讲需要考虑这个业务应该如何放款、负债比例不能高于多少。

第五，业务评价体系（标杆、市场、历史）。过去对业务的评价靠预算。你说今年要赚1亿元，到年底赚了1.2亿元，表扬你一下；赚了8000万元，批评你一下，这样预算就变成了讨价还价的系统，而所谓以标杆、竞争对手、市场、历史来评价，是指预算评价只占10%~15%，其余85%依据标杆、市场、历史进行评价。

第六，管理团队及经理人评价体系（团队、创新、潜力）。战略性的投资要经过长时期的培育，要渡过困难阶段，这是最重要的事情，也是最难的事情，更是最没人想干的事情，但也是最应该让最好的人去做的事情。否则企业这一年盈利了，人走了，事儿也没了；换了个班子，企业就不行了；企业做了几个交易型的生意挣了钱，但并没有战略性基础，企业也无法被拉到发展的轨道上来。所以，怎么样评价团队经理？赚钱的就一定是好经理？不一定。不赚钱的是不是坏经理？更不一定。

三、企业经理人的标准及素质要求

企业里面还有个难题，就是什么样的人是好人，这几乎是全世界范围内的难题。那么怎么评价一个人呢？对企业内部来说标准很多，包括学习、激情、团队、创新、敬业、廉洁，每个人都会说出不同的东西。标准有两个作用：第一，选人时有一定依据。每个标准都可以打分，比如是否诚信、是否有担当，从1分到10分来进行打分，如果大家都是这个看法，就有一定的准确性在里面；第二，如果不断推行这些标准，让大家觉得这个标准是企业追求的、是企业推崇的，那么大部分人就会去效仿、学习，这个标准慢慢就会起到作用。

企业的经理人有五种类型：

第一，守业型。守业型的经理人喜欢管大公司，好像他天生就是当官的料。来了之后基本能维持住。他有职责，朝九晚五，对人也不错，不贪污不腐败，什么会都开，发言按稿念，都挺好，没问题，守住规模了。但是守住就是落后，因为别人进步了，市场进步了。

第二，效率提升型。这种经理人在内部搞管理改革，提升效率，比如成本降低、产量提高、销售费用降低等这些他都管，这是效率型的，这算是不错的经理人了。

第三，业务扩展型。这种经理人必须要有发展欲望，必须要有市场份额，必须要竞争。他会建新的工厂。他说："你看竞争对手，人家又提高产量了，又投资了，又建新厂了，我们必须得建，我们不建就落后了。"说得对吗？很对。这就属于业务扩展型的经理人。他虽然没有真正对行业带来革命性的转变，但是也在发展。如果他运气好，所处的行业是一个发展非常快的行业，也能取得一定的成功，但并不都是这样的结果，也不知道哪天行业会转变。

第四，战略转型发展型。这种经理人会研究战略转型，特别是创新技术、行业转型，不断有新的主意出来。这种经理人不会做重复建设，不会打价格战，一定会有新的创新的东西出来，这是非常难得的经理人。

第五，可持续发展组织再造型。这种经理人会让组织变成一个学习型、创新型、可持续发展的组织，他在或不在都可以。组织本身从精神理念到业务专长的发展都非常完善，这是更少见的经理人。

四、激发创造性应该成为企业组织人事工作的目标

过去企业说价值创造包括交易价值、生产价值、资产价值、投资价值，在目前看来，这些都不叫价值创造。真正的高层次的价值创造是开辟一个产业，改变一个行业的规则，同时形成新的商业模式或新的业务，最终这个商业模式被投资者、资本市场、消费者所接受。

企业特别是国有企业的难点，在于让大家去认可、鼓励和支持价值创造。国有企业能不能创新？能不能形成价值创造的过程？在整个价值创造过程中，从起初的概念提出到过程中的艰辛和挑战，我们用什么样的文化、理念、组织制度和机制来保证这个过程？如果没有这个过程，怎么做企业？国家给了你1万亿元资产，搞了10年还是1万亿元资产，但对手变成10万亿元。

当然，这对企业更难，因为任何创造新东西的投资一开始都不能被证明是对的。高层次的公司价值创造过程，要有真正良好的企业团队、组织文化、理想信念和对战略的深刻理解来支持。在这个过程中，如果有人特别是领导层的人，不断从根本上提否定性的疑问，不断推卸责任，说"我看这个东西不行"，那就是真的不行。只有坚定地支持战略创新、战略进步的组织，才能不断在组织内部产生出很多新的产业。

五、五步组合论

企业是浑然一体的，但在MBA课程里面，它变成了战略、财务、人力资源、市场营销、成本会计等不同的课程，没有把企业管理中的逻辑关系讲清楚。比如：成本和战略是什么关系？人和战略是什么关系？团队和成本是什么关系？技术和团队是什么关系？通过五步组合论，我们会发现原来企业是这么循环的，有逻辑关系和前后路径。当然这种循环是动态的，同时大循环里面还有很多小循环（如图13-6所示）。

图13-6　企业循环路径

第一步，选经理人。企业里所有活动最终的决策者是企业负责人。企业负责人最大的决策，就是以股东的价值取向和偏好，通过董事会选出经理人。经理人选出来，80%的概率决定了企业命运，后面所有的事情全从这里开始。

第二步，组建团队。选出的经理人一定要有比较强的组建团队的能力，也要给他一定的权力，否则其没有发挥的余地，做事情就会有借口，动力就减弱了。

第三步，发展战略。为什么战略不是初始就有的？因为团队是初始的，只有好团队才有好战略出来，战略不是天上掉下来的，不是某个人定下来的，一定是有机、协同、充满活力的团队制定出来的。

第四步，市场竞争力。MBA的课程90%都在讲这一点，包括产品、技术、成本、价格、市场、品牌、人才、资金、营运、风险等。

第五步，价值创造。企业是多目标的，包含企业本身、社会以及党领导下国有企业属性带来的目标。此外，股东、员工、客户、合作伙伴、公众、资本市场……这些目标都要平衡。对企业的评价不是单一的，要从政治、经济、社会、客户、人文等各方面来评判，从中才能整体看出这个企业算一个好企业还是不好的企业。

这样又回到了第一步，对经理人或者团队的评价——是不是做得好？应不应该继续做下去？一旦换人，循环就又开始了。这个循环过程中的每一步都要走好，因为是乘数效应。经理人做对了得1分，如果做得不好得0.5分，后面所有的就都错了一半。如果到了团队再错0.5分，到发展战略就成了零点零几分了。所以企业循环过程都做好，才能把战略和组织协同起来。

本章小结

1.进入新时代，高质量的发展需要高质量的人才，人们的基本需求已经由"温饱需要"转变为对"美好生活的需要",中国人力资源进入新常态。在传统管理思想理念下产生的人才管理模式,以及相应的人力资源管理措施和办法,已经不能有效解决上述三个方面的改变带来的人力资源问题,因此,企业的人力资源管理改革势在必行。

2.全面人才管理理论是在总结中国企业几十年人力资源管理与企业发展之间的关系基础上提出来的,更符合目前中国社会和中国企业人力资源管理现状,具有整体性、协调性、动态性和前瞻性。全面人才管理也顺应了新时代中国经济社会发展的大背景,对中国企业的人力资源管理更具有指导意义和实践意义。

3.全面人才管理理论包含全面人才战略、全面人才评价、全面人才激励、全面人才发展四个部分,每个部分都涵盖人才管理的全过程,不是割裂的四个部分或者模块。全面人才管理是以以组织结构设计、选人用人、职业发展、薪酬体系和绩效体系为整体的"一体化"为特征,以调动员工的工作积极性和学习积极性为目标,以实现组织和员工共同发展为最终目的。

复习思考

1.试述全面人才管理理论的主要内容。

2.解释全面人才战略的内容及意义。

3.如何理解"以绩效为关键"的观点?

4.如何迎接数字化时代的到来?

5.如何理解和践行人力资源管理的中国化?

参考文献

［1］俞文钊. 管理心理学［M］. 兰州：甘肃人民出版社，1985.

［2］俞文钊. 管理心理学［M］. 修订本. 兰州：甘肃人民出版社，1989.

［3］俞文钊. 管理心理学［M］. 台北：五南书局，1994.

［4］俞文钊. 管理心理学（简编）［M］. 大连：东北财经大学出版社，2000.

［5］俞文钊. 管理心理学：上、下册［M］. 3版. 上海：东方出版中心，2002.

［6］俞文钊. 管理心理学（简编）［M］. 2版. 大连：东北财经大学出版社，2004.

［7］俞文钊. 领导心理学［M］. 上海：上海人民出版社，1987.

［8］俞文钊. 领导心理学导论［M］. 北京：人民教育出版社，1993.

［9］俞文钊. 现代领导心理学［M］. 上海：上海教育出版社，2004.

［10］俞文钊. 中国的激励理论及其模式［M］. 上海：华东师范大学出版社，1993.

［11］俞文钊. 现代激励理论与应用［M］. 大连：东北财经大学出版社，2006.

［12］俞文钊. 合资企业的跨文化管理［M］. 北京：人民教育出版社，1996.

［13］俞文钊. 跨文化企业管理心理学［M］. 大连：东北财经大学出版社，2000.

［14］俞文钊. 人员的招聘、考核、培训［M］. 北京：人民教育出版社，1996.

［15］俞文钊. 人事心理学［M］. 大连：东北财经大学出版社，2000.

［16］俞文钊，苏永华. 人事心理学［M］. 2版. 大连：东北财经大学出版社，2006.

［17］俞文钊. 职业心理与职业指导［M］. 北京：人民教育出版社，1996.

［18］俞文钊. 职业心理学［M］. 大连：东北财经大学出版社，2000.

［19］俞文钊，吕建国，孟慧. 职业心理学［M］. 2版. 大连：东北财经大学出版社，2007.

［20］俞文钊. 人力资源管理心理学［M］. 上海：上海教育出版社，2005.

［21］俞文钊. 管理的革命：创建学习型组织的理论与方法［M］. 上海：上海教育出版社，2003.

［22］俞文钊，吕晓俊. 学习型组织导论［M］. 大连：东北财经大学出版社，2007.

［23］苏永华. 全面人才管理［M］. 北京：经济日报出版社，2017.

［24］苏永华. 全面人才评价［M］. 北京：经济日报出版社，2017.

［25］俞文钊. 企业群体社会心理气氛测定及班组管理［J］. 心理科学通讯，1985（4）.

［26］俞文钊. 一个成功企业的心理评价指标［J］. 心理科学通讯，1987（6）.

［27］俞文钊. 在改革中重视提高人的心理承受力［J］. 科学，1989，41（2）.

［28］俞文钊. 同步激励论是社会主义初级阶段的主要激励模式［J］. 行为科学，1988（5）.

［29］俞文钊. 领导者群体个性匹配的优化结构［J］. 行为科学，1990（2）.

［30］俞文钊. 激励理论在教育管理中的应用［J］. 华东师范大学学报（教科版），1990（3）.

［31］俞文钊. 企业中的激励与去激励因素［J］. 应用心理学，1991（1）.

［32］俞文钊. 公平差别阈与公平分配［J］. 行为科学，1991（1）.

［33］俞文钊. 激励与去激励因素的连续带模式及其应用［J］. 行为科学，1991（4）.

［34］斯佩克特. 工业与组织心理学［M］. 孟慧，等译. 北京：机械工业出版社，2010.

［35］俞文钊. 共同管理文化的新模式及其应用［J］. 应用心理学，1997（3）.

［36］俞文钊，严文华. 整合同化理论与跨国公司的跨文化管理［J］. 人类工效学，2000（4）.

［37］俞文钊，陆剑清，宋继文. 关于健康带菌者社会性格分类的实证研究［J］. 心理科学，2000（2）.

［38］俞文钊，吕晓俊. 持续学习组织文化研究［J］. 心理科学，2002，25（2）.

［39］俞文钊. 人力资源管理中全方位激励的理论建构［J］. 应用心理研究（中国台湾），2007（35）.

［40］俞文钊，苏永华. 管理心理学［M］. 4版. 大连：东北财经大学出版社，

2012.

[41] 布莱克，等. 新管理方格［M］. 孔令济，等译. 北京：中国社会科学出版社，1986.

[42] 赫尔雷格尔，等. 组织行为学［M］. 余凯成，等译. 2版. 北京：中国社会科学出版社，1988.

[43] 赫尔雷格尔，等. 组织行为学［M］. 俞文钊，等译. 9版. 上海：华东师范大学出版社，2001.

[44] 圣吉. 第五项修炼［M］. 郭进隆，译. 上海：上海三联书店，1994.

[45] 格林伯格，巴伦. 组织行为学［M］. 范庭卫，等译. 7版. 南京：江苏教育出版社，2005.

[46] 俞文钊. 管理心理学［M］. 3版. 大连：东北财经大学出版社，2008.

[47] 俞文钊. 现代激励理论与应用［M］. 2版. 大连：东北财经大学出版社，2014.

[48] MCGREGOR.The Human Side of Enterprise［M］. New York：McGraw-Hill，1960.

[49] YU WENZHAO. "Chinese" Motivation Theory and Application in China：An Overview［M］// KAO H S R，SINHA D，SEK-HONG　N. Effective Organizations and Social Values. Thousand Oaks，Calif.：Sage Publications，1995.

[50] ADAMS J S.Toward an Understanding of Inequity［J］. Journal of Abnormal and Social Psychology，1963，67（5）：422-436.

[51] ALDERFER C P.An Empirical Test of a New Theory of Human Needs［J］. Organizational Behavior and Human Performance，1969，4（2）：142.

[52] ALDERFER C P.Existence，Relatedness and Growth：Human Needs in Organizational Settings［M］. New York：Free Press，1972.

[53] ANDERSON T D.Transforming Leadership：Equipping Yourself and Challenging Others to Build the Leadership Organization［M］. 2nd ed.Boca Raton，Fla：CRC Press，1998.

[54] ARGYRIS. Personality and Organization［M］. New York：Harper & Row，1957.

[55] ARGYRIS.Adult Learning and Leadership Education［M］. Cambridge，MA：Harvard University Press，1975.

[56] ASCH S E.Studies of Independence and Conformity：A Minority of One Against a Unanimous Majority［J］. Psy. Monographs，1956，70（9）：70.

[57] ASHKANASY N M，GALLOIS C.Leader Attributions and Evaluations：Effects of Locus of Control，Supervisory Control，and Tack Control［J］. Organizational Behavior

& Human Decision Process, 1994 (59): 24-51.

[58] BEACH L R.The Psychology of Decision-Making: People in Organization [M]. Thousand Oaks, Calif.: Sage, 1997.

[59] BEER M. The Technology of O. D. [M] // DUNNETTE M D. Handbook of Industrial and Organizational Psychology.Chicago: Rand McNally, 1976.

[60] BEER M. Organization Change and Development [M]. Santa Monica, CA: Goodyear Publishing, 1980: 56.

[61] BEN D J, WALLACH M A, KOGAN N.Group Decision Making under Risk of Aversive Consequences [J]. Journal of Personality and Social Psychology, 1965 (1): 453-460.

[62] BENNIS W.Changing Organization [M]. New York: McGraw-Hill, 1966.

[63] BLAKE R R, MOUTON J S.The Managerial Grid [M]. Houston, TX: Gulf Publishing, 1964.

[64] BLAKE R R, et al.Breakthrough in Organization Development [J]. Harvard Business Review, 1964, 31 (11): 136.

[65] BLAKE R R, MOUTON J S.The New Managerial Grid [M]. Houston, TX: Gulf Publishing, 1978.

[66] BOND M H, SMITH P B.Cross-Cultural Social and Organizational Psychology [J]. Annual Review of Psychology, 1996 (47): 205-235.

[67] FIEDLER F E.A Theory of Leadership Effectiveness [M]. New York: McGraw-Hill, 1967.

[68] FIEDLER F E.The Leadership Game: Matching the Man to the Situation [J]. Organizational Dynamics, 1976, 4 (3): 6.

[69] FIEDLER F E, CHEMERS M M. Improving Leadership Effectiveness: The Leader Match Concept [M]. 2nd ed.New York: John Wiley & Sons, 1982.

[70] FIEDLER F E. Leadership Experience and Leadership Performance [M]. Alexandria, VA: U.S. Army Research Institute for the Behavioral and Social Sciences, 1994.

[71] FIEDLER F E.Cognitive Resources and Leadership Performance [J]. Applied Psychology An International Review, 1995, 44 (1): 5-28.

[72] FIEDLER F E.Research on Leadership Selection and Training: One View of the Future [J]. Administrative Science Quarterly, 1996 (41): 241-250.

[73] HERZBERG F, MAUSMER B, SYNDERMAN B.The Motivation to Work [M]. NJ: John Wiley, 1959.

[74] HOFSTEDE G. Culture's Consequences: International Difference in Work-

Related Values [M]. Beverly Hills, CA: Sage, 1980.

[75] HOFSTEDE G. Motivation, Leadership and Organization, Do American Theories Apply Abroad? [J]. Organizational Dynamics, 1980, 9 (1): 42-63.

[76] HOFSTEDE G. Culture's Consequences: International Differences in Work - Related Values [M]. Thousand Oaks, CA: Sage, 1984.

[77] HOMANS G C. The Human Group [M]. New York: Harcourd, Brace and World, 1950.

[78] HOUSE R J. A Path-Goal Theory of Leader Effectiveness [J]. Administrative Science Quarterly, 1971 (16): 321-328.

[79] HOUSE R J, MITCHELL T R. Path - Goal Theory of Leadership [J]. Contemporary Business, 1974 (3): 81-98.

[80] HOUSE R J, SPANGLER W D, WOYDKE J. Personality and Charisma in the U. S. President: A Psychological Theory of Leader Effectiveness [J]. Administrative Science Quarterly, 1991 (36): 334-396.

[81] LAWLER E, SETTLE J. A Causal Correlation of the Need Hierarchy Concept [J]. Organizational Behavior and Human Performance, 1972 (4).

[82] LAWRENCE P P, LORSCH J W. Organization and Environment [M]. Boston, MA: Harvard Business School Press, 1967.

[83] LEARY M R, KOWALSKI R M. Impression Management: A Literature Review and Two Component Model [J]. Psychological Bulletin, 1990 (107): 34-37.

[84] LEAVITT H J. Managerial Psychology: An Introduction to Individuals Pairs and Groups in Organizations [M]. Chicago: University of Chicago Press, 1978.

[85] LIKERT R. New Patterns of Management [M]. New York: McGraw - Hill, 1961.

[86] LIKERT R. Human Organization [M]. New York: McGraw-Hill, 1967.

[87] LOCKE E A, LATHAM G P. A Model of Goal Setting and Task Performance [M]. Princeton, NJ: Prentice-Hall, 1990.

[88] LORD R G, BROWN D J, FREIBERG S J. Understanding the Dynamics of Leadership: The Role of Follower Relationship [J]. Organizational Behavior & Human Decision Sciences, 1999, 78 (3): 167.

[89] LORSCH J W, LAWRENCE P P. Studies in Organization Design [M]. Homewood: Richard D. Irwin, Inc., 1970.

[90] LORSCH J W, MORSE W J. Organization and Their Member: A Contingency Approach [M]. New York: Harper & Row, 1974.

[91] LUCAS J R. Balance of Power: Authority or Empowerment [M]. New York:

Amacom，1998.

　　［92］ LUTHANS F.Organizational Behavior ［M］. New York：John Wiley & Sons，1973.

　　［93］ MACLELLAND D C.Business Drive and National Achievement ［J］. Harvard Business Review，1962，40（4）：99-112.

　　［94］ MASLOW A H.A Theory of Human Motivation ［J］. Psychological Review，1943（50）：370-396.

　　［95］ MASLOW A H.Motivation and Personality ［M］. New York：Harper & Row，1970.

　　［96］ MASLOW A H，KAPLAN A R.Maslow on Management ［M］. New York：John Wiley & Sons，1998.

　　［97］ PORTER L，LAWLER E. What Job Attitudes Tell about Motivation ［J］. Harvard Business Review，1968，46（1）：118-127.

　　［98］ PORTER L，LAWLER E. Managerial Attitudes and Performance ［M］. Homewood：Richard D.Irwin，Inc.，1968.

　　［99］ SCHEIN E H.Organizational Psychology ［M］. Englewood Cliffs，N J：Prentice-Hall，1980.

　　［100］ SCHEIN E H.Organizational Culture and Leadership ［M］. San Francisco：Jossey-Bass，1985.

　　［101］ SCHEIN E H.Organizational Culture ［J］. American Psychologist，1990，45（2）：109-119.

　　［102］ SCHEIN E H.The Chinese Indoctrination Program for Prisoners of War ［J］. Psychiatry，1956，19（2）：149-172.

　　［103］ SCHEIN E H. Organizational Psychology ［M］. Englewood Cliffs，NJ：Prentice-Hall，1965.

　　［104］ STOGDILL R M，COONS A E. Leader Behavior：Its Descriptions and Measurement ［M］. Columbus：Ohio State University Press，1957.

　　［105］ STOGDILL R M.Handbook of Leaderships ［M］. New York：Macmillian Free Press，1974.

　　［106］ VROOM V.Work and Motivation ［M］. New York：John Wiley & Sons，1964.

　　［107］ VROOM V.Can Leaders Learn to Lead? ［J］. Organizational Dynamics，1976，4（3）：19.

　　［108］ VROOM V，JAGO A G.Situation Effects and Levels of Analysis in the Study of Leader Participation ［J］. Leadership Quarterly，1995，6（2）：169.

　　［109］ VROOM V，JAGO A G.The New Leadership ［M］. Englewood Cliffs，NJ：Prentice-Hall，1988.